JN223504

アドラー心理学を生きる

勇気のハンドブック

ジュリア・ヤン、アラン・ミリレン＆マーク・ブラゲン　著

今井康博・日野遼香　訳

川島書店

THE PSYCHOLOGY OF COURAGE

An Adlerian Handbook for Healthy Social Living

by Julia Yang, Alan Milliren, and Mark Blagen

Authorized translation from English language edition published by
Routledge, a member the Taylor & Francis Group LLC.
through Japan UNI Agency, Inc., Tokyo

序　文

　　自らの主義のために戦うほうが，それを実現するよりも易しいことである
　る。　　　　　　　　　　　　　　　　　　　　　　　─アルフレッド・アドラー

　「真に勇気ある人々は，善のために恐怖を耐えることを選ぶ」とかつて聞いた
ことがある。ジュリア・ヤン，アル・ミリレンの両博士とともにアジアを旅し
ていた時，私はこの一節を思い出した。その時私は，台湾の国立新竹教育大学
で開かれた学会に招かれた講演者の一人だった。米国と台湾出身の専門家たち
からなるパネルの中に我々三人もいたのだ。聴衆の注目を完全に引きつけなが
ら，ジュリアが流暢な英語で，続いて中国語で語るのに私は耳を傾けながら考
えていた。米国の大学院で教育を受ける以前，彼女はどのようにこの文化の中
で育ったのだろうか。二つの文化をまたいだ彼女の講演は非常に効果的で，社
会的正義をもたらしていた。母国の文化の中にいる安心感（さらには終身教授
としての経済的安定）を捨て，二人の子どもを抱えたシングルマザーとして新
天地へ旅立った時の彼女の勇気の度合いに，私は思いを馳せていた。

　アルはジュリアの隣の席についていた。彼は米国からの長距離飛行の後，周
遊列車で台湾島の南の端までようやくたどり着いたところだった。医師から今
回の旅の許可が下りたのは，出発のわずか数日前だった。彼は全く意気軒昂で，
旅に携えていった車椅子はほとんど使われることがなかった。かつてアルは快
適な人生を送る終身雇用の大学専任教員だった。しかし，彼はその心地よさを
捨て，人々がアドラーの残した贈り物を学ぶことを支える道を選んだのだった。
快適さではなく，自らの使命を追い求める勇気をアルは備えていた。我々の多
くが陥りがちな「誘惑，脇舞台，そして近道」にもかかわらず，彼は自分の価
値観によって人生を生きることを選んだ。

　勇気と社会的に責任あるあり方で行動することは直接つながっている。これ
がアドレリアンの言う「共同体感覚」である。勇気ある人々は他者と協力し，社
会的正義に身を捧げている。勇気を欠いた（あるいは落胆した）人々は機能不

全な人生を送っている。勇気を持つことは，仕事，愛，そして交友という人生のタスクに対処する能力へとつながるものである。

　本書で，ジュリアとアルはマーク・ブラゲンとともに，勇気あるいは「心理的な筋肉」と呼ばれてきたものについて書いている。これは著者たちの実体験に基づく教材であり，そのタイトルが示すように勇気について書かれた本である。著者たちは，アドラー心理学もしくは個人心理学を通じた理論的基盤を提供している。そこでは人間の特性が「分割できない」性質を持つこと，そして人生の全体論的な性質が強調されている。著者たちは，良い人生を造るために必要な5つの人生のタスクの修得法を浮き彫りにしつつ，勇気を促す22のツールを紹介している。個人的には，本文を通じておかれているソクラテス式質問が特にお気に入りである。実際のところ，本書は本というよりも，健やかな人生を送るためのマニュアルである。読者が本書を読み進める勇気，そして充実した人生を創り出すための「ツール」を活用する勇気を持つよう願っている。読者にアドラーの次の一言を紹介しよう。「ビジネスや科学における過ちは手痛く惨めなものである。しかし，人生を送る上での過ちは，人生そのものを作り出すかもしれない。」映画・スターウォーズのセリフの言い換え，「勇気がともにあらんことを！」

ジョン・カールソン，心理学博士（PsyD），教育学博士（EdD）
ガバナーズ州立大学，心理学・カウンセリング学部特別教授

謝　辞

愛するとき，我々は神の心の中にある。

―カーリル・ジブラン

　まさかと思われるかもしれないが，勇気についてのこの本を執筆中に，我々は数々の怖れを体験した。我々が慣れ親しむ学術的スタイルの書き方とは異なる表現方法をとりながら，本書の企画は一つの形となっていった。そして作業を進めれば進めるほど，我々はさらに学ぶべきことが多くあるのに気づくのだった。こうしたリスクをとりながらも，まずは不完全であることの勇気をもって，本書にお付き合いいただく読者に謝意を表したい。

　本書の主題の価値を理解し，我々を出版社とつなぐ上で最も助けとなってくれた，ジョン・カールソンに対しても感謝する。ジョージア，デブラ，デイビッド・H，マリオ，V女史，そしてジョン・Rは，インタビュー，録画・録音そして書き起こしの際，非常に実用的なサポートをしてくれた。また，本書の進捗や完成の遅れにもかかわらず，非常に忍耐強く，幾度も寛大に受け入れてくれたダナ・ブリス（我々の編集者）にも深く感謝する。同じくルートレッジ出版社のクリス・トミニッチにも，制作にあたって大変尽力頂いたことに感謝しなければならない。

　本書にある多くの見解はもともと我々のものではなかった。アドレリアン・サークルの我々の友人たち（例，ウェスト・W，ダン・E，リチャード・W，そしてエリック・M），そして東西の著名な著者たちにも感謝する。リフレクティブ・ライティング[1]で大きな貢献をしてくれた，ミシェル・A，シャノン・D，ジナ・G，デイビッド・L，シンシー・C，ジョージア・S，ドンナ・S，メアリー・W，そしてモニカ・Wには特別に感謝したい。我々に勇気の多様な側面を教えてくれ，実際の人生の物語を共有してくれた人々にもとりわけ感謝する。

　本書はまさに地域的な企画であり，著者たちは世界中を遠くまで，また深く

---

[1] それを書くことを通じて，自らの心象風景の認識，整理，また作業過程での困難を振り返る活動。

わけいって，様々な場所を様々な時に訪れた。実際の執筆を始めたのは，コロラドにある雪に覆われたブランカ山の麓近くだった。主要概念，そして勇気を促進するツールの多くは，米国，台湾，中国，そしてスロバキアで指導，開催したワークショップの参加者からの意見をもとに発展，洗練させたものである。ガバナーズ州立大学，そして台湾の国立新竹教育大学のカウンセリング学部の教員，学生，および職員からの支援や励ましは，この本の完成にとって大変貴重なものだった。

　我々は家族や友人たちに永遠の感謝を捧げたい。彼らがいるからこそ我々は神の愛が織りなすものを目にしたく思うのである。ジュリアにとって自分の第二言語での執筆は困難を伴わないものではなかった。彼女は息子のアラン・リンに生涯感謝している。母親の本来の考えを十分に理解し尊重しながら，彼は一夏をかけて彼女の中国人風の英語の文章を直してくれた。また彼女の娘，ジョイ・リンは彼女の心の中で常に間近にあった。母親が海を隔てた場所で執筆を行い，サバティカル休暇上の責務を果たしている時に，彼女は高校最終年度の最後の数ヵ月を乗り切ったのだった。心の友，ラオ・ラオにも感謝する。彼女はジュリアが不在の間，大学院を休学してまでジョイに付き合ってくれた。マックス，X，そしてシドニーにも多くのハグを送りたい。彼らはジュリアが執筆の勇気を必要としている時，常に味方としてそば近くにいてくれた。

　本書は，著者たち相互の特別な関係の中に現れる愛があったからこそ，実現可能となった。ジュリアはイリノイ州立大学大学院でのアルの教え子だった。本書で引用している本の多くは，教え子が必要としているものとその大きな志を理解しているアルからの卒業祝いだった。アルはシカゴ・アドラー研究所（the Chicago Adlerian Institute，現シカゴ・アドラー心理学専門学校　the Adler Professional School of Psychology in Chicago）までの3時間のドライブに，よくジュリアを伴って行った。車窓の外から聞こえてくるシカゴ交通局の市内電車の騒音は，当時アルと仲間のアドレリアンたちが進行役を務めていたオープン家族フォーラムでのやり取りの熱気を決してしのぐものではなかったことを，ジュリアは思い出す。四半世紀後も，常に新しくなっていくアルのソクラテス式質問，生の実演，スクリプト記述の技術に，ジュリアは依然驚嘆するのだった。本書に掲載している多くのツールは実際のアルの活動の記録であり，本書

以外ではおそらく読者の目に触れることはなかっただろう。

　アルコホーリック・アノニマス[2]の共同創設者，ビル・Wにアドラーの影響があったというマークの発見は，コミュニティと無条件の愛によって，人の痛みと疑念が癒しと回復へと現実に変貌することを明らかにした。妻をガンで失うという絶望の中で，マークは生きることを選び，希望についてのこの上なく真正な物語を提供してくれた。共著者として，マークは倦むことなく批評と励ましを与えてくれ，ジュリアに多くの自信をくれた。執筆の工程に取りかかった矢先，ジュリアとマークは新しい門出を迎えた。二人は2009年8月に結婚式を挙げたのである。二人はこの結婚を，その荘厳な愛をもって二人を結びつけた神のおかげとした。勇気のあるところ，想像すること，そして人生をその可能性の限り生きることの美しさは無限なのだ！

　我々と一緒にページをめくろう。人生とは素晴らしいものだ！

2　Alcoholic Anonymous（AA）。飲酒問題を解決するための世界的な相互扶助グループ。

まえがき

　勇気とは社会的な機能であることを理解する必要がある。なぜなら，自身を全体の一部とみる人間だけが，勇気を持つことができるからである。勇気は，心が安らいでいる時，単に人生の受け入れやすい側面だけでなく，受け入れ難い側面についても自分の属性として引き受ける時，そして我々の文化における様々な困難を「タスク」としつつ，自らが置かれた状況を全体のために改善しようと努める時に，その姿を顕す。

　　　　　　　　　　　　　　　—アルフレッド・アドラー（1870-1937）[1]

　なぜ，勇気に関する本，なのか？　すでに多くのその手の本があるのに，より良い生活に向けた新たな一冊を書く必要があるのか？　良い人生，について我々は何を知っているのか？　それは実現可能なのか？　どうしたらそこに到達できるのだろうか。勇気とは何か？　どうしたら勇気を手にし，また与える事ができるのか。人生の様々な要求に直面する中，我々が勇気を探る上で心理学はどのような手助けとなるのだろうか。

無気力から敵意へ
　実存主義的哲学者や心理学者たちは，20世紀の諸問題を「無気力」と呼んだ。恐怖や不安に圧倒された人々は，物事に心を動かさない（無感情）状態に逃げ込み，結果，自分を取り巻く世界にも影響をもたらすことができなくなった。こうした「自分のことだけ考える」，「どうでも良い」といった態度を示すモチーフは21世紀にも息づき，物言わぬ，憂いに沈んだ無気力は，さらには自身と他人に対する「敵意」へと形を変えていった。何十年も前に，ルドルフ・ドレイカースは人々の生活についての暗澹たる様相を描いている。

　　非常に多くのことを学んできたにもかかわらず，依然として人間は社会生活についての根本的な要件を理解していない。自分の家庭の中で落ち着くこ

とができず，どのように子ども達を育てて良いかもわからない。何かに耽溺せずに，また何かを獲得し，成し遂げ，目的に到達しようと狂おしく奔走することなしには，人生を謳歌することができない。無私の愛など過去の遺物となってしまった。信念は廃れた考えとなり，人間関係などたわいない夢と化した[2]。

恐怖が我々の思考，感情，家庭や学校，職場，そして社会での行動を左右する中，今日を生きる上でのあらゆる問題は以前に増して悪化しているように思える。新たな世紀の始まりにあたり，地域や世界中で起きる数々の反社会的，破壊的行為のほとばしりによって，もはや身の安全を覚えないこの世界を生きていくのに，我々はなすすべもないことを思い知らされている。まして，幸福な人生を送るといった目標は，実現不可能にさえ思われる。

さらには，現在我々が生きるこの個人主義的，物質主義的な社会では，既成の倫理観や価値観とどう向き合うべきか，非常に曖昧で不明確となっている。またこの時代，我々は自身の成長や環境への適応にあたり，かつては得られた共同支援体制へのアクセスをもはや失ってしまっている[3]。我々はすべて一人でこなさなければならないのだ。感情的にも社会的にも孤立を深める中，我々は恐怖によって動かされている。

予測可能性を高め人間関係をコントロールしたいとする我々の欲求は，あるがままの人生を受け入れるという生来の我々の能力を奪ってしまった。全くの善意に基づき良い人生に向けて努力する個人すら，他者との競争や比較へと傾斜していくことになった。競争や比較といった行為は，人生が完璧とはいかないことを知るにつけ，破壊的な感情を孕むものである。幸福に向けた我々の権利にまつわる想定や主張といったものは，我々の文化に広く見られる「自己中心性」という現象と直接関わるものである。

恐怖から勇気へ

社会生活の勇気を議論することは，個人の幸福を促し，また所属感と同時に自己有用感を全体のために励ますようなよりよい世界を創り出すという課題に，我々が向き合う上で必要である。これまで一般に，勇気が心理学の文献で注目

を集めることはなかった。またそれまでの科学の世紀に引き続き，20世紀は恐怖の世紀，そして心理学の世紀と目されてきた[4]。前近代における共同体の価値観が科学の価値観によって置き換わるような混乱期に生まれた以上，心理学が前世紀の物質主義や個人主義の影響を免れることはなかった。その希望とは裏腹に，心理学が人々の思いやりの心を増進するには至らなかった。それどころか，心理学は勇気を培うことよりも，その対極にある恐怖の分析にますます関心を寄せていった。

　精神の健康は，精神疾患が見られないということではない。心理学にとって病気の有無だけを指摘するのは十分とは言えない。大部分の心理学上の理論が説明しようとする以上に，我々は逆境から立ち直る力を持っている。過酷な生活条件の中でも状況に適切に対処し成長できることが，我々の健康を最も端的に表すものと言える。個人の健康，そして社会の健康は，幸福へ向けた概念，あるいは個人が幸福を追求する上で力を与えてくれる特性として捉えた方が良いだろう。したがって，心理学は，生きることの問題に取り組むよう個人を促したり備えさせたりするような価値を認識し，また取り込むものでなければならない。21世紀の今，我々には人を思いやる勇気がみなぎっている。我々は恐怖に対峙し，自身の欠点を克服し，お互いを思いやり，勇気と希望を持って苦しみに耐え，自分，家族，コミュニティ，そして人類と調和の中に生きる上で役立つような心理学が必要なのである。

共同体感覚：無気力の療治

　私の診察の過程で特に重要なことは，問題克服の全工程を隈々まで見渡し，問題の発端の重要性を見つけることだった。この点は明らかな矛盾に行き着くようだが，おそらく偉大な達成というものは，常に勇気を持って障害を克服することから生まれるものであり，人が本来持っている能力の結果ではなく，むしろ能力の不在によるものである。　　—アルフレッド・アドラー[5]

　アルフレッド・アドラーにとって，無気力に対する回答は，我々の生来の能力と，個人心理学の中核概念である「共同体[1]感覚」へのトレーニングである。幸福（あるいはより適切には，人生の意味）に至る道は，共同体感覚へと向か

う勇気である。アドラーにとって，健やかな社会生活の基準とは，個人が貢献と協力を通じて，どの程度まで所属感を持てるかということであった。共同体感覚は，我々が勇気を持って人生の課題に向き合い，自らと他人に対して責任を持つことに心を向けさせ，また備えさせてくれる[6]。

アドラー心理学は時として個人心理学とも呼ばれる。個人（individual）の語源は，ギリシャ語でその人だけが持つ独自性のことを指すが，アドラー心理学は，その反対の意味としての「社会」を扱う心理学ではなく，個人の枠を拡大しつつ，共同体感覚や貢献感（social interest）を強めることに力点を置くという意味での，「社会的」心理学である。個人心理学を支える原則には，以下のものがある。

1．我々は社会的な存在である。人生の意味は，我々の同胞である人類の利益に向けた協力と貢献を通じて，所属感と自己有用感を得ることにある。

2．全ての人間の行動には，社会において自己有用感と所属感を満たしたいという目的がある。

3．思考，感情，行動の全てにまたがり，我々は全体的な存在である。仕事，愛，友人関係や家族というコミュニティ，自身と他者との調和に至るまで，人生のあらゆる面はお互いに切り離すことができない。

4．我々は幼少期の体験に意味づけをし，人生を通じてその枠組みの中で行動しようとする。

5．人生は動き[2]，である。我々は物事を克服し，バランスを取りつつ，完璧という目標に導かれ努力するという，創造的な力を授かっている。

6．完璧とは虚構に過ぎない。完璧に向けて努力を注いでしまっている時は，必ず過剰，あるいは逆に過少な補償を行っている時である。

1　アドラーの言う共同体は必ずしも既存の社会だけを意味するのではなく，自分と今目の前にいる相手という二人をはじめ，「自分が属する家族，学校，職場，社会，国家，人類という全てであり，過去・現在・未来の全ての人類，さらには生きているものも生きていないものも含めたこの宇宙の全体」を指す（岸見一郎（2008）「アドラーに学ぶ：生きる勇気とは何か」アルテ，p.60）。

2　アドラーがしばしば使う「動き」（movement）とは，「個人が自身の目標に関連して行うことがら。個人と類似している概念」（アルフレッド・アドラー学会（編）（2016）アドラー心理学用語集：「勇気」のハンドブック）を指す。

7．対等とは所属感を前提とするものである。人生の諸問題は，個人，そして集団の劣等感から生じるものである。

8．勇気と貢献感は普遍的な価値であり，どちらも個人の，そして社会の幸福における目的と手段の両方となる。

9．個人の自由は常に社会的責任を伴うものである。

10．幸福は包括的な人間性が目指すゴールである。社会生活に向けた勇気を培う上で，個人，そして社会が自らの内と外の両方から湧き上がる強さを認識した時，初めて幸福が実現可能となる。

包括的な人間性

　勇気にせよ，共同体感覚にせよ，目新しい概念ではない。いずれも我々人間の美徳として，西洋と東洋の文化的・精神的な伝統の中に広く浸透してきたものである。社会的理想にまつわる美徳や倫理観として見れば，共同体感覚はキリスト教精神が説くアガペ，儒教における「仁」，道教の「調和」，そして仏教の禅宗に見られる超越的な英知にも例えられる。また，個人の特性として見た場合，共同体感覚は，勇気とそれに伴う，我々自身と他者にとって社会的に有用な態度によって完成する。我々はアドラーが望んだことに加え，彼の実証主義的立場—これらの態度や性格的特性が，生来の素質であると同時に家族，学校，その他人生における様々な状況を通じて我々が育む能力でもあるとする—に共鳴する。個人心理学は，美徳という概念を個人の内面，個人の間，そして個人の外部という三つの視点から理解し，発展させていくことを可能とする唯一の心理学である。

　個人心理学は，勇気とは何か，そして我々の社会生活を高める上でどのように勇気を活用できるのかについて，他者と歩調を合わせながら理解を進めることに道を開く，最も柔軟な枠組みを提供してくれる。アドラーは，女性と子供の社会的平等に関する知見についても知られている。彼は自己啓発や自我心理学の父，そして認知心理学，実存心理学，ヒューマニスティック心理学，さらにはポジティブ心理学の先駆者ともされている[7]。アドラーは東洋における孔子，西洋におけるソクラテスにも例えられてきた。共同体や自己啓発に関する彼の思想は，アルコホーリック・アノニマスの共同設立者や同団体の活動にも

深い影響を与えた⁽⁸⁾。そうした相互関連性は，我々自身が持つ強さを明らかにし勇気に向けた訓練を行う上で，文化の違いを超えて使用可能な「ツール」を開発，蓄積できるような素晴らしい機会をもたらしてくれる。

本書の構成について

本書では，議論を三部に分けることとした。「第1部：理論的基盤」には三つの概念的な章を設けた。第1章では，個人心理学の原理に基づいて勇気を定義している。第2章では，精神的健康の測定モデルにつながるような，共同体感覚を定義する要素に焦点を当てている。第3章は引き続き概念的な一章ではあるが，アドラーが提唱し，後に彼の弟子達によって加えられた，人生のタスクそれぞれについて詳細を論じた「第2部：社会生活の勇気」への導入も兼ねている。

第4章から第7章では，我々が人生の基礎タスクと呼ぶ，仕事，愛，そして交友関係への参加における勇気を論じている。愛のタスクとは，二人の成人間の親密さのタスクを意味する⁽⁹⁾。友情，家族，コミュニティのタスク（アドラー本人は「社会タスク」と呼んだ）の話題は範囲が広いため，第6章と第7章で扱うこととした。第7章は，共同体における生活の心理社会面に焦点を当て，「所属の勇気」と名づけた。第8章と第9章では，自らとそれを取り巻く世界とうまく折り合うための実存的タスクを，実存主義的・スピリチュアル的な視点から探っている。第8章「存在の勇気」は，自身との調和を図るタスクを扱っている。第9章では，宇宙との調和を図るタスクを，精神的幸福のタスクとし，宇宙的視点での貢献感，あるいは精神的所属感と結びつけている。

第2部の各章では，各タスクの意味合い，恐怖の問題点，補償あるいは回避，そして議論の対象としているタスクに取り組む上で，社会的に有用な態度に関するアドラー流の洞察を検証している。それぞれのタスクにおいて課題となる事柄をより適切に描写するため，これまでに行った多くの人々とのインタビューから，たくさんの短い省察やナラティブを取り上げ掲載した⁽¹⁰⁾。また，各章にわたり「ソクラテス式問答ボックス」を設け，読者の思考プロセスと文章とがお互いに働きかけ合うようにした。

第3部「意義と実践」では，22の役に立つ「ツール」を紹介している。第10

章「勇気を高める技術」は，こうした「ツール」の使用を横断するいくつかの概念—ソクラテス式質問，勇気づけ，そして促進の構成要素など—に主に関連するものとなっている。これらの「ツール」はアドラー派の心理分析技術に基づくもので，早期回想，家族布置，そしてライフスタイル分析などがある。これらは読者が個人練習用に使う，または他者が勇気を見出し，また身につけられるよう手助けするといった目的のため，独創的にデザインされている。これらの素材は本書の第1部と第2部の文章で相互に参照されており，数々の用い方があることに読者は気づくかもしれない。勇気と共同体感覚は異文化の壁を超え，実際に指導できる概念であると我々は思っており，このハンドブックが学術的な，あるいは実践場面でのトレーニングに役立つよう願っている。

　個人心理学と現代生活におけるその応用性を確実に正しく伝えようと，我々は本書の記述にあたり，主にアドラーと彼の弟子達の古典的著作を下敷きにしつつ，我々の仲間であるアドラー派の学者達の著作や彼らとの私信を通じて自分たちの考えを確認していった。また文章を読みやすく，かつ理解しやすくするために，すべての引用と学問的考察を本書の巻末に設けた「注釈」の章に集めることにした。これらの注釈は，アドラーの深い理解と研究を志す読者にとってさらなる探求の機会となり，また彼の心理学と我々の分野における当代の学派がどのように絡み合うかを示すものとなっている。

終わりに
　アドラーは，自らの心理学を一般人のための常識として捉えていた。我々が勇気を持って愛し，働き，そして自分，他人，さらには世界と調和する関係を築く時にこそ幸福を得られると我々は信じ，その確信とともにこのハンドブックを書いた。

　敵意と無気力が威勢を振るうかのような時代に，同僚の専門家たち，そしてその他の読者たちが勇気を見つけ出し，それを促進する上で，このハンドブックにある情報とツールが役立つことを願ってやまない。そして何よりも，すべての人々のための健やかな社会生活という目的へと我々を導いてくれるような格好の工程表を，この本が提供できることを願っている。

目　　次

第3章 人生のタスク

第2部：社会生活の勇気

第4章 仕事の勇気

第5章 愛の勇気

第6章 友情と家族のための勇気

終わりに ………………………………………………………… 158

第3部　意義と実践

第 10 章　勇気を高める技術

「進行役」の勇気 ………………………………………………… 163

ソクラテス式質問 ………………………………………………… 164

励ましの使用 ……………………………………………………… 166

促進のプロセス …………………………………………………… 170

関　係 …………………………………………………………… 171

心理的鑑定 ……………………………………………………… 171

心理的開示 ……………………………………………………… 172

再教育 …………………………………………………………… 173

■勇気を促すツールについて …………………………………… 175

ツール1：話し合いへのガイド：ソクラテス式質問　176

ツール2：態度の修正　180

ツール3：出生順位　182

ツール4：調和における変化　183

ツール5：特性的特徴：導かれた内省　186

ツール6：建設的な両面感情（アンビバレンス）　188

ツール7：勇気の評価　192

ツール8：親および教師との話し合い　194

ツール9：「5つのE」グループ・セッションガイド　197

ツール10：「勇気」づけ（en-COURAGE-ment）　206

ツール11：職場での家族布置　208

ツール12：目標の開示：「もしかして…？」で始まる質問　210

ツール13：ホームページ　214

ツール14：希望は選択である　218

ツール15：取り揃えています：イレブンセブン　220

ツール16：ライフスタイル・インタビュー：様々なあり方　226

ツール17：見失ったか，行き詰まったか？　230

凡　　例

1. 訳者注は脚注にして 1，2 …と番号を付した。

   原注は，本文中では（1）（2）…とし，巻末にまとめている。

2. 本文中の ［　］内は，訳者の補足である。

第 1 部

理論的基盤

第1章

勇気とは何か

勇気とは他者を救うためであれば今にも崩壊しそうな建物に入っていくことだと思う。　　—2001年ワールドトレードセンタービルの悲劇の目撃者
（フィリップスより，2004）[1]

ヘンリーは手術可能な癌がある男の子で，今まで生きてこられただけでも幸運だと感じている。彼は一瞬一瞬を精一杯生きていて，死を前にしても大きな威厳を備えている。　　　　　　　　　　　　　—フィリップスより，2004

私は都会にある貧困に苦しむ学区の学級担任として，毎日のように勇気に出くわす。時にはそれは3，4歳の子どもを持つシングルマザーが，子どもには母の愛以外に何も経験させてあげることができず，収入の範囲内でやりくりしようともがいているのを見ることである。またある時は，家で暴力を受けていることを打ち明けるほどに先生を信頼した1年生からも勇気は輝いている。勇気は内からの強さであるが，外からくるものでもある。それを見るにつけ，勇気とはひたすら荘厳に思えるのだ。　　　　　　　　　　—ジーナ

勇気についての話は，歴史上の英雄はもちろん日常生活にいる普通の人々についても存在する。勇気は美徳，心境，態度，感情，力，行動でもある。しかしながら，勇気の心理学を確立することは難しい[2]。障害や恐怖に直面したとき勇気が最も明らかになるのは，それらを公然と克服する場面なのか，ひそかに辛抱する場面なのか，対立の場面なのか，我慢しながら苦しむ場面なのかは判らない。自己実現に向け熱心に取り組むことは勇気があるとは言えないが，苦痛や恐怖を克服するための熱心な取り組みは勇敢だと言える[3]。勇気ある行為だと思えるものでも，性別によってはそうでない場合がある。様々な文化的，精

神的な慣習に取り上げられているように，勇気は間違いなく個人，家族，そしてコミュニティにとって様々な意味を持っている。

勇気の心理学

　勇気とは簡単に言うと，困難な状況でリスクをかけても前に進むのをいとわないことを指す。勇気とは何かを考えるなら，それが何のために，誰のために，そして誰に対して向けられているのかという疑問も自然と湧く。勇気は思考，感情，行動に表われる。勇敢な行動とは，無私無欲と他者志向を特徴とすることに疑いの余地はない。勇気は，自己実現を探る上で，共通善，共同の利益という目的をはっきりと認識させるような本質的な生命力である。

　本書では，勇気の概念理解とその使用を個人心理学の視点から取り上げたい。心理学的概念としての勇気は，アドラーの肯定的，現象学的，そして実用的な考え方に最もよく語られている。それは，人間性，家族の影響，さらに仕事，愛，そして社会における人生の要求を自らの特性に基づき対処するありさま（特性アプローチ）を理解しようする考え方である。

　アドラーは，我々は全体の一部に過ぎず，したがって人生は個人にとって決して完璧ではないという，システム思考の先駆者であった。勇気を失った個人は，失敗への恐怖から行動し，不完全さに対する受容や勇気に欠けている。また，勇気を失った個人は大げさな劣等感に訴えるが，そうした劣等感は過剰な補償や自衛本能，あるいは過少な補償や人生のタスクの幾つか，またはそのすべてを回避することで成功を目指すような，行き過ぎた試みに本人を駆り立てるものである（図 1.1 参照）。

　アドラーの熟考された理論は，勇気の美徳とそれが伴う数々の特徴を教えることを可能とする，最良の道筋を示した勇気の心理学だと言える。そこで図 1.1 に示されているように，仕事，愛，そして社会（家族／友情）の基本的なタスク，存在（自己との調和）と（平等と宇宙との調和を通しての）所属の実存的課題を取り上げていきたい。なぜならこれらは相対的であり，早期の社会生活で得た人生に対する態度と関係があるからだ。拒絶と失敗への恐れは全ての問題の根源である。比較と競争は，家庭，学校，そして仕事での典型的な対処法

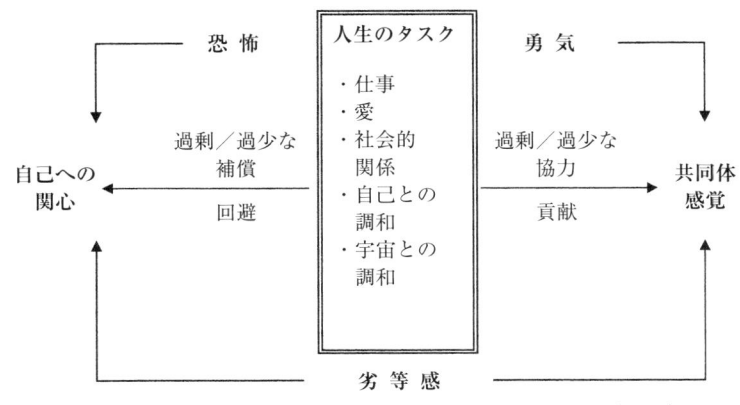

図 1.1　勇気の個人心理学的モデル。© Julia Yang（2008）

であり，これらの困難への答えは勇気である。我々が協力や貢献の勇気により，自己に関心を寄せる態度を共同体感覚に変えることで，変化は可能となるのだ。

InFEARrority：劣等感の核としての恐怖

　勇気は絶望がないことではなく，それはむしろ，絶望にもかかわらず前進する能力なのである[4]。

　哲学，軍事，宗教といった分野の文献で議論される勇気の様々な定義の中に，ある共通性が見られる。それは，勇気の発生の前には敵対的な状態が存在していなければならないということだ。勇気は危険，絶望，あるいは恐怖への反応である。恐怖は勇気の中核であり，勇気が存在するためには必須である[5]。我々が危険を察知するとき，恐怖は直ちに自衛本能の必要性を知らせてくれる。危険への反応として，恐怖は防御という目的を持った警報装置のように機能する。生存のためのシグナルとして直感と共に働くとき，恐怖はむしろ贈り物となるのだ[6]。

　我々が自分を取り巻く世界，自分と共にある世界，そして自分の内にある世界に出くわすとき，恐怖は高まる。我々は拒絶，失敗，そして間違いを恐れる。他者からどう思われるかを恐れるあまり，我々は自分らしくあることを恐れて

しまう。死を恐れるあまり，恐怖のうちに生きてしまう。恐怖とは，本来あるべきでないところに腫れものを見つけることだ。我々は喪失や変化を恐れる。恐怖とは，過去とまだ見ぬ未来の間を橋渡しするために使う装置であり，太陽の下で全てに付き纏う影のように付き纏ってくる。

　恐怖は実際のリスクより大きくなるまでは，基礎であり正常なものであり必要なものである。もしリスクよりも大きくなった場合，恐怖は不安となる。明確な状況や正体不明な理由で引き起こされた恐怖は表情が見えず，思いがけない時に我々の中に潜んでいるものだ。しかし，根拠のない恐怖は我々に力を及ぼし，心配や不安に変わりうる。不安は自由を少しずつ取り除いていき，我々を皮肉にも怖じ気づかせる世界から孤立させる。不安は，恐怖とは異なり特定できる発生源がなく，我々の期待とそれとは食い違う現実との狭間で発生する。実存主義的には，恐怖とは最終的な死と我々が日常的に感じる疑問や無意味さの中にそれが顔を覗かせることについてのものである[7]。

　個人心理学では，恐怖は感情以上のものである。世界の要求に応えることに劣等感や無能さを感じている人にとって，恐怖はその目的に適うものだ。恐怖は，個人が貢献を否定する，あるいは自身や他人のためにその他の責任を果たそうと踏み出さない選択を偽装するための，隠された敵意として使われもする。アドラーは恐怖と不安を同じ意味で使用し，不安を社会生活についての懸念として見た。不安は，不完全な気持ち（劣等感）を持つ人々の完全（優越性）という目的に向けた努力の現れであるが，そのような努力は所属したい社会と繋がる願いから彼らを一層遠ざけてしまう。

　　新たな目的—目に見える，もしくは感じられる敗北に対する予防措置—は，際立った特徴を伴う人生の新たな形を示す。失敗を恐れる場合，全ては未完成のままでなければならず，あらゆる努力や動きは，結局のところ，せいぜい無益でしかない見せかけの活動に堕してしまう[8]。

　我々は恐怖により動くとき，恐怖に思考，感情，そして行動を支配させてしまう。我々は恐怖に対し，当面「これでよいのだ」とか，あるいは自分の中で，または他人に対して一時的にコントロールが利くという判断で反応してしまうことがある。心の底では，我々はどのような人間であるかを妥協していて，本

来の願望や要求は満たされていないと知っている。恐怖が我々の問題を上回る時，我々が自身そして世界と関わる上で，恐怖は我々の成長と適応を困難にしてしまう。そして，恐怖に常にとらわれているとき，我々は制約され，世界やそれがもたらしてくれるものが見えなくなり，活力や視野が奪われてしまう。恐れは我々の前進を止め，また自己の存在感と帰属意識を妨げてしまう。極度の恐れの中では，自身と他者へ向けた敵意（調和ではなく）が争いへのありがちな反応になる。恐怖を核とした劣等感の中では，生きることは無力で絶望的で無意味となる。挫折に対する恐怖，あるいは成功できないという恐れがあるとき，劣等感が芽生えるのだ。

劣等性

　生物学的に言うと，人は皆生れ落ちた瞬間に小さく，依存的で無力だと感じるものである。身体的な劣等性は目の前に突きつけられたものであるかもしれないが，一方で心理的な劣等感は，養育者，兄弟，さらに後の人格形成期には，家庭や学校で遊び仲間や同級生と関わり始めることで，後天的に獲得される。真の劣等性は物理的な意味で存在すべきものだが，劣等感のほとんどは，我々の行動や感情に影響する我々自身の主観的，評価的な認識である。他より劣っている，足りない感覚，あるいは「マイナス」の立場にいる感覚は，多くの人間に共通する劣等感か誇張された劣等コンプレックスをもたらすかもしれない[9]。劣等感は個人的だけでなく集合的にもスピリチュアルにも存在する。社会的不平等の存在，または人生の意味や精神的つながりの不在が，「足りない」感と組み合わさるとき，我々の所属意識は非常に妨げられることになる。

　恐れと劣等性は，人を社会的に役立つ行為に駆り立てるように働くか，自分の力不足，無能さを感じさせるように働くかのどちらかである。無能感は，我々から自由と生きることについての責任を奪う予防保護[1]のための手段である。恐れや劣等は，集団（共同）生活の「主要舞台」（main tent）に貢献する代わりに，愛や仕事，そして友情の問題解決から我々を遠ざけるような「脇舞台」

1　人々が自尊心を守るために挑戦を避ける過程のこと（アルフレッド・アドラー学会（編）（2016）アドラー心理学用語集「勇気」のハンドブックより）。

(sideshow)[2]的活動を生み出す。

　我々には感じられるマイナスあるいは「足りない」感から，私的な優越感も
しくは認識するプラスへと向かう努力をしたいという自然な欲求があり，この
欲求で劣等感に応えていく（図 1.2）。この心理的な動きは，個人の行動戦略，感
情，そして自己保存のための予防保護手段の用い方に現れるような生来の創造
力によって動機づけられる。また，この創造力は，我々一人一人に独自性を与
え，その一方で環境に応じて目的を作り出し，その結果，個人の成功あるいは
失敗へとつながっていく。さらに，その創造力は我々を，感じられる不完全さ
から，認識する完全さ，あるいは目的意識，有用感，所属感へと内心のレベル
で移行させる。個々人の創造力は，人生の早期に設定された独自の人生の目標
へと向かう動きを生み出す。この動きの中で，我々の感情，思考，そして行動
は，我々の人生計画および私的な論理と常に一致していく（第 9 章の努力につ

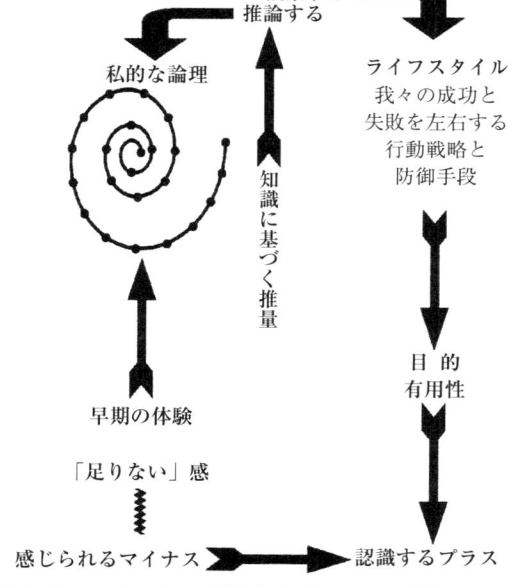

図 1.2　感じられるマイナスから認識するプラスへの動き。© Al Milliren（2005）

2　個人が彼らの不適応から注意をそらし，相対的に重要でないことに注意を向けるのに創造
　する，逃避と回り道のこと（前掲書より）。

いての考察も参照)。

　アドラーによれば，我々は特定のスタイルを持って自らの精神世界に生きている。記憶，認知，感情，想像力，夢のすべてが，個人としての一体感と，我々がどのように考え，感じ，行動するかの独自性を伝えている。この一体性をアドラーは「ライフスタイル」と呼んだ。したがって，ライフスタイルは「我々の成功と失敗を左右する行動戦略と防御手段の総体」^{3}である[10]。

　ライフスタイルは，我々が物事の印象を吸収，理解し，試練を受け入れあるいは拒否し，主観的な理解を定め，社会生活の中でどのように最善でいられるかを判断する上で，自分の体験を様々に用いることを可能とする。それは「案内役，制限装置，そして予測の判断材料」[11]である。人生が要求してくるものに対処する過程で，人は自分の置かれた状況を活用し，またそこでは自身の創造力が障害と同時に選択肢も生み出すといった中，自らのライフスタイルを拠り所とするが，そこには恐怖に突き動かされた劣等感（あるいは優越感）も顔を覗かせる。

　　偉大なる生命の動き全般としての行動は，不完全から完全を目指すということである。結果として，個人の人生にはその直線の全体を通じて，克服，優越性を追い求めるという傾向がある[12]。

　ライフスタイルは，我々が不足感を払拭し，より良くありたいという目標へとどのように創造的に向かっていけるかを示す認知的な地図である。恐怖が劣等感に顔を出すように，勇気もまた，選択した目標に向かって個人の動きを促すような創造力の中に現れる。臆病で自己防御に走る人間は，非難，甘い考え，自己中心，二心，競争心，人生の仮想的目標，また過度の注目への要求，権力闘争，復讐，そして絶望を生み出すその他の処方箋から生じるような課題にしばしば直面する。それとは逆に，勇気ある人間のプロフィールとは，利己的な関心，予防保護，搾取，そして優越感を持たず，美意識，アガペ，利他主義，勇気，希望，共感，意味，我慢強さ，動き，平静さ，一貫性，励まし，和解，全

3　より簡潔な言い方をすれば，ライフスタイルとは「自分やまわりの世界についての見方，あるいは，問題を解決する際の個人に特有の傾向」を指す（岸見一郎（2008）「アドラーに学ぶ：生きる勇気とは何か」アルテ，p.25)。

体性，再生，そして社会的な連帯感といった特徴を持つ。

補　　償

　勇気に対する脅威は，主に恐怖という仮面をつけた，自身の備え，覚悟のなさからやってくる。勇気を欠いた人間にとっての根本的な問題は，誤りや間違いを犯すことへの恐怖である。我々の失望感や不足感は，誤りや間違いに人々の目が集まるような社会に組み込まれた時にさらに悪化する。それはまるで，ミスのない良い状態で，あるいはより完璧にあろうと努力すればするほど，問題が悪化するかのようである。役に立ちたいという動機がある時でさえ，完璧さという仮想目標と劣等感に対する「補償」としての優越感が，我々の恐れに道を開く場合がある。

　自己の発達を一つのプロセスとしてみれば，障害がプラスの効果をもたらすことがある。我々の創造的な力は，自身の劣等感をその埋め合わせのための自己理想に向けていくよう，我々を動機づける力となる。そうした補償のプロセスは，感じられるマイナスを克服しようとする試みである。補償への取り組みは，我々の動きが自己の理想へと向かうよう動機づける力となる。この理想をどのようにイメージするかによって，完璧さを求める我々の生来の努力は，水泡に帰すか，あるいは社会での所属感と自己の有用感に繋がるかのどちらかであろう。ヒトラーは前者の典型例であり，一方，エジソン，ヘレン・ケラー，そしてベートーベンたちは，自らの肉体的限界を類い稀な天賦の才によって乗り越えていった例として知られる。

　補償のプロセスにおいては，やり遂げられない，充分に才能がない，または拒絶されることについての恐れが，思考，感情，そして行動を導く独創的な目標によって覆い隠されることがある。例えば，不完全を受け入れる勇気がないことから，その埋め合わせに完全であろうとする欲求を人は自然に受け入れていく（例えば，お気に入りの子供として承認や許可を求め，他人から賞められるような行動をとる）。この究極の欲求が満たされない場合，次に努力が向かうのは権威や権力への反抗や，手頃で社会的にはあまり褒められたものでない目標だったりする。

　別の視点から補償の問題を眺めてみると，基本的な人生のタスク（仕事，愛，そして交友）は実際には切り離すことができないものの，人がある分野においては優れ，別の分野ではそうでないことがある。あるタスクの分野での満足は，別のタスクの分野における失敗の埋め合わせに当てられるかもしれない。仕事，個人のアイデンティティ，そして何かを達成することが強調されるような資本主義社会では，家庭での不満がより顕著である。こうした不均衡は，職場や家庭で男性と女性に対して社会が置く力点が違うことによく見られるものである。

　社会的有用性とバランス感や調和感は，好ましい補償とそうでない補償を決める基準となる[13]。好ましくない補償とは，人生のタスクの一つあるいはすべての分野で，過剰にあるいは過少に埋め合わせようとする傾向を指す。過剰な補償は大抵の場合，傲慢やプライドといった自我の感情が即座に高まることにつながる一方，過少な補償は無力感や絶望感をともなった責任回避へと向かうことになる。好ましくない補償の手段は，架空の安心感や，当面の主観的な有力感をもたらしはするが，そうした有力感は，仮想的な目標と心理的なカモフラージュを頼みとして無用なあるいは誤った補償へと反れてしまう人間が，自らに勇気が欠けていることを示すことにもなる。そのような人間たちは社会的な意味で臆病であり，そのライフスタイルは彼らに深い孤立感をもたらすだろう。

　一方，社会的に役立つ活動を選択することは，我々が認識する障害を，社会的責任，人々とのより近い接点，困難を引き受け克服すること，そして社会的な勇気といった，役立つ資産に変えるような好ましい補償のあり方を決定する。好ましい補償の活動は，二次的には有力感，社会的な尊敬，そして安心感に繋がっていく。仕事，愛，交友にまつわる様々な人生の要求に向き合う中で，自分を肯定する勇気，そして困難にもかかわらず参加する勇気を反映する有益な態度を身につけることで，自己の社会的な有用感を味わうことができる。アドラーにとって，勇気は真の協力の前提条件である。真の協力により，人生のタスクに向き合い，ミスの危険を犯し，所属感を得る上で行う取り組みのうち，無用な側面を捨て有用な側面を取っていくことができる。その反対に，勇気の欠如は，劣等感，悲観，回避，そして不品行の温床となる。

　自身を全体の一部ととらえ，この地球上にくつろぎ，この人類に親しみを寄せる者たちだけが，有用な側面へと前進するための勇気を喚び起こすことができる[14]。

　我々の問題とは，人生を取り巻く外的な状況に対処する方法，あるいは生きることのタスクに臨む態度のあり方が表出したものである。人は問題の克服に努める中，共通して役に立たない方法（神経症的補償）か共通して役に立つ方法（好ましい補償）のどちらかを選ぶものだ。自分のライフスタイルと社会の要求が一致していないと認識する時，人は選択に迫られる。自身の欠点が露呈するのを恐れ自らの擁護に回るか，他者と繋がろうとする自然な欲求に従い，自分自身そして社会との調和の中に生きることを学ぼうと考えるか，どちらを取るかを決めなければならない。その選択はまさに「より多くの，あるいはより少ない勇気かの問題」[15]に基づくものである。

勇気とともに必要なもの

　勇気は恐怖への回答であり，したがって，劣等感への回答でもある。人生が要求するものに対して応えるためには，勇気を必要とする。しかし，勇気は恐怖がないこととは違い，また恐怖を消し去ることもない。勇気はまた自分が誰であるのか，そして物事が難しくなった時に自分が何をしたいのかについて明確な認識を伴う。勇気は恐怖を前にしての粘り強さであり，知性，忍耐，そして持久力を必要とする。勇気には，リスクを評価し，スキルを身につけ，問題を解決するのに役立つような，多くの同類の特性が存在する。

　真の勇気と一見勇気ある行動に見えるものとを分けるのが実際的な知恵である。危険を認識できず，非現実的な楽観主義に立ち，恐怖に基づく現状評価をする人間は，見せかけの勇気しかもたない。真に勇気ある人間は，善なるもののために恐怖に耐えることを選ぶが，見せかけの勇気を披露する者は，単に自分の目に映る利益か，最も失いたくないものに目がいっているだけに過ぎない[16]。恐怖や絶望の内にあって，真の勇気は綿密な現状観察を必要とし，また同情の気持ちと自信の表現との間では，お互いを特徴づけるような関係にある。

勇気ある行動は，それがたとえ［自身の］内面の目標の反映であったとしても，常に比較できないほど大きな他者への貢献となる。

したがって，真の勇気には，物事を評価，吟味しようという態度が必要となる。認知的に勇気は自信と近い概念である。「自信は勇気のあるところだけに存在する。」[17]我々が認識する自信と表に現れる行動は，何かを得ようと努力する勇気の表現である。こうした勇気の合理的な側面は「誰のためにこれを追い求めるのか」，「自分の勇気ある行動が誰のために役立つのか」，といった問いかけの中に見ることができるだろう。

勇気は儒教の理想である「仁」（博愛，人類に対する慈悲）——アドラー心理学の貢献感に対応する——の重要な要素である。仁の感情はすべての男女に当てはまり，我々のすべての行動を導くものである。儒教の教えでは，勇気は博愛の心と知性ある気づきを前提とする。儀礼，向学心，無秩序の発生を抑えようとする正しさの感覚といった，勇気に本来伴う力がない状態で行使される勇気は，軽蔑の対象となる。

勇気を持ちながらも正しさの感覚を持ち合わせない紳士は，政治的混乱を引き起こすだろう。一方で，勇気を持ちながらも正しさの感覚を持ち合わせない普通の人間は，無法者となるだろう。自分がされたくないことを，他人に対してしてはいけない。敵によって与えられた傷は，愛と正義の組み合わせによって相手に返されるべきである[18]。

勇気の価値は，我々がその価値を定めた目的や方向性によってだけでなく，我々が他人に向ける愛情によっても決まるものである。この点は，正直さと誠実さを持って自己犠牲の道を選ぶ人々の物語に見ることができる。勇気の情熱面はアガペ（無条件の愛）の概念に等しく，それは世界中の宗教やヒューマニスティック心理学にも共通して見られる特徴である。個人心理学では，人は自身のためだけでなく，すべての人類のために完璧さという目標を追いかけるものと考える。

完璧さ，そして誰もがごく自然に思いを馳せ，感じてきた偉大さや優越さの頂点についてのイメージを具体化することの一つは，神について深く考え

ることである。神を追い求め，彼の懐に入り，彼の呼びかけに応じ，彼と一つになる—努力というこの目標（衝動に基づくそれではなく）から，態度，思考，そして感情が続くこととなる[19]。

アドラーはよく西洋の孔子にたとえられた[20]。彼の共同体感覚の概念は，東洋の実践的な知恵と情熱を備えた道徳的資質への視点を共有し，社会への個人による理想的な倫理行動を描き出すものである。総じて，勇気は，楽観的，創造的，他者の利益のために協力し貢献する用意がある，といった人生に対する特徴的な態度を持つ人々の中に見ることができる。その一方で，勇気や社会感の欠落は，社会生活におけるあらゆる失敗の主な原因となる。勇気は，社会適応力に優れ，貢献感を持つような個人の成長の中に見られることがある。こうした貢献感の中にあって，個人はその自尊心と社会生活への参加意欲を認識することになる。

精神的概念としての勇気

近年，ポジティブ心理学者たちは勇気を，「外側からも内側からも抵抗にあった時に目的を成し遂げようとする意志の行使を含んだ，感情面の強さ」[21]と定義した。依然不明瞭なところもあるが，加えて勇気は，勇敢さ（勇ましさ），根気強さ（勤勉さ），誠実さ（信頼性，正直さ），活力（熱意，熱中）といった，人の強みとしての特性（character strengths）といった視点から眺めることも適切だろう。戦いにおける不屈の精神として勇気を見た場合，それは時として，人が自身のモラル的信念と肉体的な犠牲のどちらを取るかにあたり，意思の力を働かせることを意味する。

こうした個人の強固な意志は，第9章でより詳しく取り上げるが，主として，宇宙における我々のスピリチュアル的肯定感（spiritual affirmation）と関わるような，実存主義的概念の「力への意志」と混同してはならない。アドラー派の考え方では，すべて人間の努力は，信念を作り出すのに必要な力への意志を後押しするような劣等感から始まる[22]。アドラーは，人が劣等感を埋め合わせ

4　仮想的目標（fictional goal）とも表現される。

ようと優越感を求めることに関連する自身の「導きの虚構」(guiding fiction)[4]
理論の下敷きとして，ニーチェの思想である「力への意志」を論じている。ア
ドラーにとって，力への意志は創造的エネルギーのプロセス，あるいは人生の
諸問題を乗り越える上で，人が意志を行使する気になるよう働きかける心理的
な力である。それは他者の利益のため自己を高めようとする正常なあり方か，絶
え間なく完璧さを追い求める自己防御傾向のどちらかに向かうものである。こ
の自己理想のゴールは優越感としても理解される。アドラーは，この行動への
意欲を社会的文脈にも持ち込んだ。「しかし，そのゲームをし，協力をし，そし
て人生において共有する個人の活動のみが，勇気あるものとみなされるのであ
る。」[23]

　我々の存在に生命を吹き込む，宇宙的な内なる力としての力への意志には，勇
気がまさにスピリチュアルな概念であることを思わせるだけの根拠がある。実
存思想である力への意志と同様に，20世紀初頭の哲学者ハーバート・ガーディ
ナー・ロードは，勇気を様々な種類の「推進力」と呼んだ。我々は困難を乗り
越えるために持って生まれた傾向（推進力）を持ち，（恐怖のない状態で）何ら
かの抵抗にあうと，この推進力はさらなる力を増す。特に，行く手を遮られ恐
怖やその他の感情が生じた場合には，それらを跳ね除けようと一層強く押し返
す。こうした推進力は生物学的なメカニズム，あるいは社会的な技巧ともいえ
よう[24]。

　より高次の形をとる勇気は，例えば同胞に対する心情，正義に対する同情，そ
して自己愛の感覚に見ることができる。実際，究極の勇気は人の信条や信頼に
基礎を置くものである。トマス・アクィナスによる思想などの西洋哲学は，勇
気をどんなリスクにも精神が耐えられるようにする美徳の一つと捉えている。勇
気の役割は，聖霊からの贈り物を顕現することであり，それにより，勇気はあ
らゆるリスクを回避する上で我々に自信を与えてくれるような原資となる。こ
の意味において，我々は勇気をアガペ的愛の一部として捉えるような神との関
わりに参加することになる[25]。

　個人心理学における，創造的な力を通じて障害を克服し乗り越えようとする
衝動は，生命力の一部を表し，「力」，「気」，あるいは「エネルギー」といった
言葉に由来する「勇気」という漢字で表される。勇気は，個人そして宇宙に内

在する「活力」を意味する。もし現代の心理学が定義するように，勇気が強さや強固な意志だけを指すとすれば，そこには「気」あるいは心理的な力といった，儒教，道教，そして仏教などの東洋文化の伝統が認識してきた勇気の意味が抜け落ちることとなる。2500 年以上もの長い年月を得たこれらの伝統は，円熟，忍耐，無関心，無為，平和主義，調和といったような，時として臆病に近く映るものを重視してきた。文化の発展の過程で蓄積された人生についての理解に基づくと，勇気は社会的調和の理想と，富，名声，権力，成功といった競争心に訴える価値観とは逆の動きに信を置くごく普通の人々の常識となる。

　これらの考え方は，ロジャース派の「静かな力」や，人は「道」，つまり真理と調和して行動することによって個性を発展させるという，道教の「柔軟な勇気」の視点にも同様に表れている[26]。簡素，忍耐，慈悲心を人生のもっとも素晴らしい宝として取り入れることは，調和，自然界におけるダイナミックな生命の動き，そして自然の創造と再創造といった道教の概念の本質でもある。ニーチェの力への意志についても，永遠の循環という考え方とともにさらなる生への意志と解釈する時，興味深いことに，それは宇宙的な生命の動きという道教の世界観とも一致する。

　勇気と人間の努力に関して東洋思想が掲げる精神的目標と同じものは，同胞としての人類を篤く思う心がことの外大切となるこの地球に我々がどう結びつくかを論じたアドラーの思想にも見ることができる[27]。人生の究極の意味は，自身そして自らが所属する共同体双方の最善の利益に向けた我々の貢献と協力にあるという点で，貢献感は個人心理学において宗教的な価値を帯びることとなる。

　　常に何かを目指し求め続ける存在としての人間は，神のようにはありえない。神—永遠に完全であり，星の動きを統べ，運命の支配者であり，人間をその本来の低みから「自身」という高みに導き，一人一人の心に宇宙から語りかける—は今日に至るまで，完璧さという目標の最も輝ける顕れである[28]。

勇気の定義

　この章では，勇気は好ましい補償を通じて我々を感じられるマイナスから認識するプラスに移行させるような創造的な力に関わり，結果として社会に役立つ活動をもたらす心理的概念であると議論してきた。勇気とは，覚悟を持って前進し，根気よく物事を続け，苦境，異なる価値観，困難，そして誘惑にあっても自らを失わないような精神力を指す。同様に，勇気を持つということは，たとえ結果が見えなくてもリスクを引き受ける意欲を意味すると，アドラーは主張するだろう。それは協力と貢献を通じて人生や生活の危機に対処する上で，我々一人一人が必要とする「心理的な筋肉」[29]である。

　また，我々は勇気を，西洋と同じく東洋でも広く共有される美徳として紹介した。ある困難が認識される中，その存在に認知面，行動面，感情面，そして精神面で反応する上で，勇気は必要である。勇気は，個人自身の，そして社会的な理想でもあり，人生における障害を克服する上で，我々の持つ理性と情熱を用いることを意味する。それに加え，勇気は，全体にとっての利益をより高次の共有価値観に照らして判断する際に，精神的なエネルギーの形をとることがある。

　この章で論じた，心理的，文化的，そして精神的な文脈・状況を考えれば，暫定的にではあるが，勇気は「内と外から醸し出される創造的な生命の力であり，困難に直面した時に，自身そして他者の利益に向かい我々を前進させるもの」と定義できるだろう。具体的には，勇気と勇気ある行動は，人生のタスク（仕事，愛，交友，自身そして宇宙との調和）を通じ，個人が社会的に有用な方法で貢献し協力したいという願いに最も端的に表れるだろう。

終わりに

　「勇気の意味とはなんですか，先生？」若い旅人が同伴者に尋ねた。師は答える前にかなり長いこと物思いに耽っているようだった。

　やがて「そこに意味はない」と答えが返ってきた。「勇気は行動の中にこそある。」

　二人は無言で歩き続けた。二人の黙考の静けさを破るのは，数羽の鳥たちが交わすさえずりだけだった。やがて若い旅人が口火を切った。「勇気についての考えを持つことはできないのでしょうか？」

　「誰も何も所有することはできない」と師は答えた。

　「いや，しかし先生」若者は言った。「私は心の中でたくさんのことをしてきました。悪魔と戦い，素晴らしい成功を成し遂げ，生きることの多くの難題を解決してきました。偉大な体験をする恵みを味わいましたし，勇気を持つこととはどういうことかも知っています。」

　「若き友よ，はっきりさせなくてはならないのは」師は言った。「現実と自分の願いとを分けなければならない，ということだ。」

　「それはさっき私が言ったようなことは考えられないという意味ですか？」

　「自分が欲しいものを夢に見たり想像したりすることはできるだろう。しかし，それは実際に成し遂げたことではない。思いは思いでしかないのだ。」賢人は答えた。「思いは煙のようなものでしかない。そこに実体はなく，しかもすぐにかき消えてしまう。自分の行動によってのみ，勇気は意味を持つことになるのだ。」

　「しかし，先生，行動に移る前には考えなくてはならないのでは？」

　「人生は動きを必要とするのだ。君は立派な考えを持っているかもしれない。しかし，それが実現しなければ，何もしたことにはならないのだ。」師は答えた。「冒険とはその第一歩を印すことによってのみ知られるように，勇気はなされたことの中にだけある。君の偉大な考えを前に動かしたまえ！」

　人生とは動きである。何が動きに方向を与えるのか。目標だろうか？　第2章では，完全を目指し，努力し，克服しようとする我々のゴールが，公の利益を志す勇気の中でどのように保たれなければならないかを説く，アドラーの肯定的精神衛生理論を探っていく。

第2章

共同体感覚と精神的健康

　　共同体感覚が増すことの価値は，殆ど誇張しきれないほどに大きいものだ。（共同体感覚が増すと）知性が社会的な機能である以上，精神は改善するものである。自己の価値や値打ちの感覚は高まり，勇気と楽観的な見方を与え，我々の運命における共通の利点と欠点に素直に従おうという気持ちになる。他人の役に立ち，自らの私的な劣等感でなく，共同体全体の劣等感を克服する限り，人は人生に落ち着きを覚え，自分の存在が価値あるものと感じる。倫理的な性質からだけでなく，美意識の正しい態度としても，美醜についての理解は，真の共同体感覚に基礎を置くものである。

　　　　　　　　　　　　　　　　　　　　　　　　　　　　　　　—アルフレッド・アドラー[1]

共同体感覚とは

　アドラーにとって，人生における「成功」の基準は，人生への特性的アプローチにおいて個人が *gemeinschaftsgefühl* を体現する程度と不可分な関係にある健全な人格である。*Gemeinschaftsgefühl* は，理想的な精神状態を表すのにアドラーが用いた言葉である。ドイツ語ではその意味は火を見るよりも明らかだが，英語に翻訳するとなると一筋縄ではいかない。英語には全く同じ意味を伝える表現がないからだ。この点は，著者が最近スロバキア共和国で，ある授業を担当した時に痛切に感じたことである。そこで生徒たちに共感，尊敬などのさまざまな英単語を訳してもらったところ，大部分はかなり直訳がきき，また empatie，respect，といった具合に，スロバキア語として成り立っているものもあった。いよいよ *gemeinschaftsgefühl* を持ち出した時，生徒たちはそのまま *gemeinschaftsgefühl* と答えた。翻訳は必要なく，そのままの言葉で理解できるとのことだった。英語ではそうはいかない。

　Gemeinschaftsgefühl の意味を理解するのは，なかなか骨が折れることだ。その意味を伝えようと，social feeling, community feeling, fellow feeling, sense of solidarity, communal intuition, community interest, social sense, そして social interest など，いくつもの英語表現が使われてきた[2]。1950 年代の研究によれば，アドラーは最後の social interest という表現を好んだらしい。しかし，その後のハインツ・アンスバッハーの著作によると，ハインツ自身は community feeling という表現を好んで使っただろうということをほのめかしている。本書の著者としても community feeling を使いたいところだが，我々に遡る先人たちの大多数の慣例に敬意を表し，本書では social interest（共同体感覚）という表現を community feeling とともに交互に使うこととする。

　共同体感覚は元来備えている能力ではなく，足し算や引き算，あるいはサッカーボールを蹴ったり，料理を学んだりするのと同じように，発達させるべき潜在能力を指す。あらゆる教育プロセスにおけるのと同様，三つの基本的な事柄がある。一つには，共同体感覚は，訓練を通じて伸ばすことのできる，協力と社会生活への適性として存在することを理解する必要がある。従って，それはそこにあって，励まされ引き出されるのを待っているものと見なければならない。二つ目には，この適性は協力と貢献についての客観的な能力，と同時に他人を理解し共感する能力へと拡がっていくものとして理解する必要がある。三つ目に，共同体感覚は個人の選択を左右し，また個人の動きに影響を与えるような，物事の評価に関する主観的な態度になりうる。しかし，これらのスキルや能力の裏付けがない場合，そのような共同体感覚の態度は人生における様々な不確実性に対応するには不十分だろう。

　　どんな人間も共同体感覚を身につける素質を持っている。しかし，それはしつけ，とりわけ人の創造的な力によって正しく導かれ，成長しなければならない[3]。

　従って，共同体感覚を意識的に発達させるべき生来の潜在能力とすれば，次のステップ―教育と訓練の役割―は，その発達，つまり適性を能力やスキルへと変換することである。音楽や数字，あるいは芸術方面の素養に訓練が必要なのと同じく，共同体感覚も磨かれる必要がある。そうした訓練には協力や貢献

への能力が伴う。言うなれば，それはあるがままのものを受け入れる（ここに協力の一形態としての意味合いがある）と同時に，それが何になりうるかという視点（ここに貢献の一形態としての意味合いがある）を持つ能力として説明できるだろう。

　アドラーは，人生には二つの，時としてお互いに矛盾する課題があると見た。一つには，人が今ある環境で深刻な問題に対処する，つまり他者と協力する能力を持たねばならない場合，もう一つは，社会をよりよくするという要求に応えられるよう，他者に貢献する能力を持たねばならない場合，である。このジレンマを解決するには，現在あるニーズと進化するために欠かせないものとの間にバランスをとることが必要となる[4]。

協　　力

　協力のための能力は，およそ人が生を受けた時から発達し始める。それは，まずは子どもと母親との関係が協力を必要とするからである。したがって，アドラーは，子どもの共同体感覚を育てる上で最初の重要な責任は母親にあると見た[5]。母と子の関係の中で，共同体感覚への潜在能力が形づけられていく。しかし，母親（第一養育者）は，この社会的な発達を自分だけで抱え込んではならず，父親，兄弟姉妹，よその子どもたち，見知らぬ人たち，といったように，子どもと人々との接触の輪を広げていく必要がある。

　絶えず広がっていく人間関係の輪の中で協力するというこの能力の機能の一つは，同一化の能力に相当する。「同一化の能力は訓練されなければならないが，それは人が他人との関係の中で成長し，自身が全体の一部であると感じる場合にだけ可能となる。人は人生の快適さとともに，不快さも自らのものとして感じる必要がある。人はこの地上におけるあらゆる利益と不利益とに親しまねばならない。」[6]協力によって描かれる共同体感覚の側面は，与え，そして受け取るという個人の能力に最も端的に示される。人は人生の一部を全体から捉えるだけでなく，生きることについての良い面，悪い面ともに進んで受け入れなくてはならない。人は楽観主義者でも，あるいは悲観主義者としてでもなく，自らの状況をめぐる現実に効果的に働きかける存在として説明できるかもしれな

い。人は人生の一部として，他人との関わりあいの中で動いている。

　　人生が投げかけてくる問題は例外なく，その解決に協力の能力が必要なものばかりである。「正しく」聞き，見，あるいは話すことは，自身の存在を相手，あるいは状況の中に完全に喪失させ，その人間と一つになることを意味する。同一化の能力はその一つだけをもっても，友情，人類愛，同情，仕事，愛を可能とする。それは共同体感覚の基礎であり，他人との関わりの中でだけ，その修練と実行が可能となる[7]。

　アドラーにとって，個人が直面する人生の喫緊の問題を解決する唯一の方法は，協力のための高度な能力を育てることだった。したがって，共同体感覚の発達度を測る尺度の一つは，個人がどれだけ協力を惜しまないかに表れる。多くの人々が限られた協力の能力しか持ち合わせないとしても，その協力では間に合わないほどの問題を人生が常に投げかけるわけではない。また，自分がその能力に欠けていることが露呈してしまうほどには決して協力を求められない場合もある。個人の協力の能力を正確に知ることができるのは，困難な状況，またはストレス下においてのみである[8]。

貢　　献

　　人生の意味とは—全体に貢献することである[9]。

　協力のための能力を高めることに加え，人は貢献—克服や完全へと向け個人的に努力する中でも，他人の幸福を考えようとする意欲—のための能力も養わなければならない。人は完全に孤独な存在として生きているわけではない。その人のあらゆる行動や気持ちが，他人に対して何らかの影響や効果を及ぼしている。アドラーはそれを「兄弟に対して責任を負う者」になることと呼び，個々人が持つ大きな役割の一つと考えた[10]。
　共同体感覚のもう一つの尺度として，（この）貢献への意欲を取り上げる必要がある。この次元の主な特徴は，貢献と報酬との間に一対一の対応関係はないとする見方であり，人は受け取るよりもはるかに多くを与えられるようでなけ

ればならない。この貢献への願いは，他人とその全般的な幸せを最優先する文脈で成立する必要がある。個人の私的な利益はあくまでも二の次であり，最優先課題の単なる副産物として後に続かなければならない。しかしながら，そこでは夜の後に昼が続くのと同じほど確実に，個人の中の自尊心も高まっていき，また有用感によって自身に対する価値の感覚も生み出されていく。

　要するに，個人は二つの次元—縦軸と横軸—において機能できなければならない。横軸の次元とは，社会生活上日々求められること，つまり，今ここにあることの部分を言う。これは，人が自分の環境—間接的にも，直接的にも自分が関係しているあらゆる物事や人々を含む—の中で身近のすべての要素に対して持つ関わりに及ぶものである。したがって，横軸の次元は，共同体感覚という言葉が意図するのとは違い，必ずしも社会関係に限ったものではなく，個人の置かれた環境全体と理解される。この次元は協力度の連続体（continuum）として説明するのが適切だろう。

　その性質上垂直となる二つ目の次元は，常に上昇方向をたどる一種の進化の動きから成り立っており，貢献度の連続体を表すものと捉えられる。横軸の次元だけに留まろうとするのは，将来を見据えたり，進化を模索したりすることのない，ある種の迎合にも通じかねない。また，縦軸だけにとらわれることも，身近な環境に関心を寄せずに自身の優越性だけを追求することになりかねない。個人の中に共同体感覚が高いレベルで存在するためには，これらの次元が持つ二つの方向性の間に，バランスあるいは安定が保たれていなければならない。したがって，ここでの物事を評価する態度は，人類の利益と人々のコミュニティの発展を個人の努力の対象として最優先し，そのための全体的な指針となるような原則や価値観の上に成り立つ必要がある。

　この評価的態度は通常の人間—完全な人間であることを人生の目標とする人間—の行動を説明する相対的な基準として有効である。そこでは勇気，自発性，そして創造力が焦点となり，人間の存在全体を，動きと改善という力動的な基礎の上に置いてみるものである。

精神的健康のバロメーター

　　共同体感覚は与え，与えられることについての我々の能力を表現するものである[11]。

　我々の精神的健康（あるいは共同体感覚）は，現時点で必要なことと，進化にあたり要求されることとのバランスの上に成り立つ。この主観的な側面をより視覚化したものが，図 2.1 で示す，共同体感覚を個人の貢献の能力と協力の能力の相互作用として概念化するプロセス・モデルである[12]。このモデルに固有な点は，すべての人間は社会生活のための潜在能力や適性を持っており，それらは究極的に訓練の結果もたらされるという想定である。この潜在能力あるいは適性は，それが実際の能力となるのにふさわしい心理的雰囲気が整った場合，より訓練しやすいものとなる。

　モデルの対角線は物事を評価する態度—個人の協力と貢献能力の表れの総体—を示し，生きることの問題に向き合い，解決する上での個人の適性に関する態度と気持ちを含む。縦横それぞれの軸上に協力と貢献の能力を客観的に測った値を取れば，対角線上には共同体感覚の発達の度合いを示すことができる。

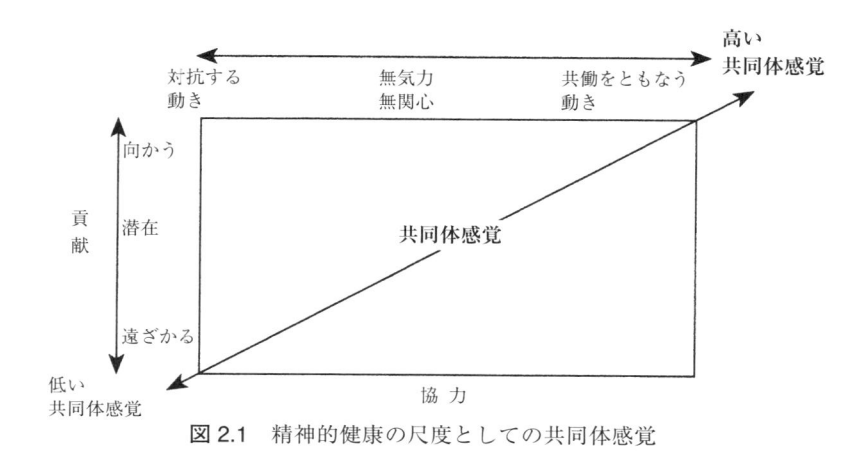

図 2.1　精神的健康の尺度としての共同体感覚

横　　軸

　プロセス・モデルの横軸は，協力度の連続体を表す。ここでの「協力」は手助けや支援に関するお互いの同意という従来からの意味合いでなく，肯定的，否定的どちらの意味にも捉えられる。というのも，他人の誤りを証明することで自分が正しくありたい，あるいは他人を支配する，傷つける，または諦めるといった目的がある場合，そうした自分自身とどう折り合うかという課題にも協力が必要だからである。こうした協力の態度は，人間関係の側面だけでなく，自らが置かれた環境の全ての要素とのあらゆる関係にも当てはまる。

　例えば，熟練ピアニストなど，才能やスキルを見せるような人の行動を見ると，明らかに楽器や使っている道具を征服した，超越した，あるいはある種の格闘の末に屈服させたという意味で技術を習得したわけではないことがわかる。それよりも，そこにはピアニストと楽器の調和という，非常にポジティブな協力の関係を見ることができる。同じように，熟練した機械工は自分の使う道具を感謝と尊敬を込めて扱うのであって，実際両者の間には相乗的な関係が維持されている。何かの教科を学ぶにしても，教材に対しポジティブで協力的な心を持って臨む必要があり，さもなければ学びは必ず限られたものとなってしまう。例えば算数（あるいは統計）などは，好戦的な態度で学べるものではない。

　これらの事例や高度にポジティブな協力関係が見られる他のすべての事例において，個人は，それが生き物であろうとなかろうと他の存在と一緒に取り組んでいくというプロセスに身を置いている。こうした関係は，調和的，物理学でいう共鳴的，あるいは相乗的とも呼べるだろう。反対に，失敗がより起こりやすいような状況では，ネガティブな性格を帯びた協力の態度が見られる。これらの状況は，自他どちらの側も敗者になる，あるいは服従するのを拒んでいるかのように見え，周囲の要素も失敗が確実となるようお互いに対して作用してしまうようだ。前述の例で言うと，ピアノを習いたくない人は，弾いてもピアノが音楽を奏でない，あるいは弾けるという考えを強めてはくれないという意味で，自身とピアノが高いレベルで否定的な協力関係にあると見るだろう。ここでは，協力関係にある両者間の動きが相手に対して反対の方向に働いているのである。

　したがって，図 2.1 の横軸は，それが環境—内面，外面両方の意味での環境として捉える必要がある—における目下の要請に応える能力と理解することで，より広く見ることができるだろう。病気や不健康は，時として自身の生理機能とのネガティブな協力関係によってもたらされる。

　　長年にわたり知られていることだが，アレルギーとは本質的に免疫システムの「ミス」である。免疫システムが上手く働いている時は，体を守るため，真に危険な物質を特定し反応する。こうして有害なバクテリアや細菌から体は守られている。しかし，免疫システムは時折ミスを犯し，害のない食べ物，花粉，ホコリや蜂刺されといった，実際は危険でないものについても危険とみなしてしまうことがある。そうした場合は，防御ではなくアレルギーに行き着くことになる[13]。

　環境において全体的に分布する物事や対象に対し個人が見せる協力の動きは，それが相乗関係をなす「ともに」という動きであれ，敵意ある対立関係を生む「対抗して」という動きであれ，横軸の左右の両端を特徴づけるものである。

　横軸の中心のポイントは，異なる二種類の行動パターンによって説明される。一つは，無気力あるいは無関心であり，すべてを当たり前と取るような個人をうまく描写するだろう。もう一つは，他者と「ともに」働くことと，他者に「対抗して」働くこととの間を揺れ動くことである。前へと踏み出した一歩にも，実際には後退への一歩がある。この後半のくだりは，今日我々が抱える社会的葛藤や混乱，そして環境破壊といった危機を特徴づけるかもしれない。環境に対抗して働くことと，環境とともに働くことが同時に起きることがある。とはいえ，その場合どちらのケースも程度は微々たるものかもしれない。ただし，こうした二種類の行動パターンについては，協力が明白に存在しない，少なくとも生態学的な視点から見て，明らかに欠けていると言えるだろう。

縦　　軸

　図 2.1 のモデルにある縦軸—貢献度のものさし—は二重の視点から捉える必要がある。それは二つの基本的な要素，単純に言うと，行動と効果から成り立

っている。まず，行動の考え方は物理学のエネルギーの概念から来ており，ある種の効果を生み出すような作業をすることと，抵抗を克服するという二つの能力を指す。エネルギーの喩えを用いると，すべての個人は貢献の努力をし，あるいは少なくともそのための潜在能力を持っていると見ることができ，縦軸の行動の側面についてより包括的に理解することができる。

　行動について考える際，活動のあり方自体はさほど重要ではない。なぜなら，目に見える非常に攻撃的，あるいは非常に受身的な行動は，どちらも同等の目的を達成するのに同じくらい効果的だからである。例えば，人は他人に粘着的に依存することによっても，あるいは押しが強く図々しいことによっても，どちらも同じくらい容易に相手の激しい嫌悪感を招くことができる。効果の点で言えば，ハンガーストライキや断食は，戦闘行為と同様，社会の是正や変革につながることもある。ただし，注意すべきは，物理的な行動と心理的な行動を分けて考える必要があるという点である。前述の例で言うと，目に見える物理的な行動はそれぞれ非常に異なっていて，全く不活発なものから敵意ある攻撃や暴力に至るまで幅があったとしても，そこには心理的に高いレベルの活動が存在する。

　したがって，より大事なことは，行動に対応するもの，つまり効果である。社会の発達と改善という文脈で見ると，効果は非常に建設的で有益なものから，非常に破壊的で無益なものまで幅がある。全体として，縦軸は変化を創り出すという考えに相当するように思えるが，これは部分的に正しく，また当てはまらない点もある。貢献度のものさしと変化創造の大きな違いは，恐らく「目に見える変化」が現れない，あるいは効果が創り出されないといった場面ではっきりするだろう。しかし，たとえ変化が創り出されないとしても人は建設的，あるいは逆に破壊的な性質を持つ貢献への多大な努力を惜しまないかもしれない。例えば，思慮分別を働かせつつ，建設的な動きを起こすための適切な機会を待っている人が，当面のところ何も変化を生み出していないとしても，とりわけそれが自分の最終目的に最も叶うのであれば，それは依然として有用な姿勢である。

　こうした点を考える一つのケースとしては，ある政治家が，その政治活動において当面は実行していないことの中に，より好ましい効果がみられる場合が

ある。実際長い目で見た場合，しばしば最大の利益をもたらすものは「沈黙の力」である。しかし，今度は別の人間の例として，老人が転ぶのを目にしても，誰が助けに来るのか確かめようと待っているような男性を考えてみよう。彼の思惑としては，他人の行動を見定めるのが目的であり，それは何らかの建設的なメリットがあるのかもしれないが，役に立たない無活動のあり方としか認められないだろう。男性は，彼の助けが必要な場面であるにもかかわらず，それを提供しないことで他の誰でもなく自分のためだけに役立っているのである。彼は他人の行動を評価し，その人達の努力を判断するだけのためにこの状況を利用しているのだ。

　貢献のものさしの中心点は，効果の不在や欠落からなるが，それは往々にして物理的というよりも心理的な不活性の結果である。現状への満足，あるいは社会に浸透している行動規範への迎合といった場合がそれを示す。その行動がこの中心点のケースであるような個人は，全体としての人類の発展に関心がなく，またその方向づけ—前向きか後ろ向きなのか，建設的か破壊的なのか，有用か無用なのか—にも加担しない。彼らが人生に対して向き合う姿勢は，まるでリンゴに巣食う虫のようであり，他人の努力と貢献を利用することだけに関心を払うのである。

　効果の評価の最終的な形態は，永遠性という観点からのみ理解できる。建設的な効果は，人類にとっての価値の創造に向けた動きの中に反映され，人としての生活を送る上で我々をより完全な形に近づけてくれる。一方，破壊的な効果は，長い目で見た場合，社会の改善や発達という目的から遠ざかるものだとわかるだろう。

共同体感覚の勇気

　共同体感覚は人生を通じて存在し続ける。それは選別され，限定され，あるいは広がり，さらに好ましいケースとしては，家族の成員に対してだけでなく，より大きな集団，国家，そして全人類に向けて差し伸べられていく。共同体感覚はそこで止まることなく，動物，植物，無生物，そして最後には宇宙にまでも広がっていく[14]。

　アドラーが使った *Gemeinschaft* という言葉は，個人が属するコミュニティだけに限られず，人と宇宙との間の総体的な関係を描くものである。個人の視野が広がり始めるにつれて，彼または彼女の持つ関係は人生についてのより多くのものを取り込むようになり，究極的には社会，自然，そして宇宙全体とつながる感覚を生み出すようになる。その結果として，人は家族の成員と一まとまりの密接な関係を育むだけでなく，自らの環境の全体ともそのような関係を築かなければならない。

　　そのような心の状態と態度は，人が人類全体の一部として振る舞い，世界についての自らの見解が可能な限り現実に近いものと自信を深め，ともすればあらゆる失敗の中で挫かれてしまうような，勇気，コモンセンス[1]，そして社会的な役割を持つこととなるため，彼に共同体感覚以上のものをもたらすのである。彼には社会生活上の利益だけでなく，たとえ不利益が行く手に待ち構えていたとしても，それらを甘んじて受け入れる用意がある。彼は他人の幸せに対しても適切な敬意を払う自らの運命の所有者であり，またそうありたいと願っているのだ[(15)]。

　人生におけるあらゆる失敗は，人々が自らの重要性を，自身の持つ力や地位を通じて何とか得ようとすることから生じるものである。そこでは，彼らは自身の私的な意味づけで人生に対処すると同時に，自分の私的な論理を通じてコミュニティにおける自分たちの居場所を眺めようとする。彼らは私的な目標を達成することで，自分たち以外の誰にも恩恵をもたらさず，また自ら成し遂げたどの勝利も，自身にしか大きな関わりを持たない。こうした人々は非常に脆く，また自分が得たいものが関わっているかぎりにおいて，協力し貢献する。
　一方，健全な人々は，社会によって，あるいはさらに広い意味では *gemeinschaft* によって動かされ，同様に *gemeinschaft* もまた各個人によって影響される。これらの人々はこうした変化に富んだ環境に合わせるだけでなく，現実の環境を

1　「共通感覚」とも訳される，私的感覚もしくは私的な意味づけに対比して使われる概念。必ずしも既存の社会通念や常識の事ではなく，「自分にとっても共同体にとっても，コモン（共通，普遍的）なものとして一般に受け入れられる有用な意味づけ」を指す（岸見一郎（2014）「アドラーを読む：共同体感覚の諸相」アルテ，p.49）。

主観的に思えるものに変えるような個々の態度を身につけている。したがって，*gemeinschaft* に対して人々が取るスタンスは，自らが作り出したものであり，また彼らの一体感や所属感の程度は自身の成長，発達がもたらすものである。したがって，精神的健康の究極の尺度である共同体感覚は，個人のうちに，そして個人の存在がないところまでも，広がるものである。

　人生に対する精神的に健やかな態度は，自尊心と所属感を伴うものである。協力と貢献のために発達した能力を通じて，人は物事の重要性の基準を確立することができる。そうした個人は宇宙と調和する感覚を養い，またこの世界に生きる上で必要なこととうまく折り合いながら自身の役割を果たす。この地上で彼は穏やかにくつろぎ，自身の環境と歩調をとりながら取り組んでいる。また彼は他人と同化する強い気持ちを持つと同時に，自身の価値と評価をわきまえている。

　　（公共の福祉という目標を認識している）彼は人生のあらゆる困難—それが自身の内，あるいは自身の外からやってくるものであろうと—を自らが解決すべき自分の課題として捉えるだろう。彼はいわばこの痩せて固くなった地表，「父の家」にくつろぐだろう。したがって，彼は自分，そして他人に訪れるこの世の快適さだけでなく苦渋についても，自分に属するものとしてその解決にあたり他人と協力するだろう。彼は自分の内に耐え忍んでいるものに対していかなる補償も求めることなく，勇気ある仲間，同僚となるだろう。しかし彼の仕事，公共の福祉に対する彼の貢献は永遠に不滅であり，その精神は決して滅びることはない[16]。

終わりに

　共同体感覚は，人が持つモノや特性ではない。むしろ，それは我々の心理的な動きに目標と方向性を与えるような一つの理想である。それは我々が自らの不完全さを踏まえつつ，自身の利益と公共の福祉のために手に入れようと努力する理想である。構成概念としての共同体感覚は，勇気，自信，協力，貢献，そして同情を表すような我々の選択や行為の中に見ることができる。共同体感覚

はアドラーによる精神的健康の基準であり，ヒューマニスティック心理学とその概念である自己実現に影響を与えてきた[17]。

　アドラーの共同体感覚の考えは現代的な目的を持っている。個人の最適な精神的健康は，協力と貢献に向けた彼あるいは彼女の勇気で示され，それは社会的な有用性や進化についての感情を形づくるものである。*Gemeinschaftsgefühl*（共同体感覚あるいは精神的健康の理想的な状態）の概念の全体像を見るため，第2部では，仕事，愛，そして交友という人生の基本的タスクと，自身と折り合い人生に意味を見出すという実存主義的タスクへの対応のあり方が，理想的な共同体感覚をどのように実現するのかを説明する。

第3章

人生のタスク

　　真の強さは才能のみからでなく，困難との勇敢な奮闘から生まれるのである。乗り越えるものが勝つのだ。　　　　　　　　　―アルフレッド・アドラー[(1)]

　精神的に健康でいるには，我々の努力の理想的なあり方や方向性を個人的にも集団的にも打ち立てる共同体感覚に従い，それを発達させる勇気を持つことである。社会生活における勇気は，困難に打ち勝つためにどのように努力をするかに最もよく現れる。もともとアドラーは人生の全体を包括する三つの主なタスク―仕事，性，そして社会―があり，それらは個々人の存在そのものによって設定されると唱えた。アドラーの弟子たちは，後に，それら三つのタスクの中核となる二つの実存主義的タスクを加えた。それらは(1)我々自身，そして(2)宇宙と調和する能力である。共同体感覚を理想的な目標としつつ，我々は問題や挑戦を乗り越え，貢献と協力によりこれらのタスクを果たそうと励む。我々がやがては人類共同体の全体に貢献していくにあたり，これらのタスクはお互いに分けることができず，また自身を啓発し他者に影響を与えるためには，勇気と共同体感覚のどちらも必要である。

仕事，愛，そして交友：基本的なタスク

　　人間の全ての問題は三つの項目―職業的，社会的，そして性的―に分類できる。これら三つの問題への対応の仕方に，人生の意味についての個々人の解釈を確実に見ることができる[(2)]。

　ドレイカースはこれら三つの基本的な人生のタスクを「他者の幸福に貢献するということである仕事，仲間や親戚との社会的関係を含む友情，そして二人

の人間の間に存在する最も親密な結びつきであり，最も強く近い感情的な関係を表す愛」[3]として定義した。愛のタスクは親密のタスクと呼ばれることもある。友情のタスクは，家族やコミュニティの関係を含む。これらの人生のタスクは，人々と彼らが所属する世界とを繋ぐものである。これらは協力と貢献の客観的能力である。アドラーは，他人と十分に協力してこれら三つすべてのタスクに参加できる勇気ある人にとって，人生とは「人々に興味を持ち，全体の一部となり，人類の幸福に貢献すること」であるとした。

　アドラーは，人生についての他の全ての疑問はこれら主要なタスクの達成に比べれば二次的な問題であると考えた。実際に，共同体感覚の度合いを常に試すのは，個人に立ちはだかるこれら三つの問題であった。これらのタスクに対する個人の，勇気ある，あるいは勇気のない取り組み方を通じて，我々は彼らの協力のあり方を理解するのである。

　アドラーは，これら三つの生きることの問題は織り交ざっており，別々には解決できないと指摘した。これらは同じ問題の異なる側面であるのだ。ある領域の問題をうまく解決するには，他の二つもうまく解決する必要があり，また一つの領域の問題の解決が他の二つの解決に道を開く。他のアドラー派の著者たちはより柔軟な立場を取り，これら三つの課題は個々に様々な調整が可能であり，そのような異なるレベルでの達成は，おそらく個人の機能を深刻には制限しないとみる。例えば，我々は人生における三つすべての領域を等しく満足させるようにはできていないかもしれないし，他の二つの領域で出来なくても，もう一つの領域ではよりうまくできるかもしれない。ある領域での成功はまだ訓練ができていない，あるいは発達していない他の領域を埋め合わせるのに役立つかもしれない。ウェイによると，普通の人にとっては「完全な満足は三つすべての要求に応えることにより得られるが，しかしここでもある方向での特別な達成が，他での失敗の埋め合わせを助けるのに役立つかもしれない。」[4]

　本書では，元々アドラーが提唱した最初の三つのタスク—仕事，愛（親密さ），そして交友（友情，家族，そしてコミュニティとの関係も含む）—を基本的な人生のタスクと呼ぶことにする。これらは共同体感覚を持って人生の要求に応える上で，果たすべき三つの課題の領域を意味する。第2章では，共同体感覚へ向けた「主観的」なステップを生来の素質，訓練された能力，そして評価的

態度として示した。これら三つの基本的な人生のタスクの訓練を通して，個人は協力と貢献する能力を用いながら，自らを「課題の対象」と外に広がる世界に繋げるのである。

存在と所属：実存主義的タスク

アドラー派の中には，三つの人生のタスクを超えて，生きることの本質に関するその他の疑問を理解しようとする研究者もいる。人間の生活で要求されるものをより適切に説明しようと，二つのタスクが付け加えられてきた。モザクとドレイカースは，四つ目の人生のタスクとして，個人が自身とどのように上手くやっていくか，どのように自身に対処するかを学ぶ必要性を唱えた[5]。個人が自身と生きること，長所と短所を受け入れること，誤りをおかすことへの恐怖を失くすよう学ぶことが大切である。そうすることにより，自身と戦うことをやめ，自身の内なる才に実を結ぶ機会を与えることになる。このタスクは自己受容や「セルフケア」[6]とも呼ばれる。

五つ目の人生のタスクは，人間が宇宙との関係において自身を確立する問題と関連がある。我々はこれまで我々の理解を超えていた環境全体の一部でしかない。そして，このことは，この地球上の我々の存在に関わる目の前の問題を解決してきたやり方では対処できない新しい問題という観点から，我々が適応しなければならないことを示している。それは実存主義的，または超越論的な性質からみた人類の存在意義を気づかせてくれるような，「宇宙的な埋め込み」[1]の一形態を必要とする。

五つ目の人生のタスクはスピリチュアリティタスク，もしくは「スピリチュアル，存在命題，意味の追求，形而上学，メタ心理学，存在論」といったよう

1　ポルスター（Polster, 2015）は，個人は全体の一部であり，その存在と体験の全てが個という枠を越えた全体，ひいては宇宙とのつながりを持っているとし，こうした関わりを一つの小宇宙（microcosm）と捉え，その中に埋めこまれている我々のあり方を cosmic embeddedness と表現している。そこでは「自身とより大きな世界の両方を見据えつつ，自らの独特の貢献を発見するような意識」が，人生とは何かという問いかけへの鍵となる。
Polster, E. (2015) Beyond therapy：Igniting life focus community movements. New Brunswick, NJ：Transaction Publishers.

に，複数の名前で呼ばれている[7]。

　四つ目と五つ目の人生のタスクは本質的に実存主義的であり，本書では自分とうまく付き合う能力を「存在」のタスク（自身との調和），宇宙と和合する能力を「所属」のタスク（宇宙との調和）と呼ぶ。所属のタスクは，コミュニティに所属することやスピリチュアルな幸福への心理的要求を扱う。我々には，自身や所属する宇宙との調和を図るための気質や性質が生まれつき備わっている。存在と所属のタスクは，我々の能力の発達を求める三つの基本的な人生のタスクを超越するような，主観的で評価的な態度である。

　実存主義的なタスクは，内側からも外側からも湧き出す泉のように作用し，愛すること，働くこと，そして家族や友達，その他の人々と繋がることを可能にする。基本的な人生のタスクでの我々の努力は，我々の中に存在するこうした他者との調和を求める傾向が外に向かって表現されたものである。基本的な人生のタスクを学び訓練する一方で，我々は物事をあるがままに心から尊び，また他人と共有する経験から来る肯定感によって，実存主義的な強さを身につけるのである。総合すると，三つの基本のタスクと二つの実存主義的タスクは，我々の特性的な態度や人生に対する取り組み方を決める動きを作り出す。

　ソンスティガードやビッターのような現代のアドラー研究者達は，キンキーピング（家族保持）のタスク（子どもや高齢者の世代を超えた世話），スピリチ

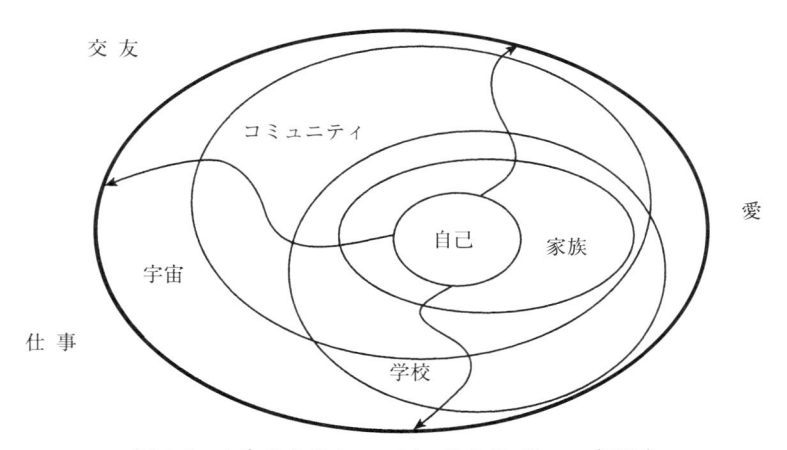

図 3.1　人生のタスクマップ。© Julia Yang（2008）

ュアリティ（世界の広大さと繋がっていること），そして変化に対処するタスク
を明らかに認識している。我々が所属感を経験しそれを表現できるのは，これ
ら人生のタスクにうまく取り組めた時だけである[8]。

規範的理想

　規範的理想とは，共同体感覚の概念により表される精神的健康の理想的な状
態を示す。これを説明するための人生のタスクマップを図 3.1 に示す。個人の
周りに描いた非同心円は，その人物を介した数々の組織同士のつながりに対し，
個人が持つ均一でない関係を表している。自身から外側へと向かう動きにより，
家族や仲間といったより小さな単位から始まり，さらに最端の輪，宇宙まで続
くような，コミュニティのより大きな体系が表されている。どの空間も人と様々
な円との間の距離に相当するように見えるが，個人から始まる最初の三つの円
はより短い距離に置かれている。これは，これらの段階が子どもや若者たちに
とって一際重要であり，またその中で彼らの最も大きな関心の対象となるよう
なグループを象徴していることを強調するためである。外側の輪は，その出現
の過程で子どもや青年がそこに加わっていくようなコミュニティの水準を表す
ことから，非常に重要と考えられるだろう。実際には，これらの様々な円を，年
を取るにつれて個人の重要性が増していくような発達の諸段階として見ること
ができる。よって，この人生のタスクマップは，人がその一部であり，またそ
こに共同体感覚の存在が明らかであるような様々なシステムを，絶えず拡がり
また膨張するようなイメージでグループ化するという見方を備えている。
　個人を超えたこの円全体のシステムは三つの均一でない部分に分けられ，そ
れぞれが基本的な人生のタスクの一つを表している。この明らかな不揃いは各
タスクの独特な導入のあり方を反映しているが，それは，ほとんどの場合，そ
して一般的ケースを仮定した場合，これらのタスクの達成上のバランスが個人
の特性と性格のバランスに唯一比例するからである。個人はこの拡張する円の
基礎としての役割を担うことから，四つ目の人生のタスク（存在）がこのモデ
ルの不可欠な焦点として取り入れられる。その意味合いは，個人が宇宙の中心
であることを示すのではなく，自身とともに生きることを学んだ時にのみ，他

のタスクを効果的に達成できる，ということである。五つ目の人生のタスク（所属）も，秩序ある統一体としての宇宙や人間の活動の場としての世界の外輪に向かっている矢印に示されるように，このモデルに取り入れられている。最も大きい輪はしっかりとした線で描かれているが，宇宙や世界の大きさや最終的な状態についての知識は不完全で，これまでのところ我々が宇宙，あるいは世界の向こうにあるかもしれないものをまだ知り得ていないという点で不十分である。

　図 3.1 の全体は共同体感覚の性質で溢れている。全体として，この図は共同体感覚の完全なる概念である，「*gemeinschaft* と *gefühl* の融合」を象徴し，それが個人の中で最大限に発達した場合に広がる範囲や強度を描いている。このモデルの観点から見たとき，共同体感覚は「［既に］何であるか」よりも「何でありうるか」を説明している。共同体感覚は，個人が努力を向けるべき方向として，標準や平均よりも理想を打ち立てる。共同体感覚は，勇気，自発性，そして創造力を意味し，またその人の存在全体を，動きと進歩，所属と協力という力動的な基盤の上に置くことから，それは調整という概念以上のものである。共同体感覚はまさに「理想的規範」を示すため，それによって個人の機能のあり方を比較しうる一つの基準として使われることがある。そして，ここで述べた共同体感覚についての数々の特異点は，個人の精神的な健康状態を示す一種の相対的なカタログとして役に立つだろう。

人生のタスクの回避

　図 3.1 にある曲がった矢印は，個人がより広い人生における複数の状況へと到達しようとする様子を非直線的に発展する形で描いている。人生の問題は，我々の特性的アプローチと我々の住む世界の間の相互作用に関係する。実際に，全人類の問題は，これら人生のタスクを達成する能力がないことが原因だと考えられる。良い人生とは，知恵と勇気を持って基本的な人生のタスクに向かい合えるときにだけ到達できるものだが，ウルフは三つのリングで行うサーカスと脇舞台の比喩を使って，人生の試練（つまり，共同体感覚を伴う主要舞台での活動）を回避する個人の傾向を説明した[(9)]。人生に対する我々の態度は，共

同体感覚が不十分な場合は，我々を惑わし主要舞台に立つことや社会的に役立つ活動をすることを妨げるような，脇舞台へと引き込むことにもなりうる。人生のタスクを回避するもう一つの方法は，一つか二つのタスクだけに集中し，その他をおろそかにすることである。これは問題視すべきことであって，なぜなら我々は人を全体として捉え，そこではそれぞれの人生のタスクは不可分だからである。

　人間は必ずしも全て平等に発達するわけではなく，ある一つの問題解決に他者よりも適応していることがあるかもしれない。仕事では成功するかもしれないが，愛ではそうでないかもしれず，もしくは愛も社会的接触のどちらも生計を立てる難しさに比べて簡単であるかもしれない。一般に精神病のケースでは三つ全ての問題を一度に前にして衰弱を伴う。一方，神経症の場合は三つすべてに適応はできないかもしれないが，通常一つか二つの方面での挫折をしつつも，残りの方面では共同体感覚が保たれている[10]。

　一つ，もしくはそれ以上の領域での人生の責任を創造的に回避する個人は，恐怖に裏付けられた行動や認識のパターンを示す。彼らは拒絶，失敗，十分でないことや過剰なこと，逃げ場を失うこと，判断されること，未知の世界や曖昧さ，過剰もしくは過少な選択や責任，支配されることや制御できないことなど，挙げればキリがないことを恐れる。協力と貢献により人生に参加する勇気を持つ代わりに，これらの個人は，比較と競争に自らのエネルギーを向けてしまい，それは通常，人生の要求に対し過剰あるいは過少に反応してしまう結果となる。彼らは恐れと向き合うことを避けるようなたくさんの習慣，例えば支配，服従，模倣，依存，傲慢，優柔不断，引き延ばし，中毒，そして一般には役に立たない，もしくは好ましくない補償とされるその他の方法へと向かってしまう[11]。

　これらの役に立たない，恐れに基づいた人生の態度は，個人に誤った目的を持った脇舞台での活動（主要舞台での活動とは真逆のもの）を続けさせてしまい，本来の活躍を妨げ，社会，家族，さらに仕事関係において，疎外され，あるいは孤立するなどの否定的な結果をもたらす。これらの脇舞台の例は，家族に対する過剰な忠誠心，無為，不足感，怠惰，多忙感，憂鬱，神経症といった問題である。あえて創造的に人生の問題や要求に向き合わない人は，残念なこ

とに，良い人生を築けるかもしれない主導権や責任から逃れてしまい，恐れに基づいた努力を続ける結果，皮肉にも，かえって恐れていたものが実現してしまうかもしれない。

　人生のタスクの回避，あるいは好ましくない補償によって生じた問題を解決できるのは，勇気だけであることが明確になった。アドラー派によれば「脇舞台のアーティストたち」に見られる共通点は，ひどく挫折した若齢期であるという。これらの個人に対する最も良い治療法は，主要舞台の方が実は脇舞台よりも安全で，困難を乗り切り同じような壁に突き当たっている仲間を助けるための行動を起こすことによって，共同体感覚の勇気を再充電するための場なのだと気づかせることである。一般的に，勇気は楽観的，創造的，そして他者の利益のために協力し貢献する準備が出来た個人に見られる。他方では，勇気や共同体感覚の不足は，社会生活（すなわち，仕事，愛，そして交友）における全ての失敗を物語る。

　アドラーにとって勇気とは，真の協力，調整の役に立たない面から役に立つ面への動き，人生のタスクと直面すること，間違いを犯す覚悟，そして所属感を持つことへの前提条件である。勇敢な個人は自らの世界とのより発展した関係を持ち，より発達した共同体感覚をも備えている。それに対し，勇気の不足は，劣等感，悲観主義，回避，そして不品行を生み出す。人生のタスクに関係する問題の解決法は，個人が自身の恐怖について新しい認識を持ち，自らの防御的な傾向や自分が実際に人生のタスクを避けていることに気づくことで，恐れに基づいた，一般的には役に立たないような心理的脇舞台から遠ざかり，共同体感覚を持って主要舞台での活動に参加する勇気を持てるよう働きかけることである。

　親密で，共に作用，機能するという意味で完全な協力である愛の関係を持ち，仕事が有益な達成をもたらし，たくさんの友人を持ち，人々との接触が広範囲にまたがり実りが多いような人を考えてみよう。そのような人は，人生は創造的なタスクであり，多くの機会を提供してくれると同時に，そこにはやり直せないような挫折はないと見ていると，結論づけられるかもしれない。人生の全ての問題に立ち向かう彼の勇気はこのような一言で説明できる

だろう――「人生とは人々に興味を持ち，全体の一部となり，自分の取り分を
人類の幸福に献上することである。」[12]

終わりに

　第 1 部では勇気と *gemeinschaftsgefühl* が我々一人一人を人生の目的へと動か
すよう影響し合う上で，どのように相互関係的な力であるかについて，概念的
な定義の紹介と説明を試みた。本章では，人生のタスクを紹介し，それらが規
範的理想――完全で最も効果的に機能することとは何かを特徴づけ，また個人の
理想的な精神状態を示す――をどのように形成するかに焦点を当てた。

　ここまで勇気，共同体感覚，そして人生のタスクについて，個人心理学の枠
組みでの概念的基盤を紹介してきた。これで具体的な人生のタスクの考察へと
進む準備ができた。そこでは社会生活にまつわる数々の問題と理想へ向けた個
人の特性的アプローチについて，さらに理解を進めることとする。第 2 部 で
は，共同体感覚がどのように我々を力づけ，勇気を持って人生の諸問題に立ち
向かい，自身と他者のために責任を取る心構えをさせるかを説明する。具体的
には，人生の各タスクとそれぞれに対する人々の態度を取り上げ，全体的な人
生の諸問題の解決に向け，個人がどの程度まで協力し貢献する勇気を持つのか
を議論する。

第2部

社会生活の勇気

第4章

仕事の勇気

　よく笑うこと，知的な人々の尊敬を集め，子ども達から慕われること，真の批評家から評価され，見せかけの友人たちの裏切りに耐えること，美しいものを愛でること，他人の最も良いところに目を向けること，子どもを健康に育てる，庭を手入れする，あるいは社会の状態を改善するなど，世間を少しでも良くしてからこの世を去ること，そしてたとえ一人でも，あなたが生きていたことで，助けられた人がいることを知ること，それができれば，人生は成功だったと言える。　　　　　　　　　—ラルフ・ウォルド・エマーソン

　このエマーソンの引用は，バートの葬儀の際に朗読されたものである。バートはいつもと変わらない出勤日に，いつものように部下を先に家に帰してから，やり残しの仕事を片付けるため残業をした後，多発性心臓発作を起こして亡くなった。バートは長いこと元気でやってきた。彼は仕事を愛していた。自分の学生や同僚達からよくアドバイスを求められた。姿が見える随分前から，彼の笑い声が聞こえて来る，そんな人物だった。彼独特の仕事哲学について人が好奇心を向けると，決まって彼は言った。「人生こそが一番の居場所さ」と。バートにとって，仕事は自尊心，他者に向けたもの，有用なもの，そして喜びであった。この章で見ていくように，バート以外の人々にとっては，仕事はたくさんの異なる意味を持っている。

仕事とは何か

　仕事は人の生存，家族の扶養，そして社会生活にとって，最も重要な人生のタスクである。仕事は生きるための経済的手段をもたらすだけでなく，いくつもの心理的，そして社会的な意味合いの層から成り立っている。仕事をすると

き，我々は自身の興味という意味での愛情だけでなく，他者を気遣う，世話を
するという意味での愛情をもっても取り組むものである。アドラー的枠組みに
おける職業は，「コミュニティにとって役に立つあらゆる種類の仕事」と定義さ
れる。様々な遊びの活動，家事，子どもたちの学校の勉強，あるいは生涯を通
じ人生における役割を果たすために行う有給・無給の仕事，なども仕事に含ま
れる。精神的には，仕事を通じて我々は自己概念を表現するとともに，人生の
目標を達成し，またお互いをより所とする中で所属を確定する。

　仕事をする際，一人だけで働くことは稀である。働くことの勇気は，他人と
の協力と，世界をより良くする条件作りへの貢献を必要とする。共同体感覚の
文脈で捉えた時，仕事は我々の目標と，自己の無用感あるいは有用感を形作る
ような行動を導くものである。我々自身，そしてコミュニティの感情が，我々
の仕事への参加を妨げるものとなるか，あるいは助長するものとなるかを決め
るのが勇気である。

　働くべきか，そうでないかは問題ではない。唯一の問題は，働き過ぎるか，十
分働かないか，である。働かなければ飢えるしかない。「仕事のない人生は，生
きる屍である。」[1]仕事をしない人間たちは，他人のする仕事に依存して養って
もらっている。彼らは共同体感覚に乏しく，私欲には長けている。個人心理学
では，仕事は良い人生を実現するための基本的な三つのタスクの一つである。
我々には社会的な保護が必要であり，そのため社会というシステムの中で互い
に協力し貢献しつつ働くのである。孤立する中で仕事はできない。仕事を自身
の劣等感を補償する手段として使うことは正当ではあるが，同時にそれは我々
の同胞である人類に貢献するものでなくてはならない。

ソクラテス式問答 4.1

　以下は，仕事に対する人々の一般的な考え方の一例である[2]。家族や友人，
同僚たちに，これらの考えと彼ら自身の考えを比べてもらおう。相違点ある
いは似ている点について，どのような意味で読者にとって意外だろうか？

- どの人にとっても最もふさわしい一つの職業がある。
- 一度仕事の分野を決めたら，その決定を変えることはできない。
- 自分の興味が向くものであれば何であれ成功できる。

- 努力とモチベーションがあればどんな障害も乗り越えられる。
- 仕事についての内発的な満足感は，外発的な満足感に勝る。
- 殆どの人が自分の仕事を嫌っている。
- 働かなくても良いとなったら，殆どの人がそうするだろう。
- 教育上の選択と職業上の選択は殆ど一緒である。
- 将来，人々はますます働かなくなる。
- キャリア選択は若いうちにするほど良い。

個人の劣等感

　今日の社会では，仕事は個人が評価，富，権力，地位，そして名声を得るための最も好ましい方法である。多くの人々にとって，仕事は成功，そして優越感への道である。社会における個人主義，資本主義的な価値観は，労働者に対し，生産し，活躍し，そして競争することを求める。求める生活水準を満たせていないという不安がある場合，我々は迎合的な生活スタイルや安心の蓄積に向け働き，結果として，多くの人々が単に引退を目指して働くだけとなってしまう。もう一点，職業人生における個人としての劣等感に寄与するのが，我々が内側からも外側からも不安を体験するように出来ているということである。こうした不安は，横暴で懲罰的な企業決定によってさらに高じてしまう。外面的な仕事の要請に応え立身出世を求めようとして，我々はミスや，他人からの不支持，または失敗への怖れを克服するよう，より懸命に働きあるいはコントロールしようとする。

　個人のレベルでは，仕事上の問題の殆どは，失敗を防がなくてはという思いから生じるものである。そこでは，働きすぎ，あるいは逆に働かなさすぎることによって家庭，学校，そして仕事上の責任を完全，あるいは部分的に回避しようとする。学校教育を終えると，多くが仕事上の課題について準備不十分のまま労働市場へと入っていく。甘やかされ保護され育った若者は，卒業後も職業につきながら，あるいは職業につくことなく，実家暮らしをする者もいる。経済や雇用の変動は，多くの人々に打撃を与える一方，自分に適した仕事を見つ

けられない者，働く意欲のない者，さらに人間関係の様々な理由で一つの仕事に落ち着けない人間に対し，その口実を与えているようだ。

　　人生を何とかやっていけるようにしたいという思いは確かなんだ。家庭を持つ用意ができて，日曜に教会に行きたかったら，ちゃんと日曜に休みが取れるのか確かめたい。家族が楽に暮らしていけるよう沢山稼ぎたいし，何があろうときちんと家族の面倒を見たい。でも自分が大金を持つようになっても，子どもには自分の小遣いやらは自分で稼いで欲しいと思っている。そこが色々経験をするところだから。高校生の時，自分の学区には基本的に他所より裕福な学校があって—実際はそうでもなかったけれど—その町の金持ちの家の，そしてその大部分が白人の子ども達が通っていたんだ。そうした子ども達の多くが高慢で，不愉快な奴らばかりだった。奴らは好きなものを何でも手に入れていた。自分の子ども達にはそんな風になってもらいたくない。自分で働いてもらいたいんだ。　　　　　　　　　　　　　　　　　　—ジョセ

　アルは18歳になるジョセに何を目指しているのかを尋ねた。ジョセは彼が学校で目にしたもの，不当な扱いや貧富の格差，に飽き飽きしたと言った。ジョセはコミュニティ・カレッジを中退し海軍に入隊する道を選んだ。高校やコミュニティ・カレッジでの授業は易し過ぎるか，難し過ぎるかのどちらかだった。学校，そして継父との時として暴力も辞さない軋轢を抱える家庭の両方で不公正にあえいできたこの若者にとって，公正，公平であることは大切なことであった。のちに彼は刑事司法におけるキャリアを目指す計画を立てた。

　懸命に働くことが富につながるというジョセの理想は，残念ながらそれとは非常に異なる現実に直面するだろう。良い教育が良いキャリアにつながるとする考え方も根拠のない想定であり，すべての人間に当てはまるものではない。ジョセと同じような準備不足の皮肉，そして蓄積，所有，社会階級，さらに安定についての夢は，多くの若者や成人に共通して見られるものである。

ソクラテス式問答 4.2

　ジョセのキャリア目標は現実的，あるいは非現実的だろうか？　コミュニティ・カレッジを中退して（drop）海軍に入った（in）ジョセに，どのよう

> な強さを見て取れるだろうか？[3]　自分，他人，そして世界についてのジョセの考え方とは，どのようなものだろう？　ジョセの人生に対するいくつかの一般的な態度とは，何だろうか？　それらはより恐怖に根ざすものか，あるいは勇気に基づくものだろうか？　どのようにしたら，ジョセはもっと周到に，自身の考えやキャリアに関する判断についてより柔軟になれるだろうか？

　仕事にまつわる怖れへの対処を避けようとすると，我々は仕事について否定的な態度を育ててしまう。勇気を持って仕事上の挑戦に向きあう代わりに，勇気をくじかれた労働者は，臆病，先送り，怠惰，優柔不断，権利意識，被害者意識，そしてモチベーションの欠如といった側面へと流れてしまう。基本的にこれらの行動は，自分が見てとる失敗の恐れを避けようと，十分に働こうとしない個人の欠陥を示すものである。

　そうした欠陥は自身の野望，完璧主義，意識される時間や資源の不十分さ，相反する責任などによって増幅してしまう。完璧さは主観的であって実際には存在しないため，その意味で我々は自分の目標を完全に達成することはない。完璧さは自分が持つ非現実的考えの一部でしかないのだ。自分が従えなければ，コントロールしなければ，あるいは手に入れなければ，と言ったようなその他の非現実的考えは，我々の中に，そして我々の職業生活に関わる問題について，落胆を育むこととなる[4]。

　他人からの評価や外発的な報酬を求めて働いている人々にとって，それらを得られないところでは仕事は無意味となる。自身の欠陥を埋め合わせようと過剰に働くとき，故意あるいは無意識に，我々は親密なつながり，社会関係，自分を大事にすること，また仕事や人生全般に関するより深い意味の感覚について，それらを妥協したり見失ったりしてしまう。勇気をくじかれた労働者は，疲労感，ストレス，活力のなさ，自信喪失，家庭や職場での過重な役割や役割の葛藤，そして個人的なコントロールの欠如などといった，よくありがちな不満を口にする。

集団の劣等感

　個人そして組織としての劣等感は，人々の認識と行動が怖れに基づいているような，沈滞した職場を特徴づけるものである。個人が自分たちのアイデンティティに不安を覚えている時，彼らは他人のアイデンティティも奪うような状況を作り出している。仕事は戦場だと思っている場合「仕事をするか，さもなければ死」という認識は，多くの労働者にとって自己実現する予言となってしまう[5]。職場のリーダーたちが，良くない結果を恐れるあまりに部下たちの可能性を率先して押さえ込んでしまうことも，珍しいことではない。職場の恐怖は，ルールや手続きの厳格さ──それにより失敗や損失が発生した場合に非難が特定の個人に寄せられやすくなる──に最も顕著に表れる。

　こうした一見個人的な恐怖に思えるものが，集合的に「より良い」または「より少ない」といった競争の雰囲気を作り出し，不平等や差別を正当化するような態度として職場で表面化することがある。典型的な例は，教育の平等と就労機会の均等を訴えるアファーマティブ・アクションについて議論を呼んだ事柄である（質か定員かの論争）。

　　「白人にはチャンスはない。」
　　「複雑な心境だ…。物事が不公平で，とりわけそれが明らかな場合，その是正のために意図的な努力がなされる。そこで思うのは，彼らが足掛かりを得て，かつて手にしたことのなかった全てに向け前進する一方で，我々は結局低い方の端に行き着くということだ。」
　　「歴史上白人が黒人を苦しめてきたことは認める。しかし，無制限に譲歩があってはならない。」
　　「黒人学生たちは学力的に準備ができていないかもしれない。私はあらゆる学生たちへの自分の態度を，他の何よりも彼らの学業上のメリットと自分が考えるものを元に決めようとしている。」
　　「馬鹿げている。白人アメリカ人達は，いつも自分たちの好き勝手にしてきた。黒人達はいつも差別され，最近では白人達が問題としてきたことに巻き込まれている。」[6]

　これらのコメントは，学生の大多数が白人の小さな大学で，人種に対する態度に関する全学的な調査に参加した職員，学生，そして教授から寄せられたものである。しかしながら，あるヒスパニック系の大学院生からは全く違う声が聞かれた。

　白人達がわかっていないこと―果たして彼らは人生を通じてアファーマティブ・アクションの恩恵に預かっているのか？

　絶えず変化する経済によって既に困難な状態にある仕事の問題が，大学，社会，そして文化のレベルで人権問題をとりあげることで一層深刻になる。人類の歴史を通じ，法律や政策とは，「よそ者」とみなされる者たちを排除するために作られ，実行されてきたものだ。よそ者たちは，体制を維持するために並以下の地位に置かれる。

　自分はいつも何かをしていて，何をするにも人より上回ってきた。それはネガティブな固定観念を覆し，自分はできるということを証明したいからだ。　　　　　　　　　　　　　　　　　　　　　　　　　—**ゲイの男性**[7]

　このゲイの男性の述懐は，有色人種の女性たちや労働者たちにも共通する。ジェンダー，民族，性的指向に基づく力の格差は，仕事上の達成，職場への残留，補償，そして昇進にまつわる不平等を浮き彫りにする。並以下，あるいは少数派の地位に置かれている人々は，キャリア上の成功を目指す際に多くの障害を経験することもしばしばである。彼らは粘り強さに長け，より懸命に働くことを状況への対処法としていることもある。

ソクラテス式問答 4.3

　仕事で初めて不平等を感じた特定の出来事を思い出してみよう。その体験は仕事についてのあなたの思いや感情にどのように影響しただろうか？　その不平等に気づいたことで，あなたの働き方は変わっただろうか？

新しい恐怖：プロティアン・キャリア

　成功を約束してきた組織的なキャリアと直線的なキャリアアップの時代は終わりを迎えた。中産階級労働者たちが抱いた 20 世紀のキャリア上の夢は多くの場合実現せず，新たな千年紀に生きるジョセのような人間にとっては死に絶えた。ジョセにとっての最良の選択は，最初の就労機会を活用できるよう柔軟になり，現在ある仕事のオファーを通じて人とのネットワークを築き，そして新しいスキルを磨きつつ，雇用の可能性を高めることである。

　21 世紀のキャリアは，プロテウス的―様々な形に変化するもの―で，個人によって突き動かされ，その時々の自身の内部あるいは外部の変化に応じることで再構成される。伝統的なキャリアの考え方は，組織，昇進，低い流動性，成功の目安としての給与増，組織内部での責任に焦点を当てたが，プロティアン・キャリア志向を持つ今日の労働者にとっての働く勇気とは，自律性，自由と成長に置いた中心的価値観，高い流動性，心理的な成功，満足感，そして仕事への専門的な関わりといった観点での成功を指す。

　　プロティアン・キャリアは，組織ではなく個人が動かすプロセスである。それはその人が教育，訓練，複数の組織にわたる勤務，職業分野の変更などにおいて様々に経験したすべてのことから成り立っている。この志向を持つ人は，人生を通じて統一，あるいは統合された形で個人的なキャリア選択と自己実現の探求を行う。そこでの成功の基準は内発的（心理的成功）であって，外発的ではない[8]。

　伝統的な仕事の考え方からプロティアン・キャリアへと移行するに伴って，我々は新しい恐れや不安に直面することとなった。ギリシャ神話の海神・プロテウスは変身する能力で知られるが，捕らえて鎖でつながないと一つの形にとどめておくことができなかった。「プロテウス的人間」[9]の葛藤は，連続して遷り変わる世の中を反映した絶え間ない変化と，アイデンティティと所属への欲求との間で揺れ動く心に最もよく表れる。

　仕事上の達成，満足感，職場にとどまることには，たくさんの要素が影響を及ぼしている。ほとんどの労働者は職を失った場合の代替案を持っていない。男

性も女性も，自身のジェンダーや人生の役割について見直しを迫るような，仕事や家族間のつながりについての問題を経験している。時として我々の成長を妨げるものは，制度を通じて介入を頼まなければならない状況に関するものであったりする。「小さな機関車ができること」[1]の機関車は，上り坂テストだけでなく，もはや我々の行く手に明確な進路が示されない，広大で絶えず変化する社会が突きつける様々な横道の誘惑や妨害に直面するのである。

> **ソクラテス式問答 4.4**
>
> 仕事上の問題を解決するのに，あなたならどうするだろうか？ あなた自身，そして職場の人々は変化を歓迎するだろうか，あるいは抵抗するだろうか？ あなたはキャリアや仕事人生において，どんな不安を感じているだろうか？ 我々はどのようにすればプロティアン・キャリアにうまく備えることができるだろうか？ 人生の目標に向かって進むため，どのようにすればこうした不安を建設的に使えるだろうか？

プロティアン・キャリアの考え方は，山あり谷あり，紆余曲折，一方の路線から別の路線の仕事へと移るといったように，柔軟で独特な，ありとあらゆるキャリアコースを含む。理想的に標準化されたキャリアへの道に表層的に着目することとは違い，プロティアン・キャリアは各個人に固有の，一種のキャリア的指紋のようなものである[(10)]。

興味深い考え方であるプロティアン・キャリアは，我々に活力と自由についての意識をもたらし，仕事人生に対する外的なコントロールから解放してくれる一方，まだ見ぬ将来についての不安を一層かきたてる。個人心理学では，恐れを取り除くことよりも，恐れの目的と使用に目を向ける。第1章で触れたように，恐怖が我々の問題よりも大きい場合，それは怖れや不安の感情となるが，そうした感情は同時に落胆や挑戦的な態度を表現する，変化を避ける，あるいは想像上の失敗に対し身構える，といった目的にも使われる。新たな課題や問題への対応策として，プロティアン・キャリアが求めるものは，順応性を高め，

1　楽観主義や勤勉の価値を説く子ども向け絵本のタイトル。

可能な解決法を思い描くことができるよう自身を鍛錬しながら，創造力と勇気を持って恐怖に立ち向かうことである。自身の恐怖心に耳を傾け，不要に大きくせず，そして変化を呼び込むために使う時，それはむしろ贈り物となるのである。

最先端のキャリア形成

個人心理学もプロティアン・キャリアの新しい発想も，仕事が人生のタスクであり，人生に対する個人の特性的な態度を全体的に理解するよう求めるものと見る点で一致する。仕事の意味は，自身，他者，そして世界についての認識を元に個人が形成されていく過程にある。仕事と職業選択を理解するには，従来からの「テストし，伝える」方式（特性因子アプローチ）が最もふさわしく，直線的発達アプローチは今では以前ほど有用ではなくなった。

[個人と仕事の] 一致は，ホランド[2]の職業分類で用いるような客観的な仕事環境の基準だけで決まらないかもしれない。むしろ，個人がどのように仕事環境を認識するかが，仕事と働く人のライフスタイルの適合を決めるものである[(11)]。

個人のライフスタイル（行動，感情，そして思考が一体化したもの）の理解は，新しいプロティアン・キャリアの環境で，人がどのように機能し，順応し，そして目標を達成するかを説明するのに役立つ。我々は自身のキャリア物語に貢献し，それを作り出す。多くの類型アプローチ（例えば，ホランド法やマイヤーズ・ブリッグス法）が説明する我々の特性は，実際のところ我々が仕事環境に反応する際に自然に用いる対処戦略，または「成功の方程式」である。同様に，出生順位と関連付けられる性格特性も，キャリア選択や目標達成パターンと関連しているかもしれない。子ども達は小さい頃の家や学校での遊びや作業から，仕事への態度や価値について学んでいく。家族布置と家庭の雰囲気が，のちにその人の仕事のタスクに表れるライフスタイルに影響する。時系列的，心

2　ジョン・L・ホランド。職業選択理論の構築，職業世界の6分類（RIASEC）で知られるアメリカの心理学者。

理学的両方の意味での出生順位における位置づけが，キャリア戦略として実際に作用するようなその人の具体的な特徴や性格特性とバランスしている（第6章参照）。

　個人心理学の枠組みは，個人の人生上のテーマ，人生に対する態度としての性格特性，そしてキャリア上の順応性を強調するキャリア構築理論に明確に見ることができる。自らを導く個人の信念は，その人のキャリア物語，長所あるいは短所，そして欲求や問題と解決法に，機会を与え，あるいは制約を課すものである。我々は［個人心理学を通じ］そのような個人の信念を探ることができる。

ソクラテス式問答 4.5

- 3 − 6 歳の時に自分に起きた出来事のうち，思い出すことができる最初の記憶（物語）はどのようなものだろうか？
- それぞれの物語にはどのようなタイトルを付けられるだろうか？
- 小さい頃の自分のヒーローは？
- お気に入りのことわざは？
- お気に入りの雑誌やテレビ番組は？[12]

　初期の記憶をどのように思い出す（あるいは選ぶ）かは，自身がこだわっているもの（欲求，目標，「…であるべきだった」こと）や，自己のヒーローやお手本となる人（達）の性質を示すものである。なぜなら，それらのものや人は，我々が問題を解決したり欲求を満たしたりする上で，自分が同一視する，あるいは持っている強さを象徴するからである。キャリア構築理論では，個人の思考，感情，そして行動をよりよく理解するため，創造的な方法が用いられる。

　人がどのような活動を好むかには，有用な情報が埋め込まれている。例えば，お気に入りのことわざには，その人が自分に与える助言を見ることができるし，お気に入りの雑誌は，自身の環境についてその人が気にしていることを教えてくれる。好きなテレビ番組やキャラクターからは，他人や困難へのアプローチの仕方を想像できる。ここではその人の好みを探ろうとしているのではなく，仕事や人生に対する独特のスタイル，あるいは包括的な態度を見ようとするので

ある。

　カルビンは40代初めの白人男性で，学生時代から働き者だった。彼はこれまでに，屋根葺きの技術者，建築設計技師，設置技師に機械修理人（ここでは営業技術者兼，地域担当技術マネージャーに抜擢された）など，とても興味深い職歴を持っている。彼はキャリアの天井にぶち当たった時，一種のキャリア危機を経験したと話してくれた。それまでの人生についての満足感と意味についてじっくり考えた末，カルビンは学校に戻ることを決意した。現在彼は大学で教鞭を執っている。ホランド類型法によれば，彼は社会的，芸術的，進取的とされる。彼のお気に入りの引用句は，ミケランジェロの「私は大理石の中に天使を見，彼を自由にするまで彫り続けた」である。以下は，彼の初期記憶の一つである。

　うちは古くて修理が必要だった。ある夏の日両親が仕事で出かけていた間に，自分は家の裏庭のポーチを支えていた，岩でできた石垣を修理しようと思いたち，コンクリートを捏ねて修理したんだ。息子が12歳でそんな修理をできたことに，両親は感心していた。壁を直して家の見栄えをもっとよくできたことを，とても誇りに思ったよ。

ソクラテス式問答 4.6

　労働者としてカルビンが持つ幾つかの特性（強さを含む）はどのように説明できるだろうか？　カルビンのライフスタイルのテーマとは何だろう？　キャリアを渡り歩く上で，彼は自身のホランド型特性をどのように用いているだろうか？　他のどのような要素が，彼のキャリア発展を理解する上で役立つだろうか？　カルビンの初期記憶は，成人してからの彼のキャリアの移り変わりにどう反映しているだろうか？　人生に対する彼の態度はどのように説明できるだろうか？　恐怖，それとも勇気だろうか？

勇気づけられる労働者

　私は自分の仕事を愛しているわ。それはパーティーを開くみたいで，みん

ながやって来る前に支度をして，終わった後にはみんなが楽しく過ごせたことを願いながら，片付けをするの。自分の仕事が私と世界をそんなに近づけることになるなんて知らなかったわ。搭乗直前に，自分たちが訪ねる予定だった人が病院で亡くなったことを知ったという家族がいたの。私たちはカトリーナ台風の避難者と途中一緒に旅をしたこともあったわ。彼らがどこに行き着くかはわからなかったけれど，私たちが出来たのは，その人たちが痛みと喪失の中で，少しでもくつろいでもらえるようベストを尽くすことだけだったわ。9歳の付き添いのない男の子がいたんだけど，飛行恐怖症を抑えようとずっと席に座っていたの。そのうちトイレに行きたくなって，手伝ってもらいながら，なんとかトイレのドアまでたどり着いたのだけど，自分一人で中へ入ることをとても怖がってしまって。そこで私はその子に言ったの，「ここまで来られたじゃない，さあ，後はここで怯えながら立っているか，中に入ってオシッコするかのどちらかよ！」そうしたら，彼はちゃんとやり遂げたわ！
　　　　　　　　　　　　　　　　　　　——クリスティーナ，**旅客機客室乗務員**

　クリスティーナの仕事に向ける態度は，キャリアについての我々の満足感が共同体感覚と正の関係にあることを示す一例である。働くことの勇気を持つことは，何をすべきかを感じながら，自らのコミュニティに貢献することである。つまり，仕事を通じ，我々は自分たちのためだけでなく，他人のためにも世界をより良い場所にするのだ。こうした他人の利益のために働く勇気は，クリスティーナのような日常的な労働者だけでなく，シュヴィツァー博士やフローレンス・ナイチンゲールのように，無私の活動によって人類全体に貢献した著名人たちによっても示されている。

　ローソンシーによれば，勇気づけのある職場では，評価，権力，復讐，離脱などの個人的な目標は好ましくないもので，「お互いが持っている最良のものを引き出す形で人々のスキルを高めることにより，前向きで生産的な職場の雰囲気を作りだす」ことに焦点を置く。職場での勇気づけは，労働者の選択，尊敬，そして意味づけやコミュニティの感覚を育むような活動へと結びついていく。

　　勇気づけは，人の長所や才能，興味，可能性，チームへの貢献，また職場

のビジョン，さらには世の中に重点を置くことによって，責任感に溢れ，自
身の内側からの力によって動き，目標をしっかり見据える人材を作りだすよ
うな，気持ちを盛り上げるプロセスである[13]。

　個人心理学では，労働者とリーダーがお互いに尊敬しあい，ポジティブな態
度で向かいあうような，勇気づけのある職場作りの助けとなる多くの技術や方
策が用意されている。ここでは外発的よりも内発的な動機づけ，処罰よりも自
然で論理的な結末[3]，褒め言葉や報酬よりも勇気づけ，競争と比較による達成
よりも貢献と協力が強調される。勇気づけられた労働者は，仕事が自分たちの
要求を満たし，生活の糧を得，有用感を持ち，そして世界に変化をもたらして
いる場合，「イエス」の態度で応えるものである。数々の困難の中でも，彼らは
まるで恐れを知らず有能であるかのように行動する。

　仕事上の障壁となるものや偶然の出来事［偶発性］は，奇異なことではある
が，我々の職業上のアイデンティティの一部である。「偶発性」は，でたらめに
起こるものとしてではなく，あくまでも成長の機会と捉えられる[14]。このプロ
セスは，物事を選択する際，自分に対し前向きで，自分を勇気づけ，そして自
分を信じようとする一方，物事の結果を否定的な出来事ではなく機会として見
ようとする時にのみ，起こりうる。そのように偶然の出来事を使うよう促すプ
ロセスは，時として特定の道をたどるが，とりわけそのプロセスが自分のスピ
リチュアルな側面に影響を受けると信じる場合，それは我々の職業的自我の形
成へとつながっていく可能性がある。

　したがって，勇気づけられた労働者とは，自分自身を励ますことができ，ま
た自分を励ませる人々を作ることができる。勇気をくじかれた労働者が自分た
ちは過剰に働くばかりで人生がないと不満を口にする一方，勇気づけられた労
働者は自らがしていることを人生の仕事として歓迎するのである。

3　個人心理学における指導・しつけの技術の一つ。「自然な結末」は，相手の行動・行為に
　干渉せず，良きにつけ悪しきにつけその最終的な結果に本人が向き合う体験をさせること。
　一方，「論理的な結末」とは，相互に予め合意した行動・行為について，その結末の責任を
　本人に取らせることを指す。

ソクラテス式問答 4.7

　以下に挙げることから，自分が勇気づけられた労働者かどうかを考えてみよう。他人が自らを勇気づけられるよう手助けをし，自分と他人に勇気を与えよう。もし自分の仕事人生において勇気が足りないと感じる領域があったら，どのようにすれば内側からの動機で溢れる自分になれるだろうか？

- 仕事を通じて個人的な成長を認識する。
- 自分の持つ技術的スキルとタスク習得を高く評価する。
- 自分のこれまでのキャリア昇進と可能性を振り返る。
- 自分の仕事の社会的な意味を探ってみる。
- 自分のチームの課題と達成を共有する。
- 職場への自分の貢献に敬意を払う。
- 自分の仕事における顧客の満足を見つける。
- 自分の一生の仕事における感動的な意味を経験する。

仕事は神聖である

　他の人生のタスク同様，仕事は自分，他人，そして世界とつながっている我々の切望と苦労の表現である。興味深いことだが，機能と効率性が職場を支配してしまうことがある。虚しさ，無意味さ，漠然とした憂鬱感，価値観の喪失，個人的な充足感への憧れ，高い精神性の渇望といったような，仕事生活にまつわる情緒的な不満は，大部分が無視されてしまう。仕事はしばしば世俗的な場とみなされるが，実際それは人生を通じた精神的な道であり，贈り物であり，そして生涯の天職である。仕事の中に，我々は「自らの深い奥底にあるものと，自らの外側にある最も偉大なものとの交錯をみる」[15] のである。

　真のキャリア，または天職を見つけること—それは労苦に満ちた「お仕事」を笑い飛ばしてしまうような，啓発的で満たされた道のりである—は，時として極めて精神的で，内省的であり，また非常に個人的な旅路につくことを意味する。それは，他人の描いた夢を踊るダンサーではなく，自らが人生の

振付師であるような，また単に生物としての生存という目的を超えた新しい意識である。外側から与えられ数値化できるような報酬に価値を置くかわりに，内側からの動機が本来測定できないものについての意義を創り出す。自分の仕事を通じて自分が具体的に得なければならないものを外発的な視点から見た場合，本来なら，社会が自分に対して負っているものから利益を得るという観点でなく，世界，そして高次の大いなる力と向き合う自分を思い描けるような，精神的な意味でのキャリアを見定められないことになってしまう。それは我々自身を見るレンズを世界との関わりにおいて外側に向けると同時に，内なる魂と心の拡がりに対しても向けることである。そうした拡がりにおいては，合理的で分別ある物事─例えば，金銭，名誉，権力，生活上のコスト，上昇志向，特典，立ち位置，柔軟性の程度，福利厚生，そのほかの目に見えるもの─が，本来は広大で目に見えない，絶え間ない神聖な機会の流れをせき止めてしまうかのように見えてくる。

　習慣から抜け出せず，また恐怖，疑念，責任，そして安心への欲求に縛られ，我々はしばしば人生と目的を物質的な側面でのみ理解しようとする手痛い誤りを犯してしまう。精神的なフィルターを通すことによっても体験をふるいにかけられるようなさらなるレベルへ進むためには，時間，努力，洞察力が必要である。それは手間のかかることであり，外からの雑音も耳をつんざくばかりに思えるだろう。では，なぜあえて気にしなければならないのか？　あえて言えば，それは我々の目的とするものが高いレベルの天職であり，それなくして我々の存在はありえないからである[16]。

時として様々な仕事の問題の底流には，個人による意味と精神的な方向性の探求がある。自分の仕事において自分がなれる人間になるために，自分はどこに向かって進んでいるのだろうか？　自分にとってより精神的な職場の意味とは？　自分に目的を与えるために，仕事で何をできるだろうか？　自分はどこから来て，どこへ向かっているのか，そしてなぜ自分はここにいるのか？　どのように他人の人生に触れてきただろうか？　自分の仕事がどのように世界をより良い場所にしているだろうか？　職業における旅が求めるものは，答えとしての精神性ではなく，精神性を問いかける姿勢である。そしてこの問いかけ

によって，仕事における自らの精神的な体験を深めていることに我々は気づくのである。

　　キャリア・カウンセリングを受けに来た 44 歳のクリントは，自分の懸念についてこう語った。「出張が多すぎるし，もう最前線には立ちたくない。それに他人の人生に影響を与えられるような，何か楽しい事をしたいんだ。」彼は 8 年間，健康管理情報システムの販売に携わってきた。彼は仕事を楽しめない問題を抱えていた。彼は自分がまるで「客を狩っている」ように感じていて，それは彼の心を「蝕んでいた」。最近の面談中のプロセスを振り返り，彼は今まで十分に成し遂げることができたかを自問しつつ，その答えは「ノー」であることを思い出した。今彼は次のような問いかけとともに，当時のことを格闘として見ている。自分は何を追い求めていたのだろうか？　成功か，それとも意義だろうか，と。

　クリントの格闘は，自分の合理的な目標と職場における精神的な充足との間のせめぎ合いだった。クリントにとって，仕事はそこに意味を見出すというよりも，恐怖と欲望に満ちた狂乱の場だった。カウンセラーは，クリントが仕事の通常ルーティンを離れ，活力の供給源を得られるようなスペースを見つけるため彼と協働することができた。クリントは他人との関係において，自分が電源につながり，持っていたランプに明かりが灯ったような感覚を持ったことに気づいた。彼の天賦の才は，例えば会社と彼の顧客との間をはじめ，人々の間のまとめ役，調整役の一人となることだった。その結果，彼は自分がキャリアではなく，単に勤め先を変えればいいだけだということに気づいた。彼の新しい仕事環境は，顧客を「狩って仕留める」のではなく，彼らとの信頼と関係を築き，また培うような機会を十分与えてくれるものであった。彼は自分が何かを得るよりも，むしろ与える立場にいるように感じ，最終的にはそれにより，皮肉なことに以前の立場よりも多くの収入を得られるようになっていた。

　ルーシーは自分が場違いな人間だと思っていた。彼女は自分にとって正しいキャリアの方向性について，非常に不安定な思いを抱えていた。彼女は経済的な基準から自分を判断していた。かつて大手グループ保険会社の顧客担当営業として 6 桁の金額の収入を稼ぎだしたことと，2 年目に入った自分のビジネス

が実際にはまだ生み出していない利益との間のギャップがあった。それでも，ど
こか自分の中で経済的な成功とはしっくりこないものを感じていた。会社勤め
を辞める前の6年近く，彼女は「何らかの変化を祈っていた」。仕事中毒で，9
年もの間週60-80時間も働いてきたルーシーの祈りはやがて聞き届けられた。結
腸ガンと診断されたのである。称賛すべきことに，彼女は懸命な努力の末病気
を克服し，精神的な信念においても一層強く成長し，新しいキャリアを身につ
けるのに必要な訓練を含む，より充実したライフスタイルの発展にも自らの努
力を惜しまなかった[17]。

　クリントとルーシーの物語から学べることは，仕事生活の問題は，人生にお
ける仕事を発展させるための深遠な機会だということである。仕事は，我々の
主観的な願望とその客観的な有用性とを結びつける手助けをしてくれる。外部
からの要求と，意義を求める内なる奮闘からなる様々な課題は，我々のアイデ
ンティティと普遍的なつながりを育むような，深遠な人生における仕事を示し
てくれる。こうした課題や変化に応えるには，偶然の出来事の本質を捉え，前
向きで斬新な変化につなげるような勇気が必要となる。こうした人生の出来事
は，クリントとルーシーが職業面と精神面で自身を一つにし，人生の一体性を
体感することを可能にしたのである。

ソクラテス式問答 4.8

　以下の質問のうち，あなたの注意を引くものに答えてみよう。あるいはオ
リジナルの質問を作ってみよう！[18]

- 今まで何かに強く引かれたことがあるだろうか？　それはどのような感
  覚だったか？
- 何が原因で現在のキャリアに至ったのか？
- どのような問いかけに自分の仕事が応えてくれるのを期待したか？
- 子ども時代，自分が世の中に何を与えられるよう願っただろうか？
- 死に際の問いかけとして，何をしなかったことを後悔するだろうか？　一
  番誇らしく思う達成は何だろうか？
- 世の中の問題で取り組まなければと思わされたものは？
- どのようなことをしている時，時間の流れを忘れるだろうか？

- どのような時，自分は絶好調だろうか？
- どのような人間的問題，あるいは組織が，情緒的に最も心に届いただろうか？

終わりに

　仕事は自分，他人，そして世界についての理解を深めてくれる。我々が仕事について想定するものとその背景，状況は，キャリアの複雑さを十分理解する上で，とりわけ急速で広い範囲での変化が顕著な場合，役立つものである。プロティアン・キャリアをきっかけに，我々は懸念にフタをせず，柔軟性を育む勇気を身につけなければならない。

　仕事のタスクにおいて，我々は個人，そして集団としての自分の劣等感に対処しながら，多くの恐怖を抱えることになる。我々が仕事のタスクの失敗を恐れるのは，それが我々の身体的，そして社会的存在を支えるものと直接に関わっているからである。我々は恐怖に対し，過剰な労働，あるいは過少な労働のどちらかで応えてしまう。人々が自己の利益を共同体感覚よりも優先させる時，仕事は問題をはらんでしまいかねない。

　しかしながら，仕事は生活の糧を得，劣等感を克服するためのものだけではない。我々は社会という構造の中で働きながらお互いに協力し，世の中をすべての人にとってより良い場にしようと貢献する。

　仕事の勇気とは，職場で自分と他人に勇気を与えつつ，キャリアの障害となるものを，我々の成長と変化を促すためにたまたま起きた出来事と見ることを意味する。人生は仕事よりもっと大きいものである。仕事とは，我々が人生の意味を構築し，そして社会的，精神的な所属を追求するために使うものである。

　　しかし私は君に言いたい。働くとき，
　　君はその誕生とともに君にあてがわれた
　　この地上で最も大きな夢の一部を実現するのだ。
　　そして仕事を通じ人生を愛することは，

人生の最も奥深い秘密と密接に関わることなのだ。
そして愛を持って働くとき，君は自らを君自身と結び，
そして他者とお互いに結び，
さらには神と結ぶことになる⁽¹⁹⁾。

第5章

愛の勇気

　誰かに深く愛されることは強さを与え，一方で誰かを深く愛することは勇
気を与える。　　　　　　　　　　　　　　　　　　　　　　—老子

　我々は誰かを愛するために創造され，また愛に対して創造的であるよう創ら
れた。交友（relationship）はアメリカ文化では二人の大人の間の親密さを示す
ために最もよく使われる言葉である。この章では，愛（love）という言葉を使
いたい。英語以外の言語では，様々な人間関係における愛を，家族愛，友情愛，
親密な愛，親の愛，夫婦の愛などといったように，特有の接頭辞を加えて表現
する。この章では，親密な関係，性的関係，そして夫婦関係の背景にある愛に
ついて検討する。

愛とは何か

　愛は我々が自分自身と他人に接するにつれたくさんの層を持つ。愛の経験を
表すのに最もよく使われる四つのギリシャ語の言葉がある。その四つの言葉と
は，親愛の情を表すストルゲー（*storge*），友情愛を指すフィリア（*philia*），親
密あるいは性的な愛を指すエロス（*eros*），そして神の愛を意味するアガペ
（*agape*）である。親愛の情は，親しさを通じて生まれるいつくしみの心であり，
全ての種類の愛に存在する。親子関係の愛は愛情の最たる例であり，友情愛は
共通の関心や価値観を共有する人の間の絆である。エロスが肉体的に魅かれて，
あるいはそうでなくても「恋をしている」という感覚である一方，アガペは，周
囲の人々に対する無条件の愛であり，我慢，許し，あるいは和解などの体験を
可能とする。
　最初の三つ（ストルゲー，フィリア，そしてエロス）は自然な愛である一方，

アガペは神からの愛である。これらの愛全てには，愛の三つの絡み合った要素
―必要な愛，贈り物の愛，そして感謝の愛―がある。我々は自然やそこに生き
る生き物たちに愛情を持つ。我々には家族，仕事，そして共同体の中の他者へ
の愛情もある。これらの自然な愛には必要性に基づくものもあれば，我々が与
え，受け取り，感謝する無条件の贈り物の場合もある。必要な愛は，大衆文化
が必要とし広まっているもの[1]でもあるが，贈り物の愛は我々の心が切望して
いるものへの答えである。全ての愛は，究極のアガペ愛なしには不十分であり
脆いものである。アガペは愛すべきものと本来愛すべきでないもの（例えば，深
刻な間違いを犯し，耐えがたいほどの結果をもたらす個人）どちらも愛するこ
とを可能にする[(1)]。

　個人心理学で扱うアガペ愛は，我々が自身や仲間の人類への愛と共に努力し
て到達を目指す共同体感覚である。本書では，親密さ／結婚，友情／家族／コ
ミュニティ（第6章と第7章），そして所属のスピリチュアルな感覚（第9章）
を検討する際，利己心と共同体感覚という点で異なるような人間関係を説明す
るために，エロス愛（恐れにより動機づけられる）とアガペ愛（勇気により動
機づけられる）を互いに対照的な概念として用いることとする。

セックスの使用と誤用

　愛は性的なものに限らない。アドラーは元来，セックスという言葉を愛のタ
スクや親密さの問題を指すときに使い，性的衝動や人生における性的な役割に
対する我々の態度を反映するものとした。セックスの働きは，身体的感覚から
始まり，生涯にかけてゆっくりと発達し，常に他の衝動や刺激を伴う。それは
自身との関係からやがてパートナーとの関係へと進展し，夢想だけでなく協力
をも必要とする。アドラーにとっては，自慰ですらパートナーとの関係の発達
を想像させる隠れた要素を持つ。なぜなら，性の機能は二人の人間にとっての

1　「必要な愛」とは，生物としての生存上欠かせない必要性をはじめとした，人が認識する
　欲求・欲望を指すが，とりわけ大衆文化との関連でいえば，消費主義あるいは資本主義に感
　化された，優越性への欲求ということだろう。そこには，地位，支配，名声，物質的所有と
　いった様々な方面での力への欲求も含まれている。

タスクだからである。

　セックスは原因を示す範疇ではない。それはあくまでも結果に関わる領域である！　セックスは我々の性格を忠実にそして十分に映し出す鏡であり，我々そのものなのだ！[2][(2)]

　セックスとは個性の表現である。セックスの使用と誤用というレンズを通して，親密な関係の性的な脇舞台（言い換えれば，性的倒錯[3]，性的逸脱[4]，そして性的転換）[(3)]を考察することができる。愛や結婚の問題を避ける者たちは，世の中に蔓延する方法でセックスを使用する。愛や結婚以外の状況で用いられるセックスは，性生活を偽りの社会的あるいはその他の目的へと逸らすものである。他の人生のタスクの分野での活動にとって代わるような性的活動は，性的転換と呼ばれる。これらの性の営みは孤立と臆病のライフスタイルの表現であり，それゆえに，社会への参画からはかけ離れた選択なのである。そこには自分より優れた者や専横的な力への恐れと，そのような力に反抗する個人の様々な行動が明らかとなる。

　結婚は世界のための二人の人間の協同であり，世界に背を向けた二人の脇舞台ではない[(4)]。

　共同体感覚に関する数々の考察を踏まえ，アドラーは読者に人生の早期に性的な機能が完成することの危険性を警告した。アドレリアンにとっては，愛，性的な関心，そして結婚の問題は，真の協力という社会的な問題である。親密さは，二人の人間の間で存在しうる最も強く，そしてお互いを最も近くに感じる情緒的関係である。

2　ここでいう「原因」と「結果」について，セックスは肉体的快楽追求（それは空虚なものでもある）の「原因」ではなく，その行為の「結果」として二人の人間にお互いの充実感と有意義さをもたらす性質のものでなくてはならないということを指す。

3　性的倒錯：愛と結婚という問題から逃避するもの（W.B.ウルフ（1932/1995）／仁保真佐子訳，岩井俊憲監訳「どうすれば幸福になれるか（下）」一光社，p.106）。

4　性的逸脱：社会的，職業的な目的のために性生活を悪用するもの（同書，p.106）。

ソクラテス式問答5.1

　アドラーは結婚前や結婚外での性交渉についてどう言うだろうか？　アドラーは恋に落ちることや心が離れることについてどう言うだろうか？　一目ぼれや恋をすることについては？

恋愛についての神話

　高校生のとき私の父は癌で亡くなった。夫との結婚を選んだ大きな理由は，父が私にくれたような愛—自分が守られていて安全だと感じるような愛—を，彼も私に与えてくれたからだ。すでに子どもたちは大きくなり，家を出た。私たちは今中年の危機と呼ばれるものに差し掛かっている。先日，この「父と娘」という夫婦間のくびきに終わりが来たという考えが浮かんだ。夫が必要としているのは恋人なのだ，と。

　　　　　　　　　　　　　　　　　　　　　　　　　　　　　　—キャシー

　キャシーは早期回想のグループセッション中に彼女の結婚観を共有してくれた。彼女は当初，自分の人生における空白を素早く埋めてくれそうだと思う男性との結婚を求めていたが，自分からそうした関係を発展させることには臆病だった。キャシー（そして彼女のようなたくさんの女性）にとって，愛と結婚は，想像上のロマンス，あるいは逃避への私的な解決法，癒し，または実現不可能に思える目標の達成に使えるような近道に映るものである。

　愛と結婚によって何を成し遂げられるかについて，エロス愛に動かされる場合，人々は利己的で満たされない欲求を基に間違った期待を膨らませてしまう。一般的な例としては，愛や結婚が経済的な保障，いわゆる名声，相手への同情，予定外の妊娠，私的な問題の救済策，そして年齢，性別，文化的価値観から来るプレッシャーなどといった，外的な事柄に基づく場合である。

　他にも，実生活で現れる，あるいは文学や人気テレビ番組，映画などのドラマのラブストーリーで目にするような，問題を孕んだ愛のケースがある。以下の問答ボックスにある各トピックが議論や検討に値するように，アドラーの原則に従えば，挫折した愛の関係や愛に関する諸問題は，自分や他人を偽らずま

た尊重する能力を制限してしまうような恐怖心から生じるものである。これら
すべての問題は，人との関係の中で自分自身よりも相手を気にかけ大事にする
ことによって，うまく対処できるようになる。

ソクラテス式問答 5.2

　愛と結婚はあなたにとって何を意味するか？　一度に一人以上のパートナ
ーと恋に落ちることが出来るだろうか？　達成不可能な愛はそれでも愛なの
か？　恋人たちはどうやっていつ関係を終えるべきかを知るのか？　彼らは
どうやって別れるのか？　なぜ他に代替案があるように見えても人は結婚す
るのか？　結婚せずに共に暮らすことは？　試験的な結婚はあり得るのか？
人は結婚によって幸せなのか？　結婚にどのような問題を見てきたか？　結
婚の決断に至る理由に善し悪しはあるのか？　何が高い離婚率の原因となる
のか？

　結婚関係を社会的，知的，そして職業的な関心や，子どもとコミュニティ
に対する責任，さらに相互の助け合いといった事柄に関し，お互いの深い一
致があるかどうかという点から計画する一方，愛は 5 年あるいは 10 年という
長さにわたる理想的な協力の結果，初めて得られる報酬とみなして取り組む
ことができれば，男性も女性もはるかに幸せになれるだろう[(5)]。

　協力や貢献をする準備が出来ていないままに愛の関係に入る依存的な個人は，
恋愛における自己中心的な満足，私的な承認，そして甘やかされたいという願
望だけを追い求める。エロス愛を求めてやまない人間は幼稚な態度を持ち，承
認を懇願し，恐れに従って決断し，そして自由という感覚を持ちあわせていな
い。孤立や孤独の中でも，これらの個人は率先して変化を起こそうとせず，長
い目で見た場合，感情的に不活性となっていく。大概これらの人々は，利己的
な関心，自己防衛や保身，搾取，優越性に関する問題をもたらすような数々の
恐れを抱いているエロス愛の信奉者である。パートナーの片方が相手を支配し
所有するとき，自然ともう片方の姿勢は従属，服従，相互非難，あるいは敵意
といったものになる。

　結婚というお互いの協力を必要とするような冒険において，甘やかされた子どもが幸せになるよりも，ラクダが針の穴を通る方が間違いなく簡単である[6]。

　一方，アガペにより誘発された親密な愛は，お互いを尊重することに自然と落ち着くものである。無条件に相手を受け入れ尊敬することにより，パートナーはそれぞれ相手の関心を自身のものより重要であると考える。アガペ愛の信

表5.1　愛におけるエロスとアガペの影響

エロス愛 （自己への関心）	アガペ愛 （他者・相手への関心＝共同体感覚）
セックス	愛
頼ること（依存）	自立
私的な承認[5]	潜在能力[6]
懇願する態度	満足した
感情的な貧しさ	充足
幼稚な独占欲	自由
不公平	公平[7]
魅力と嫌悪	受容
批評的，評価的	包容力
決めつける，表に出さない	決めつけない
あら探し	元気づける
求めるだけ，取るだけの人	与える人，実行する人
極度に敏感	それでもそのままでいいこと
夢想	希望に満ちた
意地	創造的，遊び心
不完全な愛	達成
裏表のある心	束縛されない心

5　一例としては，男女ともに他人の目に「良く」映るためという目的で，相手の見た目や経済力など外的な基準を元にパートナーを選ぶ，といったことが挙げられる。
6　無条件に相手を受け入れ，あるいは励まし，支えることで，お互いが持つ最良の面を引き出しあうことを意味する。
7　偏見がなく，異なる価値観を尊重すること。

奉者は寛大であり自由な発想のできる個人である。彼らは相性が良く，支え合っってもいる。表 5.1 はエロス愛とアガペ愛の特徴の違いを表したものである[(7)]。

愛と結婚の問題

　もし親密のタスクを完全に避けたければ，仕事と友情で埋め合わせれば良いだけの話である。しかし実際には，愛のタスクを生活の中で実行することは，それ以上に，間違った期待，協力，そして男女が平等であることの試練に向き合う勇気を持つということである。真の親密さには，親交，献身，そしてお互いの尊重が必要である。性的関心，愛，そして結婚は二人の平等な人間のタスクである。二人が一つになるタスクは，人々が十分に共同体感覚を訓練されている場合にだけ正しく成し遂げることが出来る。愛は恋愛感情よりもずっと重要な意味を持ち，夫婦の役割が主に家族や社会を作るためだけに向けられているような結婚とは非常に異なる。

　結婚の幸せを経験する個人からは平等，自尊心，配偶者との協力が伝わって来る。彼らは互いに必要とされていて，結婚でうまくやっていると感じている。お互いが人生の旅においてかけがえのない存在と知っており，また単純にお互いを友達と感じている。そのような親密な感情は，自分に対する不安がなく，自分の仕事を把握しており，そして社交性のある男女が到達できる。

　こうした素晴らしい結婚の特徴とは逆に，ティムとクリスティーナが 32 年間にわたって描いてきた夫婦関係の絵柄は少々異なって見える。

　　63 歳のティムと 57 歳のクリスティーナは結婚して 32 年目だ。彼らは親類縁者やコミュニティの中でも大変尊敬されている夫婦である。ティムは海軍を 45 歳で退職し，公務員としてのセカンドキャリアを引き受けた。仕事で人のためになることを喜び，とても成功した。クリスティーナは最近，30 年間勤めた教職から退いた。彼らは二人の女の子を育てた。夫は結婚生活において，主に妻の不感症と彼自身の勃起不全により 20 年もの間，性的な親密さがないことを認めた。家をきれいにしておくことについて，長年夫が口を挟み過ぎだと妻は感じていた。また，彼女はずっと夫が浮気をしているのだと疑

っていた。彼らが初めてカウンセリングにやってきたのは，大学生になって
反抗的な行動を取り始めた娘たちについての悩みを相談するためだった。

　ティムとクリスティーナのような夫婦は，表向きはつくろっているものの，自
分たちの関係が問題や課題を抱えていることを隠している場合がある。夫婦生
活の試練に向き合うことをよそに，彼らは自分の子どもたちの問題行動につい
ての心配を前面に出してくる。多くの夫婦が子どものためにと結婚にとどまっ
ているのは，子どもの正常な発達のためには両親が必要だと思っているからだ。
アドレリアンの視点から見た不貞は，夫婦間の性的な競合の一つの形であり，夫
婦の片方がもう一方に対する懲らしめとして使うと同時に，夫の側は性的な優
越性を，妻の側は歪んだ男性的権力の押し付けに対する抵抗を表現している。

　　相手のためにと自分の興味・利益の追求を否定することは，我々を協力的
　にではなく，単に服従的にするだけである。服従と譲歩からは良い関係など
　生まれない。この方法では人は尊敬を得られず，そしてお互いの敬意のない
　ところには，調和のとれた長く続く均衡関係は不可能である[8]。

　ティムとクリスティーナは，恐れと他人の目に正しく良く映りたいという思
いから動いている。個人，そして夫婦として，彼らは表5.1に示されるような
自分たちの人生の態度を，専門家の助けを借り，もしくは借りなくても吟味す
べきである。その上で個人的な成長とあわせ，勇気と共同体感覚を反映する成
熟した愛への再訓練を通して，夫婦はエロス的な結婚からアガペ的な結婚（表
5.2）に移る新しい技術を身につけたいかどうかを判断できる。アドラーによる
と，「もし結婚が勇気からでなく恐れによって契約されるならば，それは大きな
間違いである。勇気は協力の一面であると理解でき，もし男女が恐れからパー
トナーを選べば，それは真の協力を望んでいないあらわれである。」[9]

同性とトランスジェンダーの愛

　アドラーの生きた時代と文化を反映したものではあるが，彼は性的な親密さ
の社会的機能を生殖のためであるとみなし，また同性愛に対しては偏った考え

表5.2　結婚におけるエロスとアガペの影響

エロス的結婚 （自己への関心）	アガペ的結婚 （他者・相手への関心＝共同体感覚）
隷属させる	自由にする
嫉妬	感謝
支配や服従	平等主義
従属	尊敬
ロマンチックな神話	お互いに譲り合うという贈り物
恐れと不信	信頼
権力	生産性
相互非難	相互の尊敬
期待を押し付ける	仲間意識
世界に背を向ける	世界に向き合う
甘やかす	肯定
幼稚な態度	自立
憤り	不同意
おとぎ話のハッピーエンド	常に作り上げていく関係
別離に向かう	歩調を合わせる
強制	献身
相手よりも先に立とうとする	共同

を持っていた。つまり，それは幼少時の不十分な準備を原因とする通常の発育からの逸脱であり，ゲイの男性は（異性愛者になる）勇気と（協力ができないために）共同体感覚に欠けているとみなしたのである。アドラーは，当時一般に行われていた刑務所での同性愛更生に代わるものとして，そうした指向を持つ個人を「治療する」ことを提案した。

　しかし，その後の個人心理学では，同性愛指向を医学的な障害として扱わないようにする努力がなされた。それは同性愛についてある種の偏見があるにしても，アドラーの平等，尊重，そして受容についての考察―とりわけ彼はそれらを女性や子どもたちのために強く支持していた―そして共同体感覚の理想に向けた協力という先進的な考え方が，同性愛の問題を検討する上でも依然信頼のおけるものだからである。我々は，個人心理学が勇気の心理学として，時間

の風雪に耐え社会や文化の多様性に対応し，より包括的で息の長い学問であるよう，それ自体を「批判し，修正し，広げていく」[10]能力を持っていると確信している。

　　二歳の男の子と四歳の女の子の母親であるマリアは，自分がこれまでにどのような変遷を辿ったかを家庭相談員に打ち明けた。マリアの夫であるジョーは性転換症であり，女性になるために医療行為を受ける決意をした。彼は妻にジョイスという新しい名前で呼ぶよう求めた。マリアがジョーの性同一性の問題について知ったのは，彼と初めて会って恋に落ちたときだった。夫婦は共に一年以上もこの決断に取り組み，つい最近になって家族，友人，そして同僚たちに近いうちに起きる変化について知らせ始めた。また，夫婦は子どもたちがマリアの医療保険プランに入れるように，すぐに離婚を決めた。マリアは，自分たちは他人からの反応に対処できると感じたが，子どもたちが夜中に起きたとき父親が女性服を着て何をしているかについて既に困惑していたことを不安に思った。さらに，マリアは言った。「私はジョーを愛していますが，私が愛しているのはその人そのものであって，彼のジェンダーではないのです。彼が新しいジェンダーになることで私がどうなるかはわかりません。自分がレズビアンになるとは一度も思いませんでした。」

ソクラテス式問答5.3

　同性に魅かれること，バイセクシャル指向，そしてトランスジェンダーに関する悩みを持つ個人は，他人との親密さや関係について，自分がどんな恐怖を感じていると言うだろうか？　同性愛指向を持つ個人が，これらの恐怖に対処する上で心強い，あるいは有効だと認識している補償方法／対処方法は何だろうか？　また同様に，助けにならない補償方法とは何だろうか？

　愛のタスクに関する同性愛，バイセクシャル，またはトランスジェンダーの男女の劣等感は，偏見に満ち抑圧的な異性愛の基準に対する反応として理解する必要がある。このような個人は，愛のタスクの挑戦や準備に，仕事，交友，自己受容，そしてスピリチュアリティといった人生の他のタスクに対してと同様，

ライフスタイル全体の一部として取り組む必要がある。

　我々は結婚と家庭カウンセリングの分野を専門とする同僚に尋ねてみて，通常とは別の性的指向を持つ個人が直面する愛のタスクの問題を深く理解し，また彼女の答えをソクラテス式問答 5.3 の質問に役立てることにした。

　　LGBT とトランスジェンダーが持つ問題は似ているものもあれば，とても違っているものもある。ジェンダー的指向と性的（感情の）指向には違いがある。同性愛の男女やバイセクシャルの人は，自分の体には馴染んでいるものの，同性の人に魅力を感じ，またそうした魅力を感じること自体は，より大きな社会において一般的ではないものとされがちである。トランスジェンダーの人は間違った体に生まれてきたと感じる。彼らが自分の中で持っているジェンダーの感覚は生物学的な性別と一致しない。トランスジェンダーの人はトランスジェンダーであることに付いてまわる冷ややかな目やのけ者扱いを忍んでいくが，生物学上の，あるいは医学的な問題にも対処しなければならないかもしれない。

　　少数派の集団は，多数派よりも弱い力を持つ集団で，自分たちの持つ集団アイデンティティのためによく非難されるが，彼らは，抑圧，社会的な無視，そして自分の中で強くしてしまった抑圧感に対処するために，独特でいてしかも［それらが］お互いに関係しているような人生の対処方法を身につけている。性的な少数派は，自分たちについてよく耳にする沢山の否定的なメッセージを内在化する。自分と恋人との関係が「不自然」だと恐れ，あるいは何らかの点で彼らの関係が異性との関係ほど価値がない，同性の関係は健全ではありえず長続きしない，といった固定観念を自分の中で強めてしまう。一般的に人との関係は十分難しいものだが，同性愛やトランスジェンダーの場合，家族からのサポートの組み合わせ，そしておそらくはそうしたサポートの欠如に対しても社会的な圧迫が加わると，個人の関係には余分なストレスがかかることになる。さらに，関係について結婚といったような社会的な拘束がほとんどないことは，自分の関係が異性の関係ほど価値がないという気持ちが加わることにもなる。

　　同性同士の関係は重要視されてこなかったため，その健全なあり方につい

ては異性同士の関係ほど多くの一般的な例がなかった。手本となる人が少な
く，また模倣すべきジェンダーの役割も見当たらないことから，同性同士の
関係をどのように進めて良いか分からないと恐れる人もいるかもしれない。ま
た異性のカップル向けの，思いやりと愛情ある性的パートナーになる方法に
ついて開かれた議論がとても少ない中，LGBT の人々のためのこの種の議論
の場は，彼らが成長し，おそらく LGBT のコミュニティとつながりを持つよ
うになるまでは一層少ないだろう。

　多くの抑圧された集団に見られるように，不名誉なアイデンティティに対
しての健全な対処方法と不健全な対処方法がある。健全な対処方法の中には
「自ら選ぶ家族」（families-of-choice)[8] を作ることがある。他の種類の少数派
─例えば民族，人種，宗教─にとっても，全員ではないにしても，家族のほ
とんどのメンバーが同じアイデンティティを共有していることを知って安心
するものだ。同じような人間の数が多く，また体験が共有されれば，それは
慰めとなる。ほとんどの LGBT の人は同じ性的（感情的）アイデンティティ
やジェンダー・アイデンティを家族と共有しないため，自分と似たような人々
のコミュニティに関わり彼らを家族にする。少数派ではあるものの，寛容な
人々の社会的ネットワークと繋がっている人は，自身のアイデンティティを
持てないような社会的環境にいる人より健康な傾向にある。他の抑圧された
集団の中には，アルコール中毒，薬物中毒，うつ，そしてより高い自殺率に
つながるような不健全な対処方法を見る場合もある。

　自分を受け入れ，愛し，そして誇りに思うには勇気が必要である。自分は
人とは違っている，受け入れられていない，不自然だというメッセージに取
り巻かれているときは，自分を受け入れ，愛し，誇りに思うためによりたく
さんの勇気が必要となる。時に性的少数者にとって自分のアイデンティティ
を受け入れる勇気を持つことが難しいのは，LGBT のアイデンティティを持
っているからではなく，社会が多数派と異なる人々を愛し，受け入れ，そし
て励ます勇気に欠けているからである[(11)]。

8　もともと自分が生まれた家族（family of origin）のように固定し決められたものではなく，
　お互いに親密な関係を築きケアやサポートを与え合う面で，自ら選んだパートナーたちを新
　しい家族として認識し生活する活動。同性愛者同士の例がよく知られている。

ソクラテス式問答 5.4

　個人心理学における親密さについての概念は，同性愛指向やトランスジェンダー指向の人々にとってどのような形で役に立つだろうか？　セックスと結婚，愛のタスクの訓練，そしてアガペ愛についての我々の議論は同性愛の男女にも当てはまるだろうか？

　異性同士の場合と同じ理想的な愛の関係を共有するものの，同性同士の関係はより多くの社会的な挫折と様々な補償方法を生み出すような，独特の試練に出くわすものだ。同性愛の男女にとっては，関係を築き，他人から受け入れられ，家族から支援を受け，また結婚や子育てについての法的な平等に預かることはより難しい。挫折した同性愛の男女が選ぶ補償の方法は様々であり，しばしば逃避（例：アルコール濫用），否定（例：異性の配偶者と結婚する），回避（例：既婚者を相手に選ぶ），そして性的乱交（例：愛を求めると同時に愛から逃避する両面感情）を含む[12]。

　異性間の愛を前提とする社会体制では，同性愛の男女やトランスジェンダー指向の個人が出くわす困難は測り知れない。我々がコミュニティとして共同体感覚についての真の信念に基づき行動し，同性愛の男女が社会からの拒絶に対する彼らの恐怖を認識し，自分をより受け入れられるようになり，社会的な挫折を乗り越え，そして自分，他人，さらにはより大きな存在との統合的で健全な関係づくりを促せるよう，我々自身も教育する時がやってきたのだ。

愛のタスクの訓練

　幸福と同じく，愛とは各パートナーが，自分の配偶者にとってだけでなく，人類全体に対しても自分が価値ある存在だと自信を持ち，また同様に配偶者がうまく適応してくれて，自分に対してだけでなく，人類にとっても有用であると積極的に思う時にのみ達成される[13]。

　愛と結婚に備えるためには，訓練が必要である。親密さは発達可能なタスクである。しかし，多くの文化では，若者の性的親密さへの早期の関心を抑える

一方で，大人になれば自然と分別ある親密なパートナーになれるものと想定するため，そのような訓練は見られない。その代りとして，愛する勇気は，親の結婚から学び（例えば，調和の有無）自分が生まれ育った家族との生活の中で調節しながら，自分の未来のパートナーとしてふさわしい資質を認識する用意ができると信じることから始まるのである。時には苦い経験も通じて我々が学ぶことは，利己的で甘やかされた子どものような大人は，親密な関係を結ぶ対象として考えるには最悪の候補者ということである。

　　幼稚な愛は次のような原則に従う—「私は愛されているから愛する。」一方成熟した愛は次のような原則に従う—「私は愛するから愛される。」(14)

　相互の尊重や対等の心得を持たない人はパートナーとして避けるべきである。関係への意欲を失わせたり，また関係そのものを失敗させたりするこれらの個人の行動例としては，遅刻，非難，小言を言いたがる，無関心，支配，無神経，不寛容，そして強迫がある。また劣等感が過ぎる個人は，交際期間の早い段階で弱さの兆候も見せる。彼らは長期にわたる献身的な関係への準備が出来ていない。これらの個人の行動の特色は，優柔不断，悲観主義，劣等感による過度な敏感さ，そして職業選択の遅れである。

ソクラテス式問答5.5

　親密な愛のタスクへの準備における交友と仕事の重要さとは何か？　個人が育った家庭の雰囲気は本人の結婚への適性を見る上でどのように役立つのか？　大して成功していない結婚から，問題の早期発見について何を学べるだろうか，また何が結婚前に取るべき最善の行動だと知り得るだろうか？　どのようにパートナーは結婚への準備をすべきか？　求愛について何を知っているべきか？　相手を選択する基準は何か？　甘やかされた子どもで，共同体感覚よりも利己心を持ち，そして放任児であるようなパートナーを選ぶべきではないというアドレリアンの助言の論拠についてどう思うか？

　一旦愛と結婚についてのロマンチックな神話を手放し，個人の社会的な有用性と相手と関係を持つことの利益に感謝出来れば，交友を維持する力，パート

ナーの仕事に興味を持つ能力，そして究極的には，自身よりも愛する人たちへの関心を持つ能力を発達させることにより，我々は将来の人生のパートナーを選ぶ準備も出来るようになる。

完全な愛：アガペ

　しかし，愛には恐れがない。完全な愛は恐れを取り除く。恐れには懲らしめが伴い，かつ恐れる者には愛が全うされていないからである。

　　　　　　　　　　　—ヨハネの第一の書4：18（新国際版聖書）[15]

　　　　　　　　［訳『口語　新約聖書』日本聖書協会，1954年による］

　多くの文化では，結婚は精神的な一体化と，二つの家族と彼らを象徴するコミュニティの結合を意味する。よって，親密さは個人の選択だけではなくスピリチュアルな贈り物でもあるのだ[16]。この贈り物はアガペの投映である。アガペは，他者の幸福に向けられた，神聖で，無私無欲な，平等を良しとする贈り物の愛である。アガペは，「汝の隣人を愛せ」や「自身を愛するように他者を愛せ」といったスピリチュアルな教えが説く愛を可能にする。アガペ愛は毎日の生活の中に表れる。我々はアガペ愛を恋人，友人，そして親戚から受け取るだけでなく，見返りや承認を求めない見知らぬ人や世に知られていない英雄からもその恩恵を授かっているのである。

　嫌悪はアガペ愛が可能な自立した人には見られない。アガペ愛を持つ人には支配に頼るという選択はない。彼らは独り立ちしており，選択，尊敬，そして自由を自分のパートナーに差し出す。アガペ愛を持つ個人は，仕事，愛，そして交友の人生の問題を解決するにあたって有益なアプローチを選ぶ。彼らは，利他主義，勇気，希望，そして共感といった特徴を示す。彼らは［人生の］意味を探し求め，また時折人生が我々にもたらす曖昧さに耐える勇気を持っている。アガペ愛は，見返りを何も求めない贈り物の愛である。アガペの贈り物の愛は，我々が自然と持っている必要としての愛を満たすだけでなく，本来であれば愛の対象とならない人も愛することを可能にする。アドラー心理学の観点からの共同体感覚は，アガペ愛に最も近い愛である。

　人はその関係の内と外で愛を経験する。愛されること，愛すること，そして愛すべき存在であることは，それぞれ等しく重要である。エロス愛とアガペ愛がどのように性的行為，交友，家族の絆，そして仕事での関係に影響するかには違いがある[17]。エロス愛にのみ集中すれば，そこでの欲望は，苦痛，執着，貪欲，情緒的貧困，依存，そして失望をもたらす。依存的な人は，お互いの利用と支配を伴った相手との密接な愛着を求める。エロス愛は，いずれは傷ついた感情，誤解，倦怠，うっとうしさ，緊張，不安，敵意，そしてパートナーを所有し，支配し，利用するために奮闘するという結果になる。その一方で，アガペ愛は，我々に自立，充足，才能，自信，そして強さといった資質を育てる力を与えてくれる。

　愛と憎しみは二つの点で異なっているが，他の誰かに依存するという意味では同じである。エロスの愛は満足した依存である。憎しみは依存を妨げられたことに対する憤りである。アガペ愛は裏表がなく，好意や見返りを求めない。アガペ愛は，お互いの関心について完全に公平であり，共存の内に自分も活かし相手も活かす心構えがあるときに存在する。そのような愛は何の要求も，また何の恩恵も求めない。なぜならそれは自分の状況や相手を，どのようにも変えようとする事なく，ありのままを受け入れることから生ずるものだからである。（アガペ愛において）我々は，少なくともその瞬間，今この時この場所において，現実，そして生きることを肯定し受け入れる状態にあるのだ[18]。

終わりに

　愛と結婚の目的は，二人の個人の関係，そしてその近親者やコミュニティとの関係を超えたものである。親密な愛と結婚の問題は，すべてそれらに対する備えと協力の不在に起因する。我々がこれと思う完全さを追い求めるにつれ，愛が自然な親愛の情，友情，そしてエロス愛から生まれ，またそれらに向かって展開するだけでなく，アガペ愛からも生まれ，またそれに向かっていくことを認識するのである。

　共同体感覚は，アガペのスピリチュアル的な意味合いの心理的表現である。満たされた愛と結婚，共同体感覚，そしてスピリチュアルな所属への追求は，人間の貢献と協力により達成される。共同体感覚が心の健康の究極の基準であるように，アガペ愛は愛と結婚の強さの最良の指針である。世界を結合するアガペは，人生に親密な関係をもたらすアガペである。

第6章

友情と家族のための勇気

　友人を作るということは，すでに自分の家族を，周囲に広がるより大きな
社会の一部としているということである。　—アルフレッド・アドラー[1]

　この章では，友情と家族のトピックをまとめて扱うこととする。というのも，
それらは不可分であり，個人心理学における交友のタスクとして，一まとめに
することがあるからである。家族が子どもを友情へと備えさせるとき，友情は
その子を他のすべての社会関係へと備えさせる。こうした関係には，協力と貢
献の態度とスキルが必要である。友情と家族のための勇気には，共同体感覚，平
等，そして民主主義によって特徴づけられる社会的態度を身につけるための訓
練を積むことが必要である。

友情を理解する

　友情の意味はギリシャ語の *philia* から来ている。心理学は友情の課題をあま
り扱って来なかった。友情は我々の生物学的な意味での生存にとって最も関心
の低い事柄でもあるため，軽視されることもある。友情は，親密な関係が始ま
り，また後の子育ての役割が視野に入ってくると，その優位性を失ってしまう。
職場で培われた友情は，仕事上のパフォーマンスに対する評価という点で，他
人の視線に晒されることにもなる。残念なことに，大衆文化には友情に対して
かなりの偏見があり，同性同士の友情の場合は同性愛嫌悪の視点で，異性同士
の友情の場合には性的な意味合いで友情を彩ろうとする。

　仕事，愛，あるいは家族関係に比べ，友情は人の生存のための適応上，その
必要性がほとんどない。にもかかわらず，我々が社会的な存在として生きるた
めに必要なことを満たす上で，友情はむしろ重要な役割を担っている。友情は，

知り合い以上の意味を持ち，共通の興味や価値観にとどまらず，人生の方向性についての感覚も共有しているような個人同士に向けられる自然な愛である。アドラーと彼の弟子たちは友情のタスクを，仲間意識，対人関係，社会関係，そして社会的接触といった言葉と同じと捉えた。

　　真の友人たちとは，「自分も生き，相手も生かす」という原則にのっとり，我々がその人達に加わろうという温もりある心を感じるような人々のことを指す。友情の数は，友人となるための我々の能力によって決まってくる[2]。

　しかし，優れたわきまえもなく友情のタスクに取り組んだ場合，そこには負の側面もある。真の友人達には全て，お互いに誤った選択の道をたどるリスクがあり，また親しい友人達は（ちょうど近しい家族の絆がそうであるように）自分たちのグループやコミュニティから他者を閉め出してしまい，結果，他者との社会的あるいは文化的な一体感を阻んでしまうことがある[3]。競争を重視し，失敗への恐怖に対する処方箋として不信感が前面に出るような社会では，往々にして，多くの人が真の友情を不可能とみなしている。他人に対して決めつけてかかる態度や，お互いを使うだけのような関係には，友情のタスクの回避が見られる。

　うまくいく友情は，協力への下地になるような建設的な態度—共同体感覚，自信，対等，そして勇気—を備える人同士の間で成り立つものである。一方，協力がないところでは，それぞれ，敵意，不信，疑念，劣等感，恐れなどの態度に向かい合うことになる。ドレイカースは言う。

　　良い仲間のもう一つの特徴は，自分が相手に与えることに比べ，相手からはより少なく求める気持ちがあることである。今日，大都会に育った人々の多くは甘やかされた子どもたちであり，自分が何を得ているかという視点だけから幸福と満足度を測るような人々である。これは深刻な誤りであり，なぜなら何千もの人々がその対価として不幸と苦しみを味わっているからである。全体の一部として，つまり，公の利益に向けて自分ができる貢献の中に自身の幸福を求めるような人々以外，誰も自分自身，そして自分の人生に満足を覚えることはできないだろう。したがって，共同体感覚とは見返りを思

うことなく，自ら進んで貢献する気持ちに表現される(4)。

　こうした建設的な態度は，他人との交流において，相互の尊敬，共同の意思決定，お互いへの影響，招待，そして自由，に特徴づけられるような対等な関係を促す。その一方，敵意，不審，疑念，劣等感，恐れといった反目しあう否定的な態度は，外的な基準，競争，無気力，支配，懲罰，脅迫，あるいは性的な誘惑に意識が向くような友情を満たすことになる。

友人を作る

アル：小さい頃は，誰が友達でしたか？

レイチェル：小さい頃は…15になるくらいまでは，あまり友達がいませんでした。

アル：今そのことについて思ってみると，それはあなたにとってどのようなことでしたか？

レイチェル：一人ぼっち，孤独感でした。他の子ども達のようになれたらいいなと思いました。

アル：それはあなたにとってどのようなことですか，他の子ども達のようになるとは？

レイチェル：家族と水泳に出かける子ども達を見ていました。その子達が遊んでいるのも。でも見ていただけでした。皆がしていることに加われればいいなと思いました。でも実際にはほとんど参加しませんでした。

アル：そのことを今どのように思いますか？

レイチェル：今自分の人生には違う物語が展開していると思います。相変わらず友達の数は多くありません。でも私の友人達は皆生涯の友です。

アル：そのことはあなたのキャリア，あるいは家族，人間関係にどのように影響していますか？

レイチェル：私には離婚や仕事上の課題，あるいはシングルマザーとしての困難な時期に，自分を支えてくれるだけの社会的な人脈があります。若い時に比べて，今はもっと楽に新しい友人関係を築くことができるようになったと

　思います。

アル：それはあなたにとってどのように変わりましたか？

レイチェル：自分の将来は自分で築かなければいけないという現実にどうにか
　目覚めたように思います。というのも，家族からは私が必要としていたサポ
　ートを受けることができなかったからです。それで，私は同じような考え方
　を持つ友人達は，私の家族とは違う世界に私を繋げてくれることに気づきま
　した。ある学校関連の活動として，私は他人に加わり，また受け入れるとい
　う選択をしっかり吟味した上で行ったことを思い出します。

アル：すると，あなたは傍観者から行動する人，に変わったというわけですね？

　レイチェルにとって，人の輪に参加して友人を作るのは簡単なことではなか
った。それは意志を必要とする選択だった。レイチェルは貧しい家庭に生まれ
育った真ん中の子ども［中間子］で，家族を支えることに精一杯だった両親は，
彼女と彼女の兄弟たちの心に寄り添ってあげることができなかった。レイチェ
ルはいつも物静かで協力的で，自分の友人の親達がそうするように，両親が自
分にもっと注意を向けてくれるよう密かに願っていた。彼女の生活の輪が広が
るにつれ，彼女の態度は，両親の承認に寄りかかることから，新しい友情をあ

表6.1　友情についてのエロス愛とアガペ愛の影響

エロス的友情 （自己への関心）	アガペ的友情 （他者・相手への関心＝共同体感覚）
相互の服従	共同体の活力のもと
恐れ	安全，リスクをいとわないこと
競争	協力
貪欲	必要性
搾取	対等
相互の「子守り」	無条件
作り出された忙しさ	自由な流れ
見せかけの善意	本物であること
無責任	参加する意欲
相互の利益	相互の充実

りがたく思うことへと変化した。実際，友情はレイチェルが後に自身の離婚に
適応する上で大きく役立った。

　友情は好奇心，客観的に話を聞くこと，励まし，そしてお互いの賞賛から始
まる。良い友人関係の基礎は，自分自身と他人に対して向ける健やかな態度に
根ざすものである。友情は，我々と目の前にある世界との距離を客観的に検証
する基準であり，アドラーの協力の概念と直接に関係し，究極的にそれは共同
体感覚を測る最良の基準でもある。

> ### ソクラテス式問答6.1
> 　幼い頃，他人とどのような友人関係にあったか？　誰が親友だったか？　家
> 族の中で誰と一番相性が良かったか？　両親のどちらか，あるいは両方に近
> い関係だったか？　誰が自分にとって一番の教師だったか？　これらの関係
> を表6.1にある項目に従って記述してみよう。

　一般に，友達の作り方の中に，社会に対する我々の態度が現れる。実際，我々
が持つ自然な愛情，感謝の気持ち，そして他者から受けている愛によって，我々
は家庭，学校，そして仕事における関係に友情があることに気づく。二人の個
人間の友情は，親密な（エロス）愛にも変わりうる。加えて，自分の家族の枠
を超えて他人に向ける関心は，共同体を重んじ，より高いレベルの世界観とと
もに人生に参加するよう我々を備えさせてくれる。親密な関係と同じく，理想
的な友情はアガペ愛によって触発される。しかし，社会関係において，我々は
人間として常に欠点を持つことから，究極のアガペ愛は実現できないかもしれ
ない。

出生順位と家族布置

　家族における愛情を指すのに使われるギリシャ語の *storge* は，「自然さ」を
意味する。家族とは，その成員の間でこの自然な愛情が表現される場であるが，
しばしばそれは障害にも直面する。一つのシステムとしてみた場合，家族の力
学は，相互に作用する個々の成員の行動，特性的な目標，そしてライフスタイ

ルによって表される。

　どの子どもの人生のパターンにも，その子の家族の中での位置づけが跡を
残していて，人生に対するその子の態度のかなりの部分が，この要素によっ
て成り立っている。子どもは自分の人生，他人との比較での自身の価値，そ
して自分の位置に関する解釈を家族布置によって初めて確立する。それによ
って，子どもはグループの中での自分の居場所を見つける方法として役立つ
ような，独特の態度と行動パターンを身につけていく[5]。

　アドラーは，個人の性格特性を家族の中での出生に基づいた自然で心理的な
位置から論じた最初の一人である。一般にこれらの特性は，劣等感を乗り越え
ようとする子どもの創造的な努力と，親や兄弟姉妹，そして人生の早期におけ
る子どもの決定や行動に大きな影響を与える他人からの反応に基づいて発達し
ていく。例えば，新しく生まれた弟あるいは妹は，それまで一人っ子または一
番下だった子どもに「王座を追い落とされる」感覚をもたらす場合があり，さ
らにその子は，自分が認識する「優越的な」地位を取り戻すために良い子であ
ろうとするか，あるいはそれを諦め「最悪の中で一番の」存在になろうとする。
　第一子は，過度に責任感がある，両親の価値観と期待を自身のそれとする，完
全主義者である，学校時代には友人関係に比較的積極的でない，学業面で優秀
である，上から目線で支配的である，といったような特徴がある。中間子たち
は，学校，家での手伝い，あるいは友人関係において，第一子とは逆の傾向が
ある。彼らは承認を得るためにより頑張らなければと感じている。彼らは自分
の能力について確信がなく，反抗的で，交際の輪を広げるのに長けており，ま
た共感的である。概して末っ子は欲しがるものは何でも与えられて甘やかされ，
性格が可愛く，また簡単に落ちこんだりする。末っ子はそれほど成功が期待さ
れない一方で，家族の中で最も大成することがある。一人っ子は独特で，自己
中心的，孤独であり，また注目の的となることに慣れており，大人たちといる
ことに違和感を覚えない。彼らは大人と同じレベルの能力を身につけようと一
層努力し，いたずらが得意な反面，自分の能力不足を感じている。
　これらの典型的な特性は，出生に基づく異なった位置づけにそれぞれ相当す
るが，その特性には様々なあり方がある。それらは家族の大きさ，子どもの能

力あるいは障害に表れるような個人や文化的な違い，健康上の問題，兄弟姉妹
との年齢差，家族の中の悲劇，病気，流産といった体験，兄弟姉妹間の競争や
ライバル関係，えこひいきあるいは無視といった両親の態度や子ども達への反
応などの要素を考える上で，踏まえておくべきことである。心理的な出生順位
は，物理的な実際の出生順位よりも個人の自己概念や思考と感情のパターンを
そのままに表している場合がある。

　27歳のデイブは，4人の子どものうちの一番下の子である。兄が二人，姉
が一人いて，長兄とは7歳離れている。彼は家族の中で初めて修士号を取得
した。彼は当初，自分は長い関係になるようなガールフレンドを選ぶのに「理
想が高い」と言っていた。そこには，彼のどちらの兄にも息子がおらず，娘
たちばかりという問題があった。デイブは明らかに子どもが欲しく，とりわ
け自分の家名を継げる男の子が少なくとも一人欲しいと思っていた。子ども
を持つことが結婚の前提だったため，子どもを欲しがっていないとわかった
女性とはデートを続けるつもりはなかった。

デイブは女性と長い関係に入ることに多くの恐怖を感じていた。生物学的に
言えば彼は一番年下の息子だが，心理的には一人っ子の立場を思い，自分が家
名を継ぐ唯一の人間だという第一子特有の社会的な責任を感じていた。彼は結
婚に失敗し，男児を授からないことを恐れていた。これらの恐怖は，彼が女性
と長く深い関係に入ることになかなか煮え切らず，避けてしまうような態度を
後押ししてしまっていた。自分の結婚の選択が「正しい」かどうかは誰にも全
くわからない一方，こうした社会的なプレッシャーに向かい合う中で，デイブ
には前へと進む勇気と自信が必要だった。

　家族布置は，人の成長期における家庭でのグループに関するソシオグラム[1]
である。家族布置を調べることで，個人の早期体験の分野，個人的なものの
見方と偏見を育てるような状況，自身や他人についての考え方や信念，根本
的な態度，人生へのアプローチの仕方といったような，人の特徴やパーソナ

1　心理療法家のヤコブ・L・モレノによって開発された，集団における人間関係の構造を明
　らかにするため，成員相互間の選択（牽引）・拒否（反発）関係を図示化したもの。

リティの基礎となる事柄が明らかになる[6]。

　家族布置の力動的な構成を理解するには，兄弟姉妹間の競争，親からの反応や偏愛，家族にとっての重要な変遷といった全てが，家族の雰囲気にどのように貢献しているか，つまり，各成員がそれぞれのやり方でどのように所属や有用感を追求するかという現象について洞察を集めることが最善の方法である。図6.1のような家族の出生位置を視覚的に描いたチャートは，個人の生物学的な出生順位が最初に明らかとなる点を示し，さらに予想しうる心理的な位置と家族布置についての情報をソクラテス式質問によって得ることができる（第10章，ツール3を参照）。

ソクラテス式問答 6.2

　図6.1にあるように，レイチェルは3人の子どものいる家族の一人娘である。レイチェルの母親は，彼女と6歳離れた弟を出産する前に流産を二回経験した（いずれも男の胎児）。弟ができる前は，レイチェルが一番年下の子どもだった。彼女はどのような適応を迫られただろうか？　母親の流産と胎児の性別は，レイチェルと家族にどのような意味を持っただろうか？

　出生順位と家族布置は，人々が人生に対する自らの考えとの関連でどのように自分自身を見ているかについて，生きた情報を与えてくれる。どの子どもも自分の劣等感に対し，創造的で独特なスタイルで対処している。他人から認め

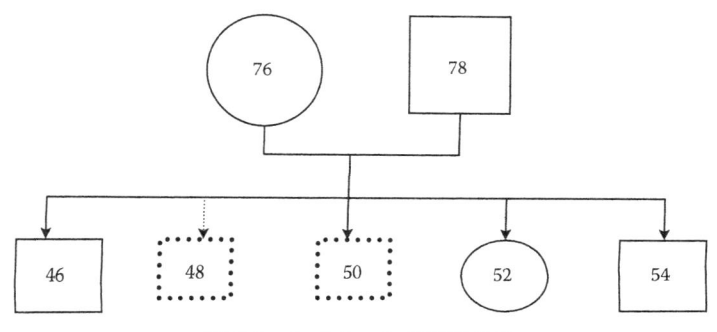

図6.1　レイチェルの家族布置

られるものもいれば，叱られてしまうものもいる。人生の早い段階における様々
な要求を満たそうと子ども達が用いる特性的テクニックは，遊び，学校での体
験，家の手伝い，兄弟姉妹，両親，そして友人達との関係に最も顕著に観察す
ることができる。

子どもによる目的追求行動の使用

　ティミーの両親は彼が生まれる一年前に中国からアメリカにやってきた。彼
には 5 歳年上の姉がいる。ティミーは 2 歳の時，毎朝出勤する母親と離れて
しまうことへの不安を感じ始めるようになった。ある日，私はティミーの子
守を申し出た。そこで私はこのようなことを目にした。母親が「行ってきま
す」と言ってハンドバッグを手に取りドアの方へ歩いていくと，ティミーは
むずがって泣き出した。いつもなら振り返って彼をなだめる母親は，そうす
ることなく彼の目の前からいなくなってしまった。ティミーは一層大声で泣
くと，自分の粘液で喉を詰まらせてしまい咳き込み始めた。母親は戻ってき
て彼の様子を確かめると，再び出て行った。母親がいなくなってしまったそ
の時，ティミーは立ち上がってソファへと歩いて行くと，そこでまるで怪我
をしてしまったかのようにつまづき叫び出した。私は歩いて行き，母親に戻
ってこないよう合図した。二分間泣いた後，ティミーは何事もなかったかの
ように自分のおもちゃで遊び始めた。

ソクラテス式問答 6.3

　どうしてティミーはそのような行動をとるのだろうか？　出生順位，性別，
ティミーと姉との年齢差，両親の反応，そして社会的・文化的背景といった
要素が，家族の中で彼にとってどのような役割を果たしているかを考えてみ
よう。家族の中で最年少であることに加え，ティミーの心理的な出生順位が
どのようなものだと考えられるだろうか（彼の両親が男児をひいきするよう
な文化から来ている点に留意しよう）。彼の行動の目標は何だろうか？

　個人心理学は，人間の行動は全て目標に向けられており，子どもが早期に身

につけた人生への態度を表していると考える。子どもの劣等感は一般に恐怖，否定，敗北，そして家族の中で居場所がないことによって増していく。こうした恐怖心は身体的に不利がある子ども達の中に色濃くなり，また甘やかし，敵意，または愛情や温もりの欠如という三つの家庭の状況のうち，いずれかにおいて成長したような子ども達は，人生からの要求になかなか応えることができないだろう[7]。こうした子ども達にとっての究極の目的は所属と有用感を得ることであるが，彼らは目の前の要求を満たす上で，彼らの保護者を巻き込もうと，非協力的な行動を創造的に使うことがある。

　勇気をくじかれた10歳以下の子どもの場合，彼らの問題行動はドレイカースが提唱した，注目喚起，権力争い，復讐，そして無能の証明，の四つの目的に向けられる（表6.2）[8]。注目喚起の目的は，子どもが叱られた後でも問題行動をやめない場合にだけ明らかとなる。権力争いの目的では，子どもは全ての相互関係を，自分の目に止まる優越した存在に挑戦していくための機会として使用するだろう。復讐，あるいは対等に立つという目的を持つ子どもは傷ついており，傷つけ返すことが何らかの力を得る手段だという歪んだ考え方をする。外

表6.2　子どもの目標と問題行動

目　標	行　動
注目喚起	「誰かが自分に気づいた時，あるいは何かをしてくれる時にだけ，居場所があるのだ。」 積極的―建設的：模範的な子ども，オーバーな誠実さ，機転の利く発言 積極的―破壊的：見せびらかし，でしゃばり，不安定 受動的―建設的：まとわりつく，うぬぼれ 受動的―破壊的：はにかみ，依存とだらしなさ，集中力とスタミナの欠如，自己耽溺と軽薄さ，不安と恐れ，摂食障害，発話障害
権力闘争	「支配している，あるいは自分がボスである，または誰も自分に命令できないと証明できた時にだけ，居場所がある。」 不服従，頑迷さ，癇癪，悪癖，マスターベーション，不誠実，無為
復　讐	「傷ついている自分は他人も傷つけることで居場所を得られる。自分は人から愛されない。」 盗み，暴力と残虐性，寝小便
無能の証明	「何も自分には期待しないよう相手に思わせられた時にだけ，居場所がある。自分は救いようがない。」 怠惰，愚行，暴力的，消極的

の世界への参加を拒むことを選んだ子どもは，自分の劣等感を守るための手段として，現実あるいは自分が思い描く無能さを使用する。

　アドラーは，子どもは自分の私的な論理と人生の目的に従い，意図的に自分の症状を選ぶと考える。つまり，症状や問題は「創造物，芸術の産物」[9]と見るべきである。子どもの目的追求行動は，自分の目の前にある環境に反応するにあたって，子どもの劣等感がどのように創造力を掻き立てるのかを示す例となる。この創造力のおかげで，子どもは自己保存という目標に向かって色々な行動上のテクニックを用いるようになる。この動きの中で，感情，思考，そして行動が子どもの私的な論理，そして人生の計画とも一致していく。

　子どもがどのような誤った目的を用いているかを判断するため，まずは子どもが自分の問題行動を正された時に，どのように反応するかを見る必要がある（表6.2）。我々からの叱責や懲らしめへの子どもの反応に対し，我々がどのように感じるか気づいていることは，子どもの目的を認識する上でも手助けとなる。注目喚起の行動の場合，子どもの目的は我々を忙しくさせることで，こちらの反応はいら立ちの一つとなる。子どもの目的がボスとなるのを証明することであれば，大概我々は怒りをもって反応するだろう。子どもの目的が他人の感情を傷つける，あるいは相手を実際物理的に傷つけるような場合，こちらも傷つくという反応になる。最後に，子どもの目的が構わないでいて欲しいということであれば，我々の反応は絶望感を伴った諦めとなる。

　問題行動に走る子どもと大人の間には，それぞれが見せる感情と行動両面での反応の仕方に興味深い類似点があり，それが両者の関係を難しくも良くもする。概して子どもが過度に注目を求める時には，大人は子どもからのより好ましくない反応を避けようと，音をあげて子どもの欲しがるものを与えてしまうかもしれない。子どもが権力を求めている場合は，大人は子どもに対して権力を行使しようとするだろう。子どもが大人の心を傷つける場合は，大人は子どもに罰を与えることでたやすく傷つけ返す。そして，子どもが無能さを見せつける時，大人は子どもの責任を自分が引き受けるか，子どもに対しての期待を下げる。

　個人心理学では，もし大人が子どもの問題行動の目的について正確な観察をその子に伝えられたら，子どもは「大抵，微笑み，ニヤッとした笑い，照れ笑

い，あるいは目の輝きを通じて表れる」[10]ような「認識反射」をもって反応するものと考える。子どもの問題行動の目的がその創造的な力に根ざしているとすれば，その目的を明らかにしつつ理解するために，大人は創造的に子どもを取り込むことができる。しかし気をつけなければならないのは，子どもの目的にレッテル貼りをせず，また子どもの人生の動きの総体を見失わないようにすることである。子どもが目的を達成するために選んだ道を突き止める前に，叱責に対する子どもの反応と，それに関連した我々自身の感情を詳細に見られるようにならなければならない（目的の開示を促すアクティビティについては，第3部，ツール8，9，12を参照）。

　子どもの問題行動の目的をうまく特定し伝えることができれば，親や教師は矯正措置に入ることができるだろう。全般的に，民主的な家族の雰囲気作りのためには，親は褒めたり褒美をあげたりする代わりに，勇気づけの技術を使うよう学ぶべきである。子どもが不適切な行動で注意を引こうとしていない時は，

表 6.3 効率の良い親のトレーニング方法と誤った方法

効率の良い方法	
秩序の維持	家族の雰囲気，家の中での権利と義務，一貫性，果断，自然な結末
対立の回避	抑制，柔軟性，興味を刺激する，子どもに自信を持たせる，場を和ませる，引き下がる
勇気づけ	称賛，助言と指導，相互の自信，「に違いない」の代わりに「かもしれない」，努力，開示，家族会議
よくある誤り	
子どもを甘やかす	愛情のなさ
過剰な愛情	愛情から遠ざかる
不安	子どもを怖れさせる
過剰で苛酷な厳格さ	苦行
体罰	厳格な監督
過剰な語り	無視
急き立てる	約束を取り付ける
しつこく文句を言う	あら探し
けなす	あざ笑う

出典：Dreikurs and Soltz（1964）による

親は子どもに関心を向けていくべきである。また子どもが権力闘争に持ちこもうとしている時には，親は根負けしてはいけない。その場合，親は子どもに自然な，あるいは論理的な結末を明確に示してやることで，選択肢を与えるべきである。子どもに感情を傷つけられたとしても，親は傷つけ返してはいけない。どのように子どもが自身に対し，あるいは他人によって落胆するかをよく見ている必要がある。子どもの問題行動の背景には，人間関係の問題があるのがわかるだろう。最後に，例え子どもが自分自身を諦めるよう決意したとしても，親は決して子どもを見限ってはいけない。親は子どもに対して無条件で受け入れる心を向けてやり，その子が数々の小さな成功を経験できるような機会を与えていくべきである（表 6.3 参照）。

　小学校三年生の時，ビクトリアは毎朝 2 時頃に両親の寝室にやってきてはベッドの中に潜り込むようになった。悪夢を見て一人で自分の部屋にいるのがあまりに怖いということだった。二週間ばかり，両親は彼女に自分の部屋に戻るよう説得を試みたがその効き目はなく，やがて両親は自分たちが睡眠を取るためにも，彼女が一緒に寝るのを許すようになった。ベッドにやってきた後もビクトリアは両親を寝かせないようにし始めた。父親は苛立つようになり，娘のお尻を叩くこともあった。ビクトリアは主張を曲げず，やがて母親が父親に懇願したことも手伝って，両親の部屋にいるのを許されるようになった。その後ビクトリアの学校での成績が落ち，また彼女が度々教室のルールを守らないことがあると教師から苦情が来るに至って，両親は専門家によるカウンセリングを求めることにした。

ソクラテス式問答 6.4

　子どもは何の目的で恐怖を使うのだろうか？　その恐怖は本物だろうか？　もし子どもが常に恐れている場合，両親の責任はどのようなものだろうか？　罰としつけの違いは何だろうか？　どのような意味で，ビクトリアに対する両親のケアは厳しいとともに過保護だろうか？

十代の若者たちと大人の「ライフスタイル」目的志向

　問題のある若者に対する我々の見方と反応は，我々自身がどのような専門的訓練を積んでいるかによっても変わってくる。ほとんどのアプローチが若者の常軌を逸した行動—逸脱，凶暴，病的，動揺，無秩序，非行，欠乏，機能不全，不服従，心身の障害—に着目し，そうした行動の一つ一つに対して，非常に異なるセットの介入方法を用意している。個人心理学では，問題のある若者たちについて，家庭，学校，そしてコミュニティでの不適切な体験や，ライフスタイル目的志向行動の形成という視点から考える。

　もし子どもたちの誤った目的が家庭や学校で正されなかった場合，劣等感や所属の問題の克服に向け何をすべきかについての彼らの私的な論理（私的な感覚）は，一般的に許容されるもの（コモンセンス，共同体にとって必要なこと）から掛け離れて育ってしまう。子どもの利己心が強まるにつれ，彼らは無関心や敵意を持って他人に接するようになる。自分を他人に比べ劣っていると見る子どもや十代の若者たちは，別の解決法を選ぶことで，疎外感，否定的な結果を招く行動に早いうちからさらされたり体験したりすること，学業不振，早まった妊娠や親になること，早くからの薬物乱用，といったリスクに自らをさらしてしまう。好ましくない準拠集団への所属を求める子どもや十代の若者たちは，反社会的，あるいは規則や法律に対して反抗挑戦的となる。こうした子ど

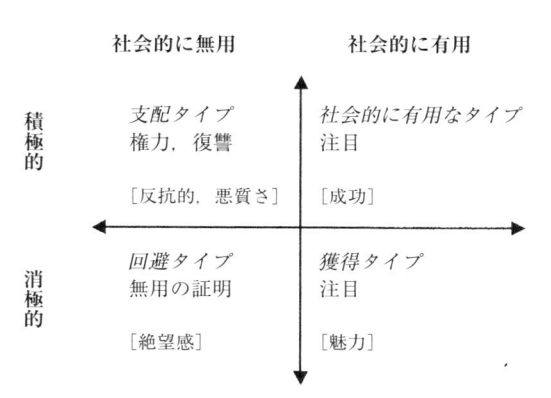

図 6.2　積極的，消極的，社会的に無用，および社会的に有用な目的と行動

も達や若者は，自己破滅的，あるいは反社会的行動をしつこく続けるとともに，誤った観念を成人期にまで持ち込んでしまう。

　ディンクマイヤーとカールソンは，10 歳以下の子ども達の四つの目的（注目喚起，権力闘争，復讐，そして無能の証明）に加え，十代の若者たちは興奮，仲間からの受け入れ，そして大人の気をもませ，不安にし，さらに力不足を感じさせるような優越性を求める可能性を指摘した。子どもの目的追求行動に見られるものは，十代や成人のライフスタイル目的志向のパターンにも現れる場合がある。図 6.2 はドレイカースとアドラーによる考察を統合し，二つの次元にハイライトを当てつつ，四つの目的と四つのタイプの共同体感覚にまつわる活動，あるいは気質―社会的有用性，権力，獲得，そして回避―を関連させたものである[11]。積極的―消極的，そして社会的に無用―社会的に有用の次元が交差することでつくられる四つの象限に，子どもの目的と行動を視覚的に定め認識することができる[12]。もし子どもがこれら四つの好ましくない行動目的に頼り続ける場合，四つのタイプの気質（斜字体の部分）で表される成人の行動スタイルを，後々身につけていくことが予想される。

ソクラテス式問答 6.5

　ロージーの教師は，15 歳のロージーが喧嘩腰で何ごとにも食ってかかると，彼女の母親に対して苦情を訴えた。ロージーは禁じられた行動，癇癪，そしてその他多くの悪癖を続けていた。表 6.2 と図 6.2 を使って，母親がロージーの誤った目的を概念的に理解するのをどのように手伝えるだろうか？　不誠実，時間を無駄に過ごす，怠惰，不服従，頑迷さ，さらに忘れっぽさ，といった問題を持つ十代の若者と取り組む親や教師に対し，どのような手を差し伸べることができるだろうか？

親業に関する考察

　これまで罰を用いることや聖書が子どもへの体罰を支持しているかどうかについて，人々の見解は対立してきた。「ムチを惜しむ」と「子どもをだめに

する」という考え方もあった。聖書の時代には，ムチは羊を誘導し，肉食獣から守るため一つところに集めるのに使われ，物理的に羊を叩いて傷つけるためのものではなかった。聖書ではムチは導きとしつけの比喩として使われている。罰は子ども達に恐怖を呼び起こす。親は子ども達には愛情を呼び起こしたいが，罰は愛情を呼び起こすこととは相容れない。聖書に言う新しいエルサレムについて，「ヨハネの書Ⅰ」4章18節にはこうある。「愛には恐れがない。しかし，完全な愛は恐れを取り除く。恐れには懲らしめが伴い，かつ恐れる者には愛が全うされていないからである。」この文句そのものが語る通りである。罰や恐怖は協力を呼び起こさない。知識，とりわけ自然で論理的な結末から導かれるそれは，家族の目的に向けた協力を呼び起こす。子どもによる過ちは子どもを教え，知識を授ける絶好の機会である。知識は子どもに力を与える。親は子どもが賢明な選択を出来るよう力づけていく必要がある。罰は子どもをくじかせ，自信を失わせる。罰は子どもの自尊心を低めてしまう。罰は望む結果をもたらさない。完全な人間などおらず，親も過ちを犯すものだ。親は自分の過ちの結果に対処しなければならないが，そのことが十分な学習となると同時に，同じ過ちを繰り返さない予防にもつながるのだ。「他人にしてもらいたいと思うことを自分もせよ」という「黄金律」の精神から言えば，子ども達にも同じような機会が与えられてしかるべきではないだろうか？

—ジョージア[13]

　これはある保護者指導教員が，自分の教会に集まる親達と開いた保護者指導の集会後にキリスト教徒の家庭での体罰の使用という物議を醸している問題について行った内省である[14]。親業は我々個人の社会的なしつけと同様に，文化的・宗教的な信条とも密接に関わっている。父系社会やある種の宗教的コミュニティでは，父親に子どもをしつける上での絶対的な権威が与えられており，これは体罰を含むことがある。親となる勇気には，子育てに関する自身の文化の中での習慣に明るく，またどの方法をどの時点で用いるべきか見極めることが必要である。親も教師も，絶対にしつけと罰とを混同してはならない。

　親そして教師は，未熟な場合，自分の親や教師から授かった価値観や態度を複製していくような人材養成者である。こうした複製が，無意識であっても，現

在の親子関係に否定的な影響を与えるかもしれない。親業のジレンマは，子ども
が危険と競争が待ち構える世界へ出て行くのに備えさせたいという，ほとん
どの親が持つ真心と結びついている。我々自身の無能感は，時に子どもに対す
る高い期待，あるいは他人を上回るようにしてやれなければ，子どもが困るだ
ろうという恐れといった形で表れることがある。多くを要求しすぎるか，また
は寛容すぎるか，一層悪いことには，その両方によって我々は子どもに対し過
保護となってしまう。しばしば恐怖によって動かされる社会的・文化的なプレ
ッシャーの影響も手伝い，家庭や学校での子どもの問題行動への反応として，
我々は知ってか知らずか，横暴なやり方に頼ってしまう。

　子どもの世話やしつけの際，ほとんどの親が自分の受けたしつけの方法を踏
襲するか，それとは逆の，子どもの時の後悔を埋め合わせるようなやり方を選
ぶ。親となることについての訓練を受けようとする，あるいは実際受ける人は
ほとんどいない。現在我々は，より民主的な考え方や家族との関係を許容する
ような社会的雰囲気の中で暮らしているが，それでも自身の親業の方法を正当
化する中で，どのように我々の権力を行使するかの考えや行動については，旧
態依然とした横暴さの影から抜け出せずにいるのだ。

　　個人的な偉大さを礼賛する，「ユニークさ」または「他と違っている」のを
　　誇らしげにするといった態度は，家族内の競争の中で生まれた劣等感から生
　　じるものである[15]。

　家族は子どもが世界に目を向け，生きるためのテクニックを学ぶ最初の場所
である。親は自身が未熟な場合，過保護や甘やかし，あるいは子どもに過度な
期待をかけるという過ちを犯してしまう。こうした親業の行動の動機となって
いるのは，自分の子どもが成功しないという恐怖である。その場合，親は子ど
もが直接世界を発見し，開かれた競争に前向きになる勇気を，結局は十分に備
えさせないままにしてしまう。こうして育った子どもは親の介入（あるいは干
渉）なしには，世界と向き合うことができない。

　多くの人々が，社会的に有用な手段についての理解や訓練に乏しく，その一
方で自分たちの人生を恐らくより複雑にしているような無用な態度を持ち合わ
せているために，生きることの試練を乗り越えることができない。人生のタス

クへの対処として，大人が演じる多くの社会的な脇舞台を目にするが，それら
は家族生活の影響から直接くるものである。多くの大人が再教育を受けること
なく結婚し家庭を持つか，あるいは自分が成長する中で経験した家庭での難し
さのために，結婚や親となることについて恐れを抱く。

　家族の第一の目的は，子どもを職業面，社会面，そして愛情面での関係に備
えさせることである。家族は社会的感覚の実験場であり，社会で協力する機会
を子どもに与えるものである。家族愛への勇気は，家族の成員の共同体感覚に
対する姿勢に根付いたものであり，それはアガペ的な友情と家族の持つ特徴に
似通っている（表6.4）。

　個人心理学では，主として親の夫婦関係，そして両親と子どもの関係が，家
庭の雰囲気を決めるものと考える。自分自身，他人，そして人生一般に対する
子どもの特性的な思考，感情，そして行動によって，家庭での雰囲気が民主的
なのか横暴なのかを想像することができる。これらの特性は表6.5のように要
約される。好例の一つをあげると，横暴な家庭や教育制度では，体罰が恐怖を
引き起こすためのしつけの道具として使われる。民主的な家族では，選択と学
習を促すために，恐怖の代わりに結末が用いられる。

表6.4　家族についてのエロスとアガペの影響

エロス的家族 （自己への関心）	アガペ的家族 （他者・相手への関心＝共同体感覚）
いつまでも一緒にいる	自立した個人
横　暴	民主的
支　配	自　信
操　縦	あるがままにさせ，あるがままに生きる
秘　密	開　示
賞　賛	励まし
処　罰	選択と結末

終わりに

　成長期の友人関係や家族関係を通じて，我々は社会関係の構築に向けた基礎

的な訓練を積んでいく。友人を作る能力は，パートナーを選び家族を持つための下準備となる。出生順位と家族布置は個人を大きな動きの中で理解する上で，価値ある情報を与えてくれる。行動が常に目的に向けられていること，そして子どもや十代の若者，さらに大人は自分たちのものの見方や態度に従って行動することを理解すると，子どもを理解し彼らと取り組むための新しいアプローチに気づき，創り出すことができる。我々は友情や家族のタスクに対し，文化や宗教的な習慣とも関係する態度をもって取り組んでいる。個人心理学では，褒めたり罰を与えたりするよりも，励ましや結末の使用を好ましいものと考える。親業の民主的な方法が活かされるような，民主的な雰囲気を持つ家庭にこそ，親業の最善のあり方が実現されるのである。

表 6.5　横暴および民主的な親業の手段

子どもの特性	横暴な親業の手段
服従的	恣意的である
依存	ほとんど選択を与えない
従属	処罰
怯えている	脅迫する
追従	怖気付かせる
受け身	褒美を与える
自分より下の者に威張り散らす	子どもに指図する
自分を上回る者に従順	子どもが一人でできることにも手を貸し
自尊心の欠如	てしまう
独創的でない	子どもが犯した間違いを話題にする
優柔不断	子どもの代わりに決定をしてしまう
無責任	人前で小言を言う
自分が求めているものの本当の価値をわかろうとしない	子どもに何が必要かを押し付ける
命令者に従って善悪を判断する	お互い傷つかないよう子どもの争いの仲裁に入る
罪の意識を感じる	子どもを責めたり他人と比較したりする
子どもの特性	**民主的な親業の手段**
創造的	子どもに決めさせる
対等の感覚	子どもが自分で決めたことに責任を持たせる
状況が求めるものに対して責任を負う	子どもが自分でできることに手を貸さない
素直	励ます
理由を尋ねる	子どもを受け入れていることを伝える
犯した過ちを理解する時間を取る	子どもが過ちを償う手伝いをする
自分と他人を尊重する	子どもを尊重する
励まされている	子どもを受け入れていることを伝える
自制力がある	優しいと同時に毅然とする
高い自尊心	どれほど自分ができるかを子どもが学ぶ手助けをする
他人に影響を与える能力を持つ	子どもに手伝いをさせる
誤りを犯すことを恐れない	結末を使用する
合意を促す能力	子どもへの思いやりを持つ
リーダーやメンバーどちらにもなれる	子どもを責めたり比較したりしない
正直	子どもに対しダブルスタンダードを用いない

第7章

所属の勇気

　これらの人生のタスクを無事達成できた時，我々は非常に重要である所属感を表す。この所属感—同胞である人類と共にいる場所を持つ感覚—は，恐怖，孤独，そして絶望の経験を軽減してくれる。帰属意識は，我々が個人として，そして集団としての人生のゴールに向かって動くにつれ，勇気，そして多くの場合，自信を与えてくれる。

　—マンフォード・A ソンスティガードとジェームズ・ロバート・ビッター[1]

　所属感は，仕事，愛，そして交友と家族の基本的な人生のタスクに勇気と自信を持って対処出来る時にのみ達成可能である。具体的には，自身，他者，そして世界との関係を通して所属する場所を得るのである。所属感は心理的でもありスピリチュアルなものでもある。共同体での生活には，心理的な帰属意識を促す，または妨げるような，環境的，そして文化的な要因がある。所属の問題を解決するのは，社会的平等である。時間そして文化の枠を越える概念として，共同体感覚は，所属と調和の理想的な状態を目指すのに役立つものだが，それはお互いを受け入れ，支えあうための勇気を生むような，苦しみを共有する近しい結びつきがあるところで最も良く作用する。

所属の問題

　我々は全体の一部であり，所属するという願望は，我々が自然と追い求めるような目標である。それにもかかわらず，多くの人々にとって帰属意識は簡単にはかなわない。ブラジル人のゼイクはアメリカ人の心理学者である夫との異文化結婚についてよく考えてみた。言葉は問題ではなかったが，彼女は移民審査の過程で，皮肉めいた官僚的な扱いと社会的／政治的な障壁による難題に出

くわした。彼女は自分の家族に加え社会的ネットワークを奪われたとも感じた。ゼイクは自身の中の葛藤により生じた心因性の症状を経験し，この葛藤は彼女の結婚についても問題を引き起こした。

> 私が考える最大の困難は，私が経験しているものを夫が理解していないという事実だ―魚に水を説明するのはとても難しい。文化とは我々全員に浸透している何か，人類学者のエドワード・ホールが彼の著作で見事に説明した「沈黙の言語」である。水から上がったときに初めて，魚は水がないことに気づくのだ[2]。

25年アメリカにいる中国系アメリカ人のレイチェルは，社交や仕事といった場面でどこの出身で，いつ母国に帰るのか聞かれることにうんざりしていた。中国系アメリカ人のためのアイリス・チャンの言葉は，世界中からの何世代にもわたる移民労働者たちの声を代表している。彼女は「『本物の』アメリカ人とみなされるにはどれだけの試練を越えなければならないのか」と問いかけた[3]。

アフリカ系アメリカ人で3人の息子の父親であるロドニーは，息子たちに安全な運転方法を教えた。第一の教えは，「路肩に車を停めるよう警官に指示された時は，ハンドルの上に両手を置いたままにすること」だった。それは黒人男性の間であまりに頻繁に起こる悲劇，銃で撃たれるという致命的な誤りを避けるためだった。多くの大学のキャンパスにおける人種紛争について，ある白人の大学教授は，人種により生じる暴力は自分と関わりのない過去の不幸の結果であると意見を述べ，複雑な思いをにじませました。

> 感受性が，特にそうした競争的なゲームに身を投じる若者たちの間で一層強まっているように思うが，彼らは非常に攻撃的になっていくだろう。これは経済と大いに関係があると思う。これらの人々（黒人）がしいたげられてきたことに私は何の疑いも持っていない。自分たち白人を正当化はできないが，20〜100年も前に起きた不幸の責めが［現代の白人の］人々に向けられて良いものか，わからない。私はそれとなんの関係もないのだから。

多くの人々にとって，所属への道は苦難に満ちている。社会的落胆についての研究に参加した10人の同性愛指向者のうち5人は自殺を考えたことがあると

認めた。ハリーはその 1 人である。「実はその年，自分のセクシャリティーと中毒に関するあらゆる問題に対処しなければならず，その結果自殺を試みたのです」[4]

　それはおかしくもないことだがそれにもかかわらず私たちは笑った。60 代後半のアフリカ系アメリカ人男性のロジャーと 30 歳の中国からの移民一世の私は，同じようにコーヒーと醤油を使っていたのが分かった。小さい頃私達は二人とも，家族や友人達にコーヒーの飲みすぎと醤油のつけすぎをたしなめられた。コーヒーと醤油でますます黒くなるぞという脅しだったのだ！

——クラウディア

「より良い」や「より劣っている」という集団的な態度は，偏見，差別，そして抑圧の問題の根本原因である。個人的な信念としての人種差別，性差別，そしてその他の偏見は必ずしもそれら自体抑圧的ではないが，これらが権威や権力の不当な行使によって決定され制度化されると，抑圧という結果につながることがある。差別や抑圧への対処法は，対立，自制心，そして自己防衛から自己否定やあきらめにまでも及ぶ。集団的劣等感の最悪の結末は，マイノリティが抑圧者の使っていた方法を自分達に対して用いることで，抑圧を内面化してしまうことである。

　世界の至る所で原住民に起こった植民地化，集団虐殺，そして文化的／精神的剥奪の結果を見てみると，これまで述べてきた所属の問題は途方も無いほど大きいものになる。ジャック・ローソンに言わせれば，人種差別の結果は土着の人々にとって伝統，共同体，そしてアイデンティティの喪失である。簡潔に言えば，これらは固定観念になっていく。

　原住民の 100％が直接的もしくは間接的にアルコール中毒の影響を受けている。このことの底に潜むものは文化やアイデンティティの喪失，そして家族という単位の崩壊に関連した多くの複雑な問題であり，集団虐殺と抑圧の長い歴史による全ての兆候を表している。特に若者の間では，怒りとそれに関連した問題，抑うつと絶望，健康の問題，そして著しく高い自殺率と殺人行為がある。さらに我々のコミュニティでは，主に静注薬物の使用に関連し

HIV と診断されるケースが深刻なほど増加している。原住民が収監される場合は，大抵はアルコールと薬物使用が主な原因である[5]。

> **ソクラテス式問答 7.1**
>
> 我々は生まれながらに平等なのだろうか？　平等な機会について，あなたはどう考えるだろうか？

　問題となる我々の個々の態度は，問題を孕む社会的なダイナミクスに力を与え，したがって所属の問題を生み出すことに貢献するが，これらの態度は他者より劣ることの恐怖から生まれる。自身の中，男女間，家族内，職場内，そして国内や国同士の争いを起こすのがこうした恐れである。我々は家庭，学校，そしてコミュニティでの権威的なしつけや訓練，またはポリティカル・コレクトネス（PC）への過度な懸念によって恐れるように条件付けられている。我々は懲罰，失敗，そして拒絶を恐れる。

　社会的平等にとって障害となるものは，物事が平等ではないことについての恐怖と劣等感，その結果として生まれる無関心と自信の喪失である。我々は不平等に立ち向かう代わりに，達成や成功という［当面の］目的のため，争うのは自身や他者とだけというゲームに加わる追従者となる。

- 他者を対等と見られない。
- 尊敬と内なる自由への要求は，男性，親，そして権力者に優越した地位を与えるような階層システムと相いれない。
- 階級，名声，そして権力に関する社会的要求は，深く，しかし異なった影響を我々に及ぼす。
- 我々は良くあろうとすること，または正しくあろうとすることに関し，［その基準について］文化的規範による思い違いをしてしまう。
- 我々は行動の問題は人間関係における対立の原因でなく，その結果であることを見落としがちである[6]。

社会的平等の勇気

　社会は人々に対して課されているものではなく，人々で構成されている。我々は自身の社会的意義を過小評価してしまうために，この点を忘れがちである。我々は，人生に対してと同じような間違った態度を社会に対しても持ってしまっている―実際は人生と社会の両方とも我々の中に具現化されているのに，どちらも我々の外側にあるかのように考える。我々が人生であり，社会なのである[7]。

　所属の問題への答えは，社会的平等を基礎とする相互理解と協力があるコミュニティの勇気である。社会的平等の勇気は，我々との対等な地位を否定しようとする優越的な他者がいる不利な環境に直面したときに，自己を肯定する勇気から始まるものである。

　所属感を持てるようになる前に，まず自分と他者に対して自信を持たなければならない。自信を持つことは，我々の能力，責任，そして所属を信じる勇気を持つことだ。

　お互いの共通点がないときや，現状を守ることが努力を向ける目標として何の疑問も持たれていないような場合には，我々は関係や社会に完全に参加することはできない。しかし，我々自身が社会に所属していないとき，社会が我々のために機能するように期待はできない。仕事，愛，そして社会的関係で出くわすような同様の問題は，社会と宇宙について我々が持つ問題にも表れる。社会的または集合的劣等感による思い込みから我々自身を解放するためには，我々の強さと限界を知り，習慣的にもっている偏見を捨て，自分も他人も十分に善であり平等であると信じ，成功と失敗についてのこだわりを捨て，そして他人と比較し争いたいという衝動を抑える勇気を持たなければならない[8]。

　人間関係におけるほとんどの争いは，平等の不在のせいであり，それは競争と比較，支配とコントロール，そして優越と差別といった様々な脅威につながっている。欠陥を克服し完璧を目指そうと懸命に努力する代わりに，我々は「不完全であることへの勇気」[9]を培い，自他にとって最良だろうと思うことをあえて行えるようになる。したがって，社会的平等の勇気は，自分と他人を対等

と見て，優越という架空の考えに心を奪われることなく，参加し協同することである。一旦我々の社会的態度を修正することができれば，共通善に視点を置きつつ［より良い］人生を手にするための平等な機会という考え方に到達することができる。

　　人間は民主主義の時代には，同じ人間の中で，対等な個人としてのみ，その役目を果たすことができる—それが可能となるのは，自らを隷属化し，自分の長所を覆い隠し，内なる自由，そして心の平和と静けさを奪う個人的な劣等感による思い込みから脱けだせた時だけである[10]。

　平等は，我々の権利が尊重されアイデンティティが発達する民主主義の基礎でもあり目的でもある。［この点に関し］初期の訓練と教育の必要性が認識される。家族，友人，そして学校／仕事での関係は，互いに尊敬し，信じ，そして協力するのに良い訓練の場である（図 7.1 参照）。

　我々は，他者の私的な論理，恐れ，不安，そして結果的に彼らの問題行動に耳を傾け敏感になるよう学ぶことができる。我々は，前世代の人々が用いた，敵対感情によりあおられるような懲罰の使用を繰り返す代わりに，自然で論理的な結末を選びながら使用することにしたい。いわゆる機能不全に陥った関係においても，我々は学ぶ機会を見つけることができる。例えば，すべきでないことを控えて自分を励ます練習をするといったことである[1]。

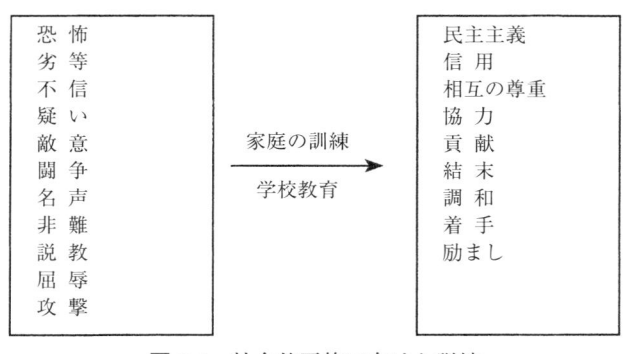

| 怖　等　い　　争　声　難　教　辱　撃 | | 民主主義 |
| 恐　劣　不　疑　敵　闘　名　非　説　屈　攻 | 家庭の訓練　学校教育 | 信　用　相互の尊重　協　力　貢　献　結　末　調　和　着　手　励まし |

図 7.1　社会的平等に向けた訓練

ソクラテス式問答 7.2

　自分，他人，そして世界についての判断をする際に，社会と文化は何の役目を果たすだろうか？　人種，ジェンダー，能力／障害，年齢，性的指向，そして階級といった要因がどのように不平等感を高めるようお互いに作用するだろうか？

　シンディーはアメリカインディアンとしての自分の経験を振り返り，物事は平等でないと気づいた。しかし，シンディーが受け継いだ文化的，そして精神的遺産は，彼女が共同体感覚の強さを身につけるよう導き，さらにその強さは，抑圧によって受けたマイナスの影響を人々が忘れ去るよう，彼女が手助けすることに役立ったのである。

　14 歳ぐらいの若いとき，私はアメリカインディアンの文化／歴史について学び始めた。抑圧について，さらにはどのように原住民の人々が特別保留地に入れられ，強制的に白人の学校に行かされたかを学び，そしてそこでは彼らの貧しい暮らしぶりも直接目のあたりにした。また，アメリカインディアンが大変な辛さと苦しさを味わい，そのため白人に対して多くの偏見を持ったことも学んだ。だから，［私のように］白人とインディアンのハーフの場合，どちらの側にも属せなかった。しかし，私は裕福に育ったわけではなく，むしろ貧困の文化を理解している。

　私は間違っていることを正すことに個人的な関心がある。人々を力づけ，おそらく彼らが思っている以上に自分たち自身に価値があると理解する手助けをすることで，それが可能だと思っている。私たちみんながすることかもしれないと気づいたが，自身を軽視することは，特に有色人種の間では，これが大きな悲劇になってきた。このこと自体は抑圧の結果である。抑圧とはあ

1　アドラーにとって，すべては人生の試練に向けた訓練と備えである。現代の文化では，自らの不幸の原因を，例えば機能不全の家庭や職場に求めるような態度が蔓延しているが，我々に害悪を成すような人間の課題を自分の課題としては受け止めず，また復讐や仕返しの機会を探ることもなく，たとえそのことで困難を前にしても「今はそのままで良い」という感覚を持つことが，アドラー的対応ということになるだろう。

る人間たちが他者からあらゆる手段で人間としての価値を奪い認めないこと
だと私は理解している。職場について言えば，有色人種の労働者達（赤や黒
や黄色）自身は「優秀でない」と感じるだけでなく，雇用者も彼らを優秀だ
と扱わない。彼らは実際に現場で働く人間たちであるだけでなく，最終的に
は，［雇用者の］機嫌をとらないことには，自分たちがその仕事をする価値が
ないと思うだろう[2]。

　私の文化的伝統では，全ての生きものは一つの源からきており，しかも全
ての人間は全体で一つのまとまりだと見る。私は誰も自分よりも上にも下に
も見ないようにするために，この見方を人生に当てはめている。自分の理解
では，抑圧は，人が[所属する]集団や，社会における他者から遮断されるこ
とで作られる恐怖であり，「大いなる神秘」と私たちが呼ぶものとのつながり
を失くす中で，ぽっかりと空いた隙間だけが残り，そこに恐怖，怒り，疑念，
そして抑圧[3]といったものが入り込んでくるのである。

抑圧を払拭するために人々が理解する必要があるのは，自分たちがどこから
きたのかということ，全員が同じ生命力から来ているということ，そして，自
分たちが非常に恐れている人間たちを理解しようと努力することは，自身の心
を楽にするのに役立つということ，である。我々はみな一つであることから，実
際抑圧者たちは自分たち自身をも感情面でも精神面でも抑圧しているのである。

ソクラテス式問答 7.3

　家庭，学校，そして職場では権威的な考え方と習慣が未だに残っていて，
我々はそこで抱く恐れにまだ立ち向かっていないため，民主主義を求める思
いは錯綜している。理想的な民主主義と平等を追求する上で，我々は不平等
と所属の問題にどう打ち勝てるだろうか？

2　ここでは有色人種の労働者たちが内面化している「抑圧」のことを指している。つまり，
　これらの労働者たちは雇用者（または抑圧者）に対して「格別の承認」を求めそれを得ると
　いう形で，自らの強い劣等感を補償していると考えられる。
3　被抑圧者たち自身も，やがて抑圧者となる可能性も示唆されている。

調和：人間の最高善と理想の社会

　共同体の各成員が，他の全てのものに対して対等な存在でいられるような安全な場所がない限り，その共同体には調和も安定もありえない[11]。

　平等と民主主義の背景にある哲学とは何だろうか，そして所属の問題に最も適切に対処するには，どうすればよいだろうか？　シンディーの物語は，人生の全体，さらに自他を超えて宇宙までも含むような宇宙的共同体感覚と調和する価値を教えてくれる。そのような全体性の勇気は，各個人が全体の一要素として，自身のためだけでなく全体の健全さのために機能するときにのみ達成可能である。我々の強さは，他者にとって役立つときにのみ役に立つ。アドラーにとって，理性を欠き，優越という目的により動かされ，利己的な知性に偏っている個人は，コモンセンスの枠を外れてしまう。コモンセンスの喪失の結果大きくなりすぎた私的な感覚は，社会生活における問題の根本的な原因である。

　共同体感覚と調和の勇気は，社会の不平等に対する個人心理学からの答えであり，人権問題の物質主義的，個人主義的，そして政治的側面を基礎とするようにみえる現代の社会正義アプローチとは一線を画している[12]。世界的な人権問題，相互関連性，パートナーシップ，そして同情に焦点を当てたとき，それらの理想的な状態である社会的な調和は，世界の文化や精神的な伝統に共通して見られる社会的な理想である。地球規模での人間性の価値は，時の流れに耐えてきた世界の諸哲学とも一致する個人心理学の考え方にもっとも良く表れている。

　第1章で指摘したように，アドラーと彼の思想は東洋の孔子と西洋のソクラテスにたとえられてきた[13]。彼らの類似点は，共同体感覚の概念と「仁（二人の人）」に顕著である。共同体感覚と「仁」は，個人が生まれつき持つ性格特性であり，その人の行動を導く美徳でもある。それら二つは自己修養，家族観，そして早期教育といった事柄について同じ関心を共有している。最も重要なことには，共同体感覚と仁のどちらも私欲を良しとせず，また全ての存在に向けた愛，つまりアガペを内包する。人間，そして社会の問題を考える上で，アドラーと孔子は，適切な社会関係─まずは最高善に従い，庶民を愛し，家族を調和

させ，そして究極的にはその人の人格を洗練するような能力から始まる関係―についての共通する知恵を持っている。人は自己を他者へと調和させる整合性を求めるのである。

　アドラーにとって幸福や人生の意味とは，個人が勇気と共同体感覚を持って五つの人生のタスク（仕事，愛，友情／家族／コミュニティ，自己，そして宇宙）を達成したときのことを指す。孔子にとって「仁」とは「人間の最高善」であり，個人が社会と持つ 5 つの根本的な関係（例えば，支配者と被支配者，父と息子，兄と弟，夫と妻，友達同士といった関係）で現実化する真の自己である。共同体感覚と「仁」が内包する要素として，多くの他者志向の性格特性があり，それらはコミュニティのあるべき姿に向けた我々の努力を可能とするような道である。「仁」は愛，知恵，識別力，正しさ，正義，共感，孝行心，そして勇気の多面的な属性をともなった人間の最高善を表す。

　孔子によると，調和を達成することは，我々の経験について「中心性」［過大や過小といった両極端を避けた適切な中間］を選び，どちらかに偏ることのない適度な態度を常に保つこと（中庸）である。合理性と完璧な均衡のある理想の社会における勇気は，社会的調和の理想を信じ，富，名声，力，そして成功にまつわる競争的な考え方に対抗する動きを信じる一般大衆のコモンセンスをいう。

　完全な秩序が広く行き渡っているとき，世界は全ての人々と共有された家のようである。徳が高く尊敬すべき人は役人に選ばれ，有能な人は社会で実入りの良い職につく。全ての人の間にある平和と信頼は人生の根本原理（公理）である。皆自分の両親と子どもを愛して尊敬し，また他人の両親と子どもに対しても同様にする。高齢者には介護があり，大人には仕事があり，子どもには育成と教育がある。寡婦や寡夫，自分が世界で一人ぼっちだと感じる全ての人々，そして障害者への支援の方法がある。男女は皆家庭と社会の中で適切な役割を持つ。分かち合うことの感覚が利己主義や物質主義の影響に取って代わる。公務への献身は怠惰の余地を残さない。陰謀を企てる者や密輸業者なども存在しない。全ての家の扉は昼夜を通し決して鍵をかける必要も，掛け金で締める必要もない。これらが理想的な世界の特徴であり，［人々

が］共通の目的と利益で結ばれた国家のあり方である[14]。

　道教は儒教に深く組み込まれていることから，［儒教との類似点を持つ］個人心理学では平等と調和に対する道教の考えによく似た表現がある。道教の伝統における平等は実存主義的で自然主義的であり，受容，許し，そして従うことの概念と強く関連している。道教の原理の一つに，補完しあう正反対の観念（陰と陽）がある。調和を達成することは，人生の充実の方向へと人を導く自然の法則を用いて，完全な敬服／調和の勇気を持つことである。個人は正反対のもの［陰と陽］に調和をもたらす存在である。［道教における］社会生活の理想は，無活動「無為」を通して反対物と共に調和の中に生きることであり，それによってどちらかの極端なものに陥るのを避けることである[15]。

　　かつて持っていたとすればだが，人類は彼らの楽園を失った。人生は常に争い，辛苦，そして苦境で溢れている。しかし，勇敢な人は，この人生に所属すると感じ，人生において今いる場所を確信し，人生をそこに生き，行動し，生産し，参加し，そして創造する手段として見ることができる。この世界は，自身をそこに不可欠な一部であると認める者に所属する。生きることにおいては，我々が人生なのである[16]。

　アドラーにとって，社会生活の均衡と調和は，与え受け取ることの均衡のとれた状態，貢献，そして協力に備わっているものである。調和するために，コミュニティ，またはグループは完全な全体—そこでは各個人が自身のためではなく公共の福祉のために役割を果たす—として機能する。しかし，社会的調和に必要な枠の中で仕事をすることは，［個人の制限でなく，実は］個人の幸福にとっても好ましいことなのである。

　所属と有用性への欲望は，我々が孤立しては生きていけないという意識から生じる。我々は全体の一部として機能し，そして生き残るための究極の守りと糧は，競争や比較によってではなく，たとえ不平等に直面したとしても，協力と貢献によって得られるのである。個人心理学では，我々は他者，社会，自然，そして宇宙と相互関係を持つとき，同じ人間の中で対等な個人であるかのように行動しなければならない。所属の問題は，総じて人生への対処の仕方に示さ

れる我々の態度である。所属する勇気とは，集合的劣等感と社会的不平等に向き合う中で，究極の社会的平等と社会的調和に向かって努力することなのだ。

　我々は所属への障壁を乗り越えようとする自然な願望を備えている。アドラーは次のように書いている。「共同体感覚とは…*sub specie aeternitatis* つまり，『永遠の相の下』にもつ全体（共同体）への関心，感情のことである。それは人類が完全という目的にたどり着いたとしたら初めて考えつくことができる共同体の形への努力を意味する。」[17]共同体感覚の概念とそれに関連する性格特性は，アガペ—困難に当たって前進する創造力を我々に与えてくれる生命力（第1，5，そして9章の創造的な力についての考察を参照）—に似たスピリチュアルな価値を持っている。

　　一方で，祈りは自己と他者，人類と人類以外，見えるものと見えないものが複雑に絡み合った人生の広大なコミュニティに入る能力である。私の五感が物事を識別し，私の心が細分化して吟味する一方で，私の祈りは人生の一体性を認め再創造する。祈りにおいて，もはや私は自分を他者と世界から区別したりはせず，彼らを自分の都合に合わせようと操ることはしない。代わりに，関係へと手を伸ばし，互いの依存と責任に手繰られる感覚を受け止め，自分と他者との関係を繋げるような卓越した中核 [4] を意識することでコミュニティにおける自分の居場所を定める。他方で祈りは，その他との繋がりをもつ中核に自分が達しようかというとき，その中核が自分にも達しようとしてくるという事実を受け入れることでもある[18]。

　ドレイカースは人類の平等をスピリチュアルな要求がどのように育んできたのかを，初期キリスト教，そして仏教の教義から観察し，勇気をその最も不可欠な必要条件の一つとする「民主主義のための宗教」を呼びかけた。自由であるということは，不確かなものに向き合う勇気を持ち，創造性を認識することである。この新しい宗教で必要とされる相互依存は，共通善—互いを感じようとする意欲を掻き立て，互いに生き，兄弟愛という，人類が最も大切にしてきた古来からの夢の周回遅れの実現に向け互いに所属し合うこと—への献身を後

4　精神的な「家」を指す。それはある人にとっては「神」であり，またある人にとっては「（精神的な意味での）人生」を意味する。

押しすると，ドレイカースは信じていた[19]。

　以下では，兄弟愛というこの夢が，援助を必要とする人々に対する世界的規模での共同的な取り組みを通じどのように実現されてきたか，実際例を紹介する[20]。

共同体感覚の実例：回復の勇気

　私たちは普段お互い付き合わない人間である。しかし，私たちの間には，仲間意識，友情，そして言葉で言い表せないほど素晴らしい理解が存在する。私たちは，まるで難破した定期船から救い出された直後の乗客のようで，仲間意識，歓喜，そして民主主義が操舵室から船長室の机まで船のあらゆる所に浸透するのに通じるような思いがある。しかし，船の乗客の気持ちとは異なり，惨事を逃れた私たちの喜びは，一人一人が独自の道を辿ったとしても褪せることはない。共通の危機の中で分かち合ったという気持ちは，私たちを繋げる強力な絆の一つの要素である。しかし，それ自体は私たちを今ほど団結はさせなかっただろう。最初に必要だったことは，一人で身勝手に走り続ける人生にほとんど成功はないと納得することだ。

　　　　　　　　　　　　　　　　　　—アルコホーリック・アノニマス[21]

　中毒の原因は複雑であり本書の余地を超えるものだが，個人心理学的観点からすると，中毒は，社会的関係に参加する勇気が足りない個人にとって人生のタスクを回避する効果的な方法だと論じてきた。この回避の過程では中毒者は非常に自己中心的になり，人生の全ての側面に対処するために自分の中毒を使用する。この不適応なアプローチは，正常な発達を著しく遅くし，あるいは引き延ばし，自己（自身の核心的価値）と社会から個人を遠ざける。中毒者は単純に所属感や有用感なしに生きのびているだけである。

　六ヵ月をかけて回復に成功した一人のアルコール依存症者は，無数の同じような依存症者たちのために予後を劇的に改善するような決断を自分がしているのに気がついた。この決断の発端は，彼が他のアルコール依存症者を助けることで自分自身を救うことが出来たと確信したときに得た悟りであった。見知ら

ぬ街で再び自分の境遇に途方に暮れていたとき，彼は酒から得られる快適さは
たった6瓶で得られるものの，そこには依存症の悪循環も共に待ち構えている
とわかっていた。しかし，このとき彼はもう一つの選択肢にも気づいていた。そ
れはまだしらふではあるものの，以前の彼同様救いようのないアルコール依存
症者と仲間になることだった。

　この男，ニューヨークシティのウィリアム．R ウィルソン（ビル．W として
知られている）は，歴史を変えるような決断をした。自分が馴れ親しんだアル
コールの偽りの魅力に手を伸ばす代わりに，彼は絶望的なアルコール依存症の
仲間であり地域の医学士であるロバート・ホルブルック医師（ボブ医師として
知られている）を見つけた。ビル．W とボブ医師とのこの出会いで，二人は共
に活気づき行動を起こした。ビル．W はボブ医師に彼の回復の構想（実験）を
打ち明けた。1935年の夏にビル．W とボブ医師は，4年という短い間に，のち
にアルコホーリック・アノニマス（A.A.）として知られることになるものの枠
組み作りを始めた。ビル．W が作った12段階のプログラムは，世界中の他の中
毒者や他人の中毒に影響されてしまう人々にも有効なプログラムを生み出した。
オルダス・ハックスリーは彼を「今世紀最も偉大な社会的創造者」と呼んだ。ビ
ル．W は2000年のタイム誌の，勇気，無私，意気軒昂，超人的な能力，そして
素晴らしい気品を体現した20名中の一人として選ばれた。

　なぜA.A.は効果をあげているのか？　この質問への答えになる要因はたくさ
んあるが，一言で言うとA.A.は，とりわけ，仲間意識に加え，理解を示し，援
助を与えることができ，物事を決めつけない他者からなるコミュニティを提供
することで，絶望した人に希望を与えるからである。一旦彼らがA.A.の仲間と
して迎えられると，苦しみという点での同族意識は，アルコール依存症者に自
滅行為からの日常的な執行猶予（一日一回）を与えるのである。自身の中毒に
閉じ込められ縛られるものの，コミュニティ支援と他者に助けを求めることは，
彼らを他者と繋げることになる。ここに回復の勇気が始まるのである。

　12の段階と12の伝統に見られるA.A.コミュニティのアプローチは，アドラ
ーの共同体感覚の主張と酷似している[22]。この印象は，「成し遂げるまで既に
成し遂げたかのようなフリをしなさい」（「〜かのように生きなさい」や「〜か
のように行動しなさい」の言い換え）や「完璧ではなく進歩」，「次の正しいこ

とをしなさい」，そして「自分でやってみればうまくいく」のような多くの
A.A. 的表現によって一層強いものとなる。A.A. の教科書やビル . W の豊富なや
りとりにはこのような例が他にもたくさんある。A.A. の変化をもたらす力の多
くは，個人心理学の重要な要素と直接重ねられるように思われる。

　ビル . W がアドラー的知識を持っていた明確な証拠はあるだろうか？　実際
にあるのだ[23]。ビル . W は生涯，母親と非常に親しく，しかし一風変わった関
係を持っていた。彼が母親からアドラーの理論の重要な概念を学んだというこ
とは大いにありえたことだ。［なぜなら］彼の母，エミリー・グリフィス・ウィ
ルソンは，「ウィーンでフロイトの前同僚であったアルフレッド・アドラーに学
び，サンディエゴでアドラー派のアナリストとして活動していた。」[24]

終わりに

　生きることのすべての問題は個人的問題であり，また社会的問題でもある。所
属の問題へのアドラーの回答は，仕事，愛，そして社会的関係を通して共同体
感覚へ努力するという，明快なものである。共同体感覚の局面は，宇宙を含む，
自他を超える宇宙的共同体感覚，もしくは「人生全体」へと広がりうる。

　所属感への道のりは心理的でもありスピリチュアルでもある。自負心と受容，
他者に対する恐怖の認識，そして自他を平等に扱う能力は，所属の問題への心
理的解決法である。東西の哲学的教えによると，社会的調和は，各個人が個人
的劣等感を乗り越えると同時に，公共の福祉のため働くときに達成することが
できる。社会生活の普遍的な法則としての共同体感覚は，全体への公益という
目的を掲げ我々を導く。共同体の回復が所属の問題への答えである。特に，集
団的優越感という社会的な病により圧迫されている多くの個人と文化的集団に
とって，共同体感覚は，失った自己を安らぎへと向かわせる仲だちをし，調和
に導く。

　A.A. は，回復の勇気を与える共同体の努力の成功例である。もし A.A. の歴
史と発展が深く研究されれば，個人心理学の影響が明らかになる。所属の中核
的な概念は A.A. の概念と発展を特徴づけたと思われる。そして，所属の勇気は，
我々の価値とお互いのための労苦が学べ，私的な，そして社会的な不全感の変

化が経験されるようなコミュニティを形成する行為なのである。

第8章

存在の勇気

　はるか昔，私，荘周は蝶になった夢を見ていた。蝶として感じ求めるまま　あちこちひらひらと飛び回っていた。蝶として空想を追い求めることばかり　を思い，人としての自分の個性など念頭になかった。突然私は目覚め，そこ　に横たわっている自分に気がついた。今私は，その時自分が蝶である夢を見　ていた人間だったのか，あるいは今人間であることを夢見ている蝶なのか，見　当がつかない。
　　　　　　　　　　　　　　　　　　　　　　　　　　　　　　　　　　　　—荘子[1]

　実存主義的な「存在」のタスク（自身と調和すること）と「所属」のタスク　（宇宙と調和すること）は，互いに切り離すことのできない二つの理念的・精神　的な働きで，仕事，愛，そして交友への参加における我々の取り組みに影響を　与えるものである。第7章で触れたように，所属への勇気は，まずは自分の恐　怖と自身の内部と外部で目指している目標を認識し，さらに自己受容の能力を　育てることである。しかしながら，我々は自分でありたいという願いと，社会　の一部でありたいという思いの間で揺れ動くため，自身と調和する，あるいは　自己受容のタスクは易しいものではない。

「ノー」という態度

　個人として，あるいは集団として我々が直面する劣等感への対処にあたり，多　くの人々が自分を評価するのに社会的な基準を用いている。そこでは「…より　も優れて」いなければ，自分を敗者と見るのだ。所属への憧れにおいても，我々　は所属を願う集団内で居場所を失うことや失敗への恐れから，たとえそれが全　くの誠意からだとしても，一層「ノー」という態度で人生に向き合ってしまう。　しかしながら，環境に同化する上で，我々は優柔不断，自己認識の欠如，行き

過ぎた懸念，そして多くのこだわりといった事柄の結果，本当の自分やそのあり方を損なうような選択に甘んじてしまう。意識するにせよ無意識にせよ，教育やキャリア上の成功にまつわる家庭や社会からのプレッシャーに晒される結果，最終的には疲労，虚無感，不毛さだけが残る。完璧という目標を目指して努力するほど，実際劣等感は深まるばかりとなる。

　劣等感が絶え間なく続き，そして人生のどの場面にも広がっていることは，どこにでも見られる現象である。我々は自分と他人を比較し遅れをとっていないか確認しながら，相手より先に立とうと競っていく。しかし，目の前に立ちはだかる障害をどう認識するか，家族，学校，地域社会からの影響をどう受け止めていくか，人生の挑戦に対してどのような感情，態度，そして行動を持って対処していくかといった点で我々は十人十色である。仕事，交友，そして愛の領域における人生の挑戦に向き合い努力する中で，我々は自分の性格特性を表していく。

　　他人と自分を比べるのは，人間の持つ自然なプロセスである。自分の中で行う比較にどのような解釈を与えるか，それによって自分とうまく折り合えるかどうかが決まってくる。自己批判的，悲観的，心配性，完璧主義，自責の念，あるいは必要以上に自分の不完全さや弱点にこだわる人々は，自身と調和するタスクから逃げる傾向がある[2]。

　人生の目標に対する我々の特性的な動きは，我々の現時点での存在や将来の姿について多くを語ってくれる。一般に，個人間の差異—例えば，楽観主義者と悲観主義者，まっすぐな気性と回りくどい性格，攻撃的な人間と防御的な人間といったような違い—は，彼らの反抗的な態度や困難への対処の仕方に現れるものだ。第 2 章の図 2.1 を振り返れば，個人の協力と貢献の能力を判断することで，その人が共同体感覚へと向かうのか，あるいは遠ざかるのか予想がつき，さらに，その人の主観的な力と社会的責任の間の距離とバランスについても見当がつく。

　人生のタスクの回避が行き着く先は，失望である。アドラーはこれらの性格特性を道徳の見地からでなく，社会生活という視点から見る必要性を説く。彼は社会生活を，我々が生きている社会に対してどのような関係を持っているか，

その質を評価することだとした[3]。我々が自尊心と所属感を得るのは社会との関係においてなのである。

　80歳のマーサは，一人暮らしで，それ以外の生活環境を拒んできた。それは，彼女が自分の子どもたちをはじめとし，人との付き合いがあまり得意ではなかったことを示している。彼女が20年もの間非常に不幸な結婚生活に甘んじていたのは，ひとえに子どもたちのためだったので，40代に入るとすぐに離婚の道を探り始めた。その後彼女は多くの男性と出会ったが，二度と結婚は考えなかった。健康でいること，美しくあること，そして自立していることがマーサにとって最も大事なことであった。彼女の身だしなみや振る舞いからは，誰も彼女が文盲だとはわからなかった。彼女は読むことを学ぶのに多少関心を持ったが，やり遂げることはなかった。マーサは自分としては誇りに思えない労働職を幾つか経た後，子どもたちが自分を養える年齢にまで育つと仕事をやめた。地域の教会でボランティアを務めることにとても熱心となり，温かく世話好きな人としても多くの尊敬を集めた。最近マーサは教会が彼女にとってあまりにも政治的になってきたと感じ始めた。

マーサが語る彼女の人生は，多くの点でむしろ曖昧だった。愛を大事に思っているようでも，一方で男性の意図を疑ってしまうことで長い関係を保てないようだった。ボランティア活動では有能だったが，その一方，下層階級の仕事は自分に合わないという理屈で仕事のタスクを避けてきたようでもある。自分の文盲や経済的な不安定さが他人に知られないよう，美しさや体面を保とうと懸命な努力を重ねた。老年に入って，彼女は積極的に人の中に入り周囲の人望も集めるようになったが，行動を共にする人々が果たして信頼に値するものか疑っていた。

　すべてこの種の神経症は，それを患う人間が自ら解決しなければならない問題を恐れることから発現するが，実際それらの問題は，単に日々の生活でこなすべき程度の責任や務めに過ぎなかったりする[4]。

マーサの問題は，距離の問題，つまり彼女自身の関心と真の社会的感覚との間にずれがあることだった。人生の要求に向き合う上での「イエス」「イエス，

でも…」「ノー」といった我々の反応は，勇気や無能感，また共同体感覚，あるいは自身の関心から踏み出さないことなどの指標と言える(5)。全般的に，マーサは恐れと失望から，人生のタスクのほとんどに「ノー」と言ってきたのだろう。マーサの人生の展望は，「プラス・ジェスチャー」[1]を思わせるものだった。劣等感が強くなればなるほど，より大きく，より裕福に，そしてより良く自分が見えるようなしぐさを使うようになる。通常こうした人々は，自らの帳の中で，自分で作り上げたこれらの信念を維持しようと務める。なぜなら，空想による力は現実の力や満足よりもずっと簡単に手に入るからである。他人とうまく付き合えないというマーサ自身の認識は，実際は彼女が自分自身とうまく付き合えないことに端を発しており，したがって，彼女が協力の能力を持っていないことは，三つの人生のタスク全てにおける彼女の取り組み方にも現れていた。

　アドラーによれば，人生に対するこうした「ノー」の態度は，攻撃的そしてまた非攻撃的な性格特性を浮き彫りにする(6)。攻撃的な性格特性とは，虚栄心，野心，尊大な振る舞い，嫉妬，妬み，強欲を指し，その全てが敵意，怠慢，支配欲，そして相手よりも正しい，あるいは上を行こうとすることにつながっている。一方，非攻撃的な特性には，逃げ，不安，臆病，社会的品位の欠如，そして「回り道」症候群（怠惰，頻繁な転職，軽犯罪など）がある。これらは全て，人生に対して「ノー」という人間にとっての気慰みである。

　自分を受けいれるという問題は，劣位にある人間だけでなく，社会において優位に立つ人間についても当てはまることである。少数派の人間にとっての「イエス」の態度とは，社会からの拒絶を拒み，まずは自身を受け入れる能力を磨くことで，一層社会から受け入れてもらえるようにすることでもある(7)。その結果，これらの人々は，多数派に属しそうした自分探しや自分を定義する必要性を感じない人々に比べ，自分についてのより好ましい感覚を身につけるかもしれない。例えば，「白人であることはどのような意味を持つか？」という問いかけに対し，当の本人たちは，驚き困惑しつつも注意深く言葉を探しながら，「やれやれ」，「考えたこともなかった」，などと答えたりする。あるいは「たぶ

1　実際の自分以上に自分を見せるためのジェスチャー。

ん，より好都合だし，悩みのない人生ってことだろう」とも言うかもしれない。白人たちにとって，白人であることは人種や肌の色ということでなく，そもそも思ってもみないことなのだ。こうした「色盲」感覚が広くあるということは，自らの人種や文化的なアイデンティティに対する意識が欠けていて，多様性にどのように向き合うかについても備えがないことを示している[8]。

「イエス」の態度がともなう「特性」の特徴

　自分が信じる限り，我々はとてつもない力量を内に秘めており，それによってありのままの自分を信じることができる。自分を「コントロール」しようとすることをやめると，自分の行動には［コントロールしようとしてもしなくても］何の違いもないことにすぐに気がつくだろう。なぜなら，結局我々は自分ですると決めたことをするからである。こうした気づきの後に，自分の決断を変えるという次の段階へ進むことができる。それにより，自分と他人双方にとってプラスとなる決断がより確かなものとなり，またそうした決断ができるようになる一方，時として犯すかもしれない誤りを一層恐れなくなる[9]。

　誰しも 100% 完全にはなれない。それでも，人生の誤った目標や効果的でないライフスタイルを避けるため，努力の匙加減をすることは我々の力の範囲内にある。時に我々が体験する対立や疑問といったものは，困難の克服または補償，優越性，安心，あるいは力を手にすることに向けた努力の表れである。対立は我々のライフスタイルと深い関わりがある。以下にあげるやりとりは，家庭とコミュニティという環境の変化に対処する上で，多くの恐れを感じながらもエヴァが取った「イエス」の態度を描いている。彼女は自分がそうなるよう定められている存在を目指し努力したいと常に願っていた。エヴァは 40 代半ばのアフリカ系アメリカ人で，娘の大学入学を機に再び学校に通い始めた。

アル：隣近所について話してもらえますか？
エヴァ：私が住んでいたところは黒人，完全に黒人の居住地域で，それはごく

普通のことでした。そこで普通でなかったことは，家に父親がいる友人がいることでした。私自身の母親もシングルマザーでした。学校へ行くと，[周囲も皆そうだったので]自分が貧しいとは一向にわかりませんでした。違いがあるのはわかっていました。人種差別—それをどう呼ぶかは当時わかりませんでしたが—があるのは知っていましたが，それが世の中なのだとばかり思っていました。それが現実のあり方で，テレビで見る以外では自分が眼にする全てでしたし，またテレビは現実ではないともわかっていたので，[情報を得るため]自分の周りでは皆学校へ行きました。自分は三人兄弟の一番年上で，約2歳離れた妹，そして6歳年下の弟がいました。女としての自分の視点からいえば，弟は二人の娘たちよりも大事にされていたのですが，女である自分から見て，その違いがどういうことなのか気づきませんでした。ただ，不公平だと思っていたのは覚えています。シングルマザーとしての母はとても強くて，そのことをとても恐れていたとしてもおかしくなかったけれど[2]，恐れていたと今彼女が認めるなんて想像もできません。

アル：その恐れとは何についてだったか思い出せますか？

エヴァ：おそらくそれは人生や存在について，そのほか生まれた時から周囲にあったことについての基本的な恐怖だったと思います。母は南部で育ちました。彼女は肌が黒く，私の家族ときたら皆それはもう黒い肌でした。私は薄い方です。私の父は弟や妹の父と違うんです[3]。それは母にとっては本当に辛いことでした…あまり理解がなく，でも私たちはまあ何とかやってきました。

アル：世の中の変化はとても速く，お母さんの育った時代の経験とあなた自身の時代の経験を比べたら，本当に目を見張るほどの変わりようだったでしょう。

エヴァ：母が子どもたちに良かれと思って取り入れた変化についても同じでしょう。

2　アメリカの社会構造において，黒人女性は若くして死んだり刑務所に入っていたりして家庭にいない夫の代わりに，しばしば家長としての重責を担うことがあり，そうした役割や責任に怯んだとしてもおかしくないだろうということ。

3　肌の色が「薄い」ということからエヴァの父親は白人であると推察できる。

アル：大きくなるにつれて，この世界は安全ではなく，生き残ることがとても大事だという感覚がありましたか？

エヴァ：生き残ること，ええ，しっかりと。それで思い出すのが，木箱の中のカニだったかロブスターのことわざ，箱のてっぺんに登ろうとすると仲間同士引きずり戻すという。そのことわざを思いましたが，同時にそれがどれほど現実とかけ離れていたかについても。外からはそのように見えるかもしれないし，多少そういう感覚もあったけれど，しばらくたって振り返ると，それは恐怖ではなく，実際は自己防衛の反応だったというのがわかりました。だって，もし成功や出世する気が無ければ，そうではない場合に比べ痛い思いをしないで済むでしょう。

アル：それはあなたにどう影響したか，わかりますか？　というのも，今あなたは修士号を目指していますよね。それは箱，あるいは鳥かごを抜け出して，どこか別の場所にいるということでしょう。

エヴァ：本当にありがたいです。私もそう思います，役に立ったと。他にも役に立ったと思うことはありました。なぜ目的を信じるか自分でもわかりませんが，これまでのことすべてに目的があったと思っています。

　エヴァとマーサは，人種，性，離婚や経済的な奮闘といった事柄について，「足りない」地位にある人々である。明らかにマーサの取り組み方は「非難」に

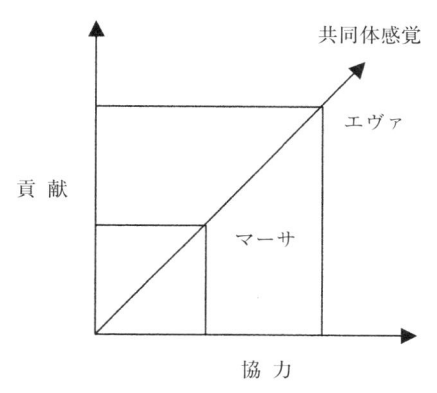

図 8.1　協力と貢献にもとづく共同体感覚の測定

傾いており，一方エヴァは「建設」という態度をもって努力していた。マーサ
と違い，エヴァは「イエス」の態度で前進していて，何としてもロブスターを
箱の中に落とさないようにしていた。文化に根ざした期待（あるいはそうした
期待がないこと）に怖れを持って迎合してしまうか，自分の理想を追い求める
かを秤にかける時，エヴァは選択をしなければならなかった。エヴァの努力は
自尊心，そして目的と協力の意識を伴っていたのである。

ソクラテス式問答 8.1

「イエス」「ノー」「イエス，でも…」のそれぞれの態度と，協力と貢献の能
力を念頭におくと，図 8.1 で描かれる共同体感覚―精神的健康の対角線モデ
ル上のどこにマーサとエヴァを位置付けられるだろうか（第 2 章の図 2.1 に
ついての議論も参照のこと）。

　アドラーにとって，人生における成功の唯一の基準は，具体的には人が共同
体感覚，つまり個人の精神的健康，あるいは今日特性と呼ばれるものの理想的
状態をどこまで持ち合わせているかということだった。共同体感覚あるいは特
性は意識的に育てるものである。共同体感覚が発達するとともに，特性の最も
重要な構成要素である協力と貢献の能力も育まれることになる。さらに，特性
はアドラー派の概念である自尊心，つまり「欠点や不完全さにもかかわらず，自
分は価値ある人間だという感覚」とも関係している[10]。したがって，自分自身
であることの勇気とは，不完全であることの勇気であり，それは特性の発達へ
の鍵となるのである。自尊心（または特性）は主観的で，外部からの評価には
影響されない。表 8.1 は「イエス」の態度を定義するのに役立つ 36 の特性，あ
るいは要素のリストである。これらの特徴や性質には，他人の中にある共同体
感覚や特性を引き出し，また育てる助けとなるような機会を日常的にもたらす
役割がある（第 10 章，ツール 4 を参照）。

感情の使用

　アドラーによれば，人生のタスクに対する特性的アプローチは，行動や思考

表 8.1　「特性」の特徴：「イエス」の態度

特性の構成要素	
不快な現実を受け入れる	愛らしさ
達　成	成熟度
親しみやすさ	肯定的な関心
適切な怒り	力とコントロール
適切な責任	選択する力
所　属	安　堵
自　信	罪悪感からの解放
自分の恵まれた点を数える	恐怖や不安からの解放
勇　気	安　心
成功への勇気	協力を確実にする
対　等	自己受容
独自性	自尊心
現実を理解する	平静さ
独　立	成　功
知的な自尊心	痛みや失望に対する耐性
誘惑に強い	信　頼
解　放	自分の判断への信頼
いまを生きる	無　私

（例，マーサにとっての不運や運命）だけでなく，気分や気性にも表れる。「感情（emotions）は二つのラテン語の単語，「…の外」を意味する *ex* あるいは *e* と「動かす」を意味する *movere* から来ている。したがって，感情は人がある状況から「外へと動く」ことを，その人間のライフスタイルや目の前にある目標に一致するような形で手伝うのである[11]。

　　感情は行動にとっての力，いわば蒸気であり，推進力であって，それなしに我々は無力となってしまう。何かを全力で行おうと決心する際，常に感情が働いている。感情によって我々は決定を行動に移すことができ，また立場をはっきりさせ，明確な態度を育み，信念を形作ることができる。感情は他人との強い個人的関係を築き，関心を育て，共通した関心で繋がるネットワ

ークを他人と築かせる唯一の基礎である．物事を有り難がる，低く評価する，受け入れる，拒絶する，あるいは楽しむ，嫌いになるといったことは，すべて感情によって起きる．つまり，我々を機械ではなく人間にしているものが感情である[12]．

　例えば，無視されている，または差別されているといった感情は，適切に受け止められない場合，嫉妬という破滅的な特性を持続させる一方，絶望感は羨望につながりもする．怒り，深い悲しみ，嫌悪，そして恐怖は「分離」または混乱を招く感情とされ，人を社会的な感情から遠ざけてしまう．分離の感情は他人に対して背を向けさせ，自身をないがしろにするものである．一方，「結合」の感情—喜び，同情，謙虚—は社会的な感情の表れであり，困難の克服を促す手段にもなる．

　比較や競争の動機となるのが恐怖である．人と張り合う人間は一般に，自分のすることをほめてもらいたがっているものと理解して良い．彼らは承認や報酬を得ようと励み，失敗や不完全に終わった結果に対しては，自分や他人を罰することで臨んだりする．競争によって人は支配的となり，懇願したり子どもじみた態度を取ることもある．成功や失敗についての外在的な基準や，自分の作り上げた虚構の完成像に合わせようとすることは，リスクを取らず怒りや敵意を秘めることになる．一方，支配される側の人間は，覇気がなく甘えて見え，程なくして，偏愛あるいは非難，操作あるいはコントロール，隷属，不遜な要求，夢想，板挟み，受身，狂信的な崇拝，無能感，排他性といった脇舞台を演ずるような結果に行き着いてしまう．自分を他人と比較する人間は独自性を失い，模倣をするか主導権を取らないかのどちらかで補償する．彼らは人生のタスクに対して取り組むにあたり，創造性やリスクをとることがない．また自身の恐怖に囚われているため，自分がすることに遊び心や喜びも存在しない．孤独と寂しさの中で，彼らは自由という生まれ持った権利に気がついていない．こうした人々は「分離」の感情にとらわれていて，それらは図 8.2. にあるような「遠ざかり」の言葉，またはノーの態度に特徴づけられる拒絶の動きに最も端的に表される．

　それとは逆に，自分自身，あるいは他人とお互いに協力関係にある場合には，

「ノー」の態度

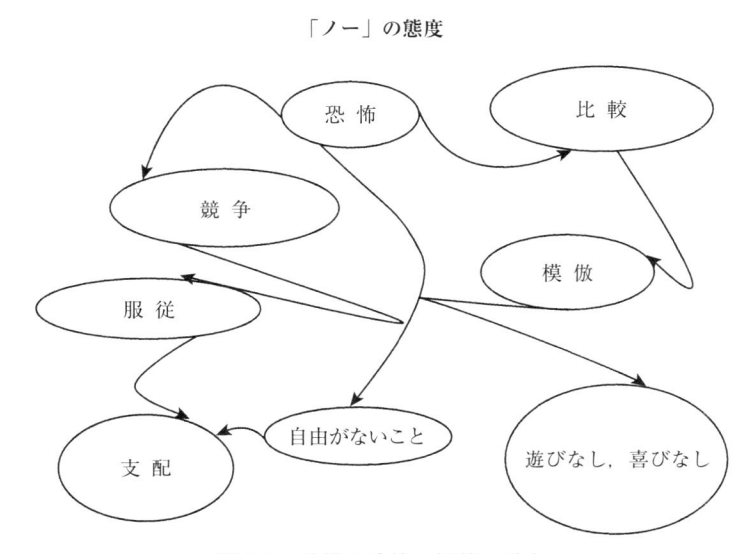

図 8.2　分離の感情，拒絶の動き

随分と違う絵柄を描くことができるだろう。創造し，さらに再創造する勇気は，我々の独立自尊につながる。自律，つまり他者の介入を排した自己決定の感覚があると，理想を見据えつつ，我々は思い切ってつながろうとする[4]。自立心にあふれる個人は，自由に探求し，自分の足で立ち，柔軟で，思慮に富み，ユニークであり，活力がみなぎり，進歩的で，すべての人間関係において張りを持って生きている。自己実現や充足感を体験する人々は自信を持ち，自分の外の世界に対して貢献をし，高いレベルの共同体感覚を持っている。協力の勇気がある人々は，いつ自分のチャンスを待てば良いかわきまえており，今を生きる人々である。彼らは穏やかな粘り強さを持ち，他人との交際においてお互いに敬意を払う。彼らが体験または表現するのは「結合」の感情であり，「前進」の言葉で示される（図 8.3）。前進の動きは自分自身，そして他人を対等に扱うことを可能とする。そこでは人々が，たとえ恐怖に直面していても，人生の挑戦を「イエス」の態度で迎え入れる生き方をしているのである。

4　自分自身，家族や友人たちを含む他者，コミュニティ，そして人生と精神的な意味でつながろうとすること。

「イエス」の態度

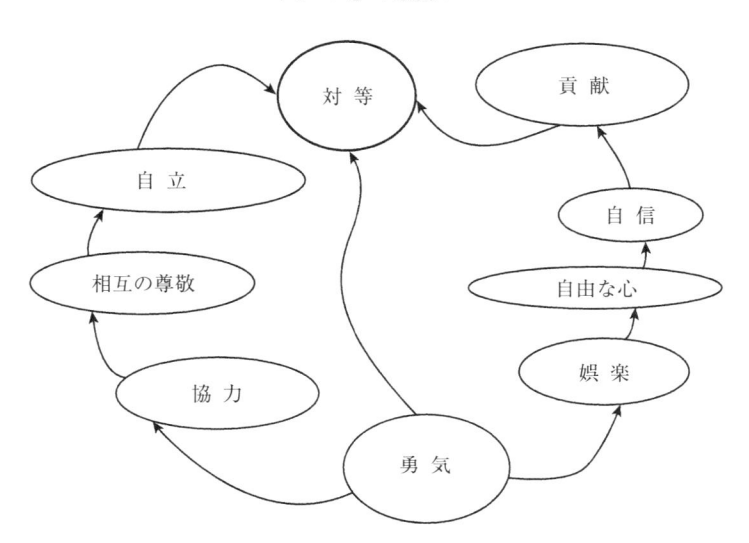

図8.3 結合の感情，「前進」の言葉，励ましの動き

　感情は目的を持つものであるため，個人の目標あるいは行動を調べることで
それらを特定することができる。いらだち，怒り，傷心，あるいは絶望感とい
った感情によって，子どもの問題行動に潜む目的—注目喚起，権力闘争，復讐，
無能の証明—のそれぞれを察することができる（第6章，表6.2を参照）。個人
心理学では，どの感情にも目的があり，うつも例外ではないと考える。うつは
怒りを社会的に適切に見せる表看板であり，「不満，失望，否定，不公平感，コ
ントロールの喪失，あるいはこれらの組み合わせ」[13]である。

　アドラーは，怒りは権力や支配への志向を最も象徴する感情と捉える一方，怒
りの元々の感情である不満は，対等な関係にある二人の個人がお互いへの尊敬
を通じ，より楽に伝えられるはずだとする。深い悲しみは，何かを喪失したり
奪われたりした人間が自分を慰められない場合に経験する感情である。嫌悪は，
精神的には，自分の心から何かを「吐き出そう」とする傾向や試みから成り立
つ感情である。敗北を予期し，優越性に飢え，保護や格別な特権を得たいとす
る心からは，恐怖が生まれる。恐怖は人生の要求から逃げる手助けをし，また
他人を言いなりにさせる道具ともなる。敵意は他人に対しての強い劣等あるい

は優越感で，忘れっぽさ，不眠症，心配，そして不器用さといった装いをまとっていることがある[14]。

ソクラテス式問答8.2

あなたは不安を感じているか？　その不安はあなたにとって何かの助けになるだろうか？　不安の代償は変わることの代償よりも大きいだろうか？　何がその不安の目的なのか？　あなたが変わることをためらわせるものは何か？　不安に感じている問題の解決に向けたあなたの「イエス」，「イエス，でも…」，そして「ノー」の態度とは，どんなものだろうか？

神経症の使用

前章までのいくつかの議論では，人生全般に対し，さらに基本となる人生のタスクそれぞれに対するアプローチについて，相反する二つの態度の組み合わせ（恐怖あるいは勇気を基盤とする態度，そして親密さ，友情，および家族についてのエロスとアガペ愛がもたらす異なる影響）を用いながら，社会的な有用性へと向かう，あるいは逸れるといった異なる動きの方向性を描写した。本章では，個人が「イエス」と「ノー」の態度と感情を用いながら，果たして自分と折り合えているのかどうかを描こうとしたが，これらの事例は，我々の特性的スタイルがどのように人生の動きを描くか，さらに思考，感情，そして行動にどのように表れるかを示している。

本来人を悪から遠ざけていたのは，罪に対する恐怖だった。今日，現代人の罪は恐怖そのものであることがますます明らかとなっている[15]。

同様の動き（感じられる「マイナス」を克服し，認識する「プラス」へと向かって努力する動き）は，自分自身との関係づくりを舵取りするものだが，それは時に他のタスク達成の障害となったりもする。自身と調和するタスクをかわす，あるいは避けることは，結果的に大きな代償を払うことになりうる。人々が社会への参加や感情面でのあり方をめぐる課題を避けようと用いる多くの方

策があるが，それらは特徴として，誤った空想，行き過ぎた懸念，嫉妬，所有や支配欲に基づいている。これらの特徴は神経症の問題や症状を誘発し，重大な局面の対処で初めにこうした回避行動を取る普通の人々によく見られるものである。

　トレイシーの人生は辛いものだった――自動車事故，住居の差し押さえ，夫が何回も自殺を試みた後での離婚，家族の死，そして自身の自己免疫障害といった具合に。最近彼女はアルコホーリック・アノニマスの集会に中毒者の妻として何度か参加してみた。彼女は「同じ問題を抱える人間同士がしらふの状態で繋がる社会的関わり（sober social）」を通じて，中毒者だった自分の夫について以上に，自分自身についてより得るものがあったことに気づいたのだった。すぐに彼女は，自分が何も知らないことについても何らかの判断を下していることを受け入れた。彼女はこうした非難の態度が自分自身，そして自らの恐怖に向けたものだと見た。また自分の過食行動が，自身の病気をどのように使ってきたかにも関係していると悟った。

　　軽度の中毒にも重度の中毒にもついて言えることは，自分から逃げられないということよ。どこに行こうとも，そこに自分がいる。そして遅かれ早かれ自分と直面することになる。食べ物が友達だって心底から言えるし…そういう見方が気に入っているの。[別れた夫と違って]食べ物は言い返してこないし，がっかりさせないし，お酒を飲んだり，毛布を独り占めしたりしない。うんざりさせないし，一日の私の時間を取り上げたりしない。寂しさや退屈を紛らわす，自分の感情を閉じ込める，人生の難しさや悲しみを忘れるのに，時々自分が食べ物を使っているのはわかっているわ。ただ，健康になる上でどうやって食べていたらよいかがわからないの。多分この「安全な」場所が，自分の問題と向き合いながら健康の回復を目指して歩き始めるチャンスだと思うわ。
　　　　　　　　　　　　　　　　　　　　　　　　　　　　　――トレイシー

すべての神経症の根源には恐怖があると言ってよく，劣等感から人が困難なタスクをのがれようとするのに手を貸す働きをする。我々は他人に弱みをさらすのを恐れながら，積極的にそして創造的にも神経症を利用する。アドレリア

ンにとって，神経症はどのようなタイプであれ，巧妙な外観を持つ隠された敵意であると同時に，共同体感覚に乏しいものである。問題に向き合い解決する代わりに，我々は心，体，感情，そして思考の働きを使って自分自身との闘いに訴えてしまう。

　自身と闘うにあたり，我々は自分のライフスタイルにしたがった症状を選んでいる。また，ある種の症候群は性格タイプと関連している。例えば，道義心に篤く，また自分に対する自らの反抗心や反発心を認められない頑固な人間は，強迫観念症状を強くしがちな可能性があり，また弱気で依存的な人間は，恐怖や不安をより好ましいと思うかもしれない。自分自身の力や能力を信じている人間も，自分ではコントロールできない器官の症状を期待するかもしれない[16]。

神経症を患う人間は，人生の挑戦をかいくぐる過程で勇気を失った者たちである。挫折感や孤立は，神経症，うつ，犯罪，自殺，性的倒錯，薬物・アルコール等への依存，そしてその他の精神異常のあり方に見られる共通した特徴である[17]。挫折感が強まるにつれ，人生の要求に応えるにはますます至らなく感じてしまい，人生のタスクを回避しようと一層決意を固め，またその実行へと近づいてしまう。遺伝的あるいは肉体的な原因ではなく，心理的な要素に限って言えば，神経症は単に病気のふりをしているのであり，実際は対立や葛藤への反応の一つであって，社会で求められているものからの主観的な逃避と言える。ウルフによれば，神経症の特徴には以下のものがある[18]。

- 人生の意味と社会的協調の価値について無知である
- 自分の自我を最優先させ，自分なりの独自性ばかりにこだわる
- 感情の底流に恐れがある
- 主観的な自信と安心感を作り上げる
- 神経症的な目標を達成しようという断固とした目的を持っている
- 「やらない」というべきときに「できない」と言う
- 身代わりを作る
- 失敗に対して責任逃れしようとやっきになる

- 無益である
- 孤立していて，人生と調和するための活動の領域を最小限に抑えている
  （ウルフ「どうすれば幸福になれるか（下）」pp.142-143 より）

　人生のタスクが求めるものを戦線の喩えを使って表しながら，ウルフは逃避に関する 5 つの神経症のパターンと個人の神経症的特性を概念化し考察している（表 8.2）[19]。アドレリアンにとって，神経症とは人が無力感を公言するのに使うもので，共通の人生のタスクに参加しないことへの言い訳という目的を果たす。それは人生の問題を創造的に回避するテクニックと言える。統合失調症（器官劣等性[5]に関する要素を除いた）は神経症的な虚構であり，患者は病気であるかのように振舞うことによって，統合された性格に必要とされる責任を免れようとする。対立・葛藤への反応がどのような性質かによって，精神疾患のタイプが異なってくる。

表 8.2　神経症的特性のパターン

現実逃避の方法	神経症的特性
優越コンプレックス	攻撃的，激しさ，野心的，被害妄想，恐れ，不幸の足跡
（戦線から）距離を取ったためらい	優柔不断，先延ばし，躊躇，疑念，暇つぶし，細かい完璧主義，善悪の対立，安心を求める，リスクへの抵抗，人生の要請に対する準備不足，メランコリア，うつ
人生の主要な舞台からの迂回	利口，自身の戦略による困惑，賞賛目当ての仕事，社会的価値を伴う身体的症状[6]，高血圧，胃痛，不眠症，漠然とした痛み，神経質，疲労，副鼻腔炎
（戦線からの）あからさまな退却	劣等性を認め公然と逃避する，幼少時の依存と安心の条件を再現する，成長の拒否，無力感，子どもじみた大人，統合失調症，器官劣等性
自己破壊	自殺，あるいは心理的な意味で自殺に等しい自身に対する妨害行為

5　10 歳頃までに認識される恥辱，困難，不便を感じさせる身体疾患（身体的な欠点，障害，問題，奇形）のこと。
6　ここでの「社会的価値」とは，病気など身体的異常があれば，家族や医者から大事にしてもらえ，またそれを理由に堂々と人間としての義務を避けることができるという意味での価値を指す。

自身と調和して生きる

　死の 6 週間前，マリナは担当のガン専門医が最近とても深刻そうだと私につぶやいた。彼が前回よい知らせをくれてからしばらく経っていること，7 ヵ月前すべてがうまくいっていた時と違い，おそらく彼は陽気でおどけた印象を与えるのが不適切と感じているのだろう，と私は言った。彼女が先にユーモアを示せば，彼は多分有り難がるだろうとも言った。そこである日，担当医が診察室に入ってきた時，彼女はすぐれない肝機能からくる大変な不快感（彼女曰く，妊娠 10 ヵ月であるかのような）を覚えながらも，自分の膨らんだお腹に両手を当てて「これは先生の子ですよ」といった。担当医は崩れんばかりに笑い出したが，彼女はそこで終わらなかった。彼は一切の関係を否定したが，マリナは言った。「いいえ，確かにこれはあなたの子よ。」

マリナの葬儀で述べた弔辞の中で，マークはこのエピソードを紹介した。夫婦は結婚して 33 年だった。死に臨んでのマリナは美しく，そして生気にあふれ，人生に対する二人の協力（つまり，死を受け入れること）と他者への気遣いを発信していた。死に行く過程でマリナが見せたものと同じ勇気と愛は，彼女の死後，夫と子どもたちが痛手から立ち直るのを支える勇気と愛へと変わった。

　12 歳の時，デイビッドは，次第に体全体の筋肉機能が弱まっていく筋ジストロフィーと診断され，彼を余命 10 年と見立てた医者もいた。高校卒業直前，デイビッドは交通事故で深刻な怪我を負った。退院後，彼はもはや自分の足で立つことができなかった。彼は学校をやめるはめとなった。8 年間の自宅療養中，彼は大きな不満を抱え，自分を憐れに思っていた。その当時，デイビッドの両親は持っているすべてのお金を彼の治療に注ぎ，時には貴重品を質屋に入れてまで彼の治療費を捻出しなければならなかった。担当医はデイビッドをコンサートやその他の活動につれ出し，社会生活への参加を促したりもした。ある時点で，デイビッドは時計修理工として少なくとも自分で生計を立てようと考え，そのための授業を取った。その授業はエレベーターのない建物の 2 階で行われ，彼は階段に腰掛けたまま一段一段上がっていかなければならなかった。時計修理の訓練を終えた後，デイビッドは一人思った。

「階段をうまく上れるのなら，大学のキャンパスをあちこち動き回る困難だっ
て乗り越えられるんじゃないか？」彼は大学に入学し英語を専攻すると，学
業に励み毎年奨学金を手にした。テクノロジーのおかげもあり，現在までの
24 年間デイビッドは英語家庭教師として自宅で働いている。彼は海外旅行へ
も何回か繰り出している。そのようなデイビッドの座右の銘は，「神は自ら助
けるものを助く」である。

　マリナやマークのように，デイビッドは自分の人生を十全に生きるのに役立
つ多くの「ツール」（「イエス」の性格特性）を持っていた。彼は教育を重く見
て，働くことを楽しみ，自分の肉体的な制約を受け入れている。つまり，彼の
病気への対処の仕方は，自らの勇気と社会的有用性をもたらしている。彼は人
生に深い関心を寄せているのだ。
　トレイシーは人生の試練に対し，マリナ，マーク，そしてデイビッドと同じ
「イエス」の態度を取り入れていた。彼女にとって，存在の勇気は自らの軽度の
中毒への新しい気づきに安らぐことに表れており，そしてそれは彼女が新しい
平穏の感覚を実践しつつ振り返ることで生まれたものである[20]。

　　平穏…って何かしら？　自分にとって，平穏の本当の意味での試金石は，一
人でいるのに大丈夫ということについてだったわ。大丈夫，あるいは穏やか
でいるということは，心，体，そして気持ちの面で安らいでいて，自分がコン
トロールできない物や人，あるいは自分の預かり知らない状況や結果への
こだわりがないことよ。それには大きな痛みのある成長も抱き合わせだけれ
ど，私にとって後に残るのは，明確さ，目的，そして方向といったことだわ。
私にとっての平穏は，ただ自分がその時その場所にいても良いと思わせてく
れるような，冷静でいて，落ち着いていて，安らかな状態よ。毎日の生活の
ゴタゴタやあれこれの中で自分の穏やかさを頼ることで，それが生み出す強
化と力づけの感覚を使って，たとえ暗闇の中でも―その暗闇は個人的なもの
だけれど―前に進むことができるわ。
　　　　　　　　　　　　　　　　　　　　　　　　　　　　　―トレイシー

ソクラテス式問答 8.3
難聴が進行し始めた時，ベートーベンは演奏から作曲へと移らなければな

らなかった。一旦は自殺を考えてから代表作ピアノ協奏曲第 3 番—それは彼の「新しい自分」と言える—を仕上げるまでの彼の動きは，こうした変遷のなかで起こったことである。苦難や障害を前にして，力を残しつつ人生を送り続ける人々がいる一方，別の人々はどのように神経症的な行動へと逃げ込んでしまうのだろうか？　神経症は治療可能だろうか？　人生が矛盾ばかりに思えるような時，そして生きていくことの試練が非常に困難に思える時，人が自分自身とうまくやっていくことは可能なのだろうか？

承認と両面感情（アンビバレンス）

　我々が自分と相容れない場合，その主な理由は，自分に疑いを持つ，失敗を恐れる，そして人間の本質についての矛盾した二重性を前に無能感を味わうといったことである。我々は自分に対して敵対するが，一方で完璧なものは実際に存在せず，決して十分に好ましくはなれないこともわかっているという両面感情（アンビバレンス）を抱えて生きている。実際，我々は二つの方向を同時に動くことはできないので，両面感情（アンビバレンス）の目的が回避にあることはうなずけるだろう。

　マークは 33 年連れ添った妻を最近ガンで亡くし，自分の体験した両面感情（アンビバレンス）について語ってくれた。絶望感が癒えた後で，彼は大きな成長，興奮，そして活力を経験したが，自らの現実に広がる平常さや心地よさも覚え始め，そのことを好ましく思っていなかった。

　　人生に参加し[7]，そして妻の死を共有したことはとても大事なことで，それをもし続けられたとしたら，それは，そのエネルギーはそれ以外の方法では経験できなかった人生の感覚を与えてくれたと思う。でもその興奮は少しずつ消えつつあるように思える。それは次第に…自分でも気づいたんだが，自分は心地よさにある種逆戻りしてしまうところがあって，あまりに現状に甘んじてしまうので，まるで動き続けなければ，成長して経験を重ねなくては

7　著者によれば，「人生に参加する」とは，死をはじめとした困難も含む全体としての人生を敬意とともに十全に受け入れ，様々な経験の一つ一つのプロセスに立ち会う自分を明確に意識することを意味する。

いけないという思いがあるんだ。それは本質—精神的な世界に生きることと非精神的な世界に生きること—に関することなんだ。非精神的な世界ではそれほど目新しいことはない，というのも我々はルールを知っているからだ。懸命に働いて，貯金をし，いい家に住んで，いい車に乗って，お互い馬鹿話をする，こうしたルールを我々は知っている。それは［誰もがそれを当たり前としているという意味で］はっきりしているんだが，そこには何も意味がない。真の意味がないんだ。自分にはその違いがわかる。安楽の深みには何もない。一方で精神的な世界に生きることは，努力がいるし，まっすぐで，難しく，有意義だが，ある種惰性にもなりやすい。［だからこそ］意味のある人生を生きるとはどういうことか，そしてどのように可能なのかを問い続けなければならない。それは流れのようで，そしてどのように変わっていくのか，もし今それを理解する基準を自分に与えられるとしたら，もう一度そこに立ち返って，ああ，いいとも，のんびりしよう，一休みしようと言いながら快適さを求めているだろう。でも一方で，安易な道に誘惑されず，別の道で，冒険や刺激に魅せられて…さっき旅路と言ったように，それは道筋，前進，そして動きのことだ。それは空間，平和，スピリチュアルな性質のもので，自分はそれを経験するチャンスがあったんだ。

　先週スノーボードを習って—実際は初めてではないけれど—その時，いかにボードを自由にまかせるかが，なんとかコントロールしようとするよりも大事だということに気づいたんだ。コントロールはかなり無意味だってね。スノーボードといえば，山，雪，ボード，バランス，そして頭，あらゆる種類の動きが一体となったものだけれど，ボードを自由に行かせることが大切で，コントロールの必要を感じてはいけないんだ。滑っているとき，ボードのエッジからエッジへと動く中で常にバランスと他の要素が互いに影響し合う。スノーボードを始めた頃は，後ろに反る癖があってね。直感的なものだった—とても単純だけど，すごく安定できたんだ。決してひどく転ばないしね。でも前にのめりすぎる，あるいはエッジを効かせて滑ると，転び方がすごいんだ，とにかく。そしてたくさんのことを教えてくれる。でも，すぐには立ち上がれない可能性もあるし，ものすごく痛い場合だってある。その境目の線を探すのが，このスポーツの醍醐味なんだよ。

　第1章で触れたように，人々は死を避け子孫を残すという実存的な欲求を持っている。存在の勇気は力への意志という考えと密接に結びついている。そこでは，意志は人が生まれもっている特徴で，我々は生きることを強さと責任をもって肯定的に受け止める「力」と人生のハードルを乗り越える能力を持っていると考える。妻を亡くした絶望感のあとにマークが体験した心理的な力は，勇気という名の創造的な力の一部分であり，それによって，彼は自身の不完全さを克服すると同時に完全さを目指すことができたのである。

　著作「存在の発見」の中で，メイは「この世に存在するすべての人は，自己肯定という特徴を備えていて，それに与えられた名称は勇気である」[21]と述べている。自己肯定には，はっきり違うもののお互いに切り離せない二つの側面がある。一つには，自分であることの勇気，もう一つは世界に参画する勇気である。マークの両面感情（アンビバレンス）の体験は，潜在的に不安を生むものではあったが，やがて自由と癒しへと繋がっていく道のりであった。

　　リスクを承知で進むことは不安の原因となるが，そうしないことは自身を失うことでもある。…自分に可能性を与え，不安と対峙し，責任とそこに伴う罪悪感をも受け入れることは，自己認識の高まり，自由，そして創造力の範囲の拡大をもたらす[22]。

　前へ進むというマークの勇気は，スノーボードとの付き合い方を学ぶ中，そこに多くの要素が一体となって関わっているという彼の理解にも表れている。妻の死後，人生の広大な領域に踏み出すことと，心地よさにとどまろうとすることとの間でマークが経験した両面感情（アンビバレンス）は，時に彼に疑念をもたらすものでもあったが，それにもかかわらず彼は自己肯定という勇気を手にした。両面感情（アンビバレンス）を受け入れ自分に新しい可能性を与えることと，人生からの要請に応えることとの間の均衡を確立することで，マークには自己肯定の勇気，そして自己実現の勇気が備わったのである。

　　存在の勇気は，自分を受け入れ難いと思っても，受け入れられているのだとして受け入れる勇気のことである[23]。

終わりに

　非常に多くの人々が不幸せな状況に生きながら，自ら先導を切ってそれを変えようとしない。なぜなら彼らは安全，快適，保守的といった生活を送るよう条件づけられているからである。こうした条件はすべて心に平穏をもたらすように思えるかもしれない。しかし実際は，約束された未来ほど人が内に秘める冒険の精神に対し制約を課してくるものはない。もし喜びを生み出す唯一，あるいは主な原因が人間関係だと捉えているとしたら，それは誤りである。神がそうした喜びの元を周囲のどこにでも置いていてくれているからである。それはどんなことにも，どんな体験にも存在するものだ。我々がただするべきことは，習い性となった生活様式に背を向け，型にはまらない生き方へと踏み入る勇気を持つことである。光はそこで手にされるのをただ待っているのであって，手を伸ばしさえすれば良いのである。戦うべき唯一の相手は自分自身，そして新しい状況に身を投じることに対する自身の頑迷さなのである[24]。

　上の引用はクリス・マッキャンドルス[8]によるもので，22歳の彼は真の自分を損なう多くの考えに囚われていた。引用は彼が出会い友人となった年上の紳士，ロン・フランツに宛てた手紙からのものである。大学卒業後，マッキャンドルスは癒しや快適さを求めていたが，彼自身は物質主義と決別し，かなりの部分を自分一人の力で生きようとしていた。自らの道の探求の末彼が野生の原野へとたどり着き，そこで命を落としたことは多くの論議と考えるべき課題を投げかけた。旅の人生の途上で，何が彼と他人との出会いを［皮相的なものから本質的・真正なものへと］変化あるものにしたのだろうか？　彼が残した最後の言葉のメッセージは，「わかち合えた時にこそ，幸福は現実となる」[25]というものだった。存在，そしてやがては所属の勇気を奮う中で真正性（ほんもの）を追い求めたマッキャンドルスの姿から何を学べるだろうか？

8　作家・登山家であるジョン・クラカワーによるノンフィクション「荒野へ」（原題 Into the wild）に登場する青年。大学卒業後アラスカへと放浪の旅に出た後，1992年に死体で発見された。彼の伝記は2007年同タイトルの映画にもなった。

　実存主義的には，「存在」（being）は動詞である。存在の勇気は生きることの勇気である。我々の存在において，ふさわしい姿の自分になろうと我々は努力する。存在は，生命，意志をもつこと，行動すること，そして「なること」といった概念を一括りにしたものである。自然にしたがって我々は生きたいと思い，そして生きることは我々に与えられたタスクを全うするということである。存在の勇気とは，たとえ生きることの条件が不明瞭で，また困難であったとしても，自分を肯定するような自然な生命の力をいう。

　個人心理学において，存在の勇気は人生のタスクの一つである。そこで我々は自分を受け入れ自信を育むとともに，人生の計画を見つめ，さらには愛，仕事，そして社会での責任から逃げるような無用な回り道，あるいは脇舞台を認識する。こうしたことを我々は，共同体感覚に対して取っている距離—向かっているのか，離れているのか—を測りながら，あるいは問題の解決に向けて取る「イエス」または「ノー」の態度，そしてその底流にある感情に耳を澄ませながら行うのである。自身の私的な感覚や失敗への恐怖に絡め取られないためにも，「イエス」の態度を取り入れ，全体の一部となることを決定する能力を身につける必要があるのだ。

　この章を締めくくるにあたり，我々がすべきことについて，現代のアドレリアンの一人による見解を紹介しよう。

　我々は一人の人間と向き合う「かのように」生きるべきである。自分が何を得意とするのかを問い，「分離」の感情や考えを突き止め「結合」の感情や考えで置き換える，その瞬間に示している自分と他人に対する勇気と愛を意識する，そしてこれらの一つ一つの瞬間に自分を励ます…ただそうありなさい[26]。

リスクを冒す
　笑うことは，愚者になるリスクを冒すことである。
　泣くことは，感傷めくリスクを冒すことである。
　他人に手を差し伸べることは，関わりを持つリスクを冒すことである。
　感情を出すことは，真の自分をさらすリスクを冒すことである。

大勢の前で自分の考えや夢を語ることは，彼らを遠ざけるリスクを冒すことである。

愛することは，相手からは愛されないというリスクを冒すことである。

生きることは，死ぬリスクを冒すことである。

希望を持つことは，絶望するリスクを冒すことである。

試してみることは，失敗のリスクを冒すことである。

全くリスクを冒さない人は，何もせず

何も持たず，そして無価値である。

痛みや悲しみは避けられるかもしれないが，

何も学べず，感じず，変われず，成長できず，愛せず，あるいは生きることもできない。

リスクは冒すべきものである。なぜなら

人生で最も有害なのは，何もリスクを冒さないことだからである。

リスクを冒す人間だけが，自由になれる。

—作者不明

第9章

精神的な幸福への勇気

力の極限で，私の旅は終わったのだと思った
目の前の道は閉ざされたのだと
食料は尽きてしまったのだと
そして，静寂な暗がりに避難する時がやってくる。
しかし，私に終わりがないことを汝は知るだろう
古い言葉がその言語からすたれるとき
古い小道が消える場所で
新しい国が驚きとともにあらわになる。

—ラビンドラナート・タゴール「カビールの詩」

人生のタスクとしてのスピリチュアリティ

　存在と所属のタスクについての議論は，我々が個人と社会のより深い問題と解決方法を経験するような精神的な場面[1]を見ない限りは不十分である。この章は宇宙と調和する所属の実存主義的タスクや精神的なタスクを扱う。個人心理学では，精神的なタスクの要求を満たすには，果たすべき5つの下位タスクがあると提唱されている。宇宙との関係についてのこれらのタスクは，(1)神を信じるかどうかの個人的な決断，(2)宗教に対しての態度，(3)宇宙に存在する人間の場所の概念とこの概念が導く心理的動き，(4)永続性の問題に関する我々自身の扱い方，そして(5)人生の意味への答えである[1]。

---

1 「心理」と「精神」の違いについて，前者は「意識の状態または現象。行動によって捉えられる心的過程」であるのに対し，後者は「人間の能動的・目的意識的な心の働き」を指す。（広辞苑　第7版）

　私の人生で最も動かしがたい面は，脳性小児まひとして知られる障害だろう。こうした体を与えられたために，「このありさまについて誰を責めるべきなのだろうか？」という考え方をしてしまいがちだった。しかし，一方で，私は自分の人生の物語が展開する様についても感謝してきた。なぜなら，身体の中にあって独特に絡み合っている意識，精神，そして魂を持っていることが，地球での私の存在は大多数の人がアメリカンドリームと考えるもの以上のものでなければならないのだと教えてくれ，そして未だに教えてくれているのに気づいたからだ。人生において私だけが成し遂げられる計画を創造者が用意してくれたことを，私は受け入れなければならない。この名誉を理解し受け入れるようになったからこそ，私に贈り物をもたらしてくれる毎日に意識的に感謝する努力をしてきたのだ。　　　　　　　　　　　　　—トーニャ

　トーニャは30代半ばのアフリカ系アメリカ人女性だった。なぜ私に，私の病気はより大きな計画の一部なのか，そして私の人生の目的とは何なのか，という問いに答える上で，トーニャは自身の障害，失業，そして彼女の成長，結婚，シングルマザーであることからくる数々の試練について，究極の洞察を得た。人生が自分に投げかける不運にも関わらず，物事をやり通して乗り越えようとする彼女の勇気は驚くべきものである。トーニャは自分がなれるであろう存在について楽観的な未来像を持っていただけでなく，人生の目的達成に役立つ精神的な強さも持っていた。

　私はカルマを信じます。私に起こった全ての出来事は運命の一部であると受け止めています。この地球上での運命を変えることは出来ませんが，自分の来世と私の子どもたちは私の良い行いから恩恵を受けるのだとわかります。　　　　　　　　　　　　　　　　　　　　　　　　　　—リリー

　77歳のリリーは非常に限られた財源で一人暮らしをしていた。彼女は生活の苦痛や不満の多くを前世で善い行いを十分にしてこなかったせいだとした。そのため，彼女は寺院の忠実なボランティアとして，参拝にきた信者を援助し，彼らが経済的困難や人間関係の問題を解決できるよう仏の助言を求めたりした。リ

リーにとって寺院は，自分が役に立つと感じられる家のようだった。

ソクラテス式問答9.1

　トーニャとリリーは，人生をありのまま受けいれるという，似通った勇気を共有している。[互いに] とても異なる信念体系ではあるが，彼女たちの信仰は［どちらも］社会的な有用感に現れている。二人とも物質的な生活の向こうにある精神的な生活の方向を指し示す一連の価値や道筋を持っている。トーニャとリリーの世界観についてさらに学ぶために，この章の初めに載せた5つの下位タスクはどのように役に立つだろうか？

努力：乗り越える勇気

　マリーは白人女性で，子どもの幼稚園入園を機に復学した。学位の取得と家族の要求を満たすためにこなさねばならなかった全てに圧倒されていた7年が終わり，彼女は自身をいるべき場所に運んだ内なる力についてよく考えてみた。

　ときどき少し怖くて…自分自身にこう問うのです…「自分が何をしているか分かっている？」そして，自分の道を見つけるだけでなく…自分の中にある力，希望や目的の感覚とこれだけ完全な満足感を与えてくれる原動力をも見つけました。ああ！　涙が顔を伝いながら，私はここに座っていてここが私のいるべき場所だったのだと気づいたのです…小さくてしおれていた自分の一部に命を救う水が注がれ，満たされ平穏になっていき，成長しはじめ元気になり始めました…私は自分の内にある思考や感情に注意を払い，心に留めておくようにしています…それらについて深く考え…居場所を与え…表面化させ浮き彫りにするのです。そして，今まさにここにいることにとても感謝しています。
　　　　　　　　　　　　　　　　　　　　　　　　　　　　　　—マリー

　マリーが経験したことは，アドラーが「創造力」[2]と呼んだものによって命を吹き込まれた力である。創造力は，我々が全ての物事の不完全性を乗り越えねばならない「かのような」[3]衝動を創る。創造力は環境への補償反応として，

完全性という目的に向かって我々を動かす。乗り越える努力—もしくは力のための努力—は，我々が生まれ持ったものであり，努力の目的とも呼ばれる。

　努力とは，まさに人生の活動である。人生は最終状態に向かう動きである—それは我々が［実際に］認識するものだけでなく，それが存在する「かのように」我々が望み，また目にすることを願うものへと向かった動きでもある。それは，満たされないというマイナスから満足と完成というプラス［へと向かう］だけでなく，自身の最大の関心，最終目的である「永遠の運命」として，ある個人が身を捧げているものに向けて努力することでもある[4]。

　劣等感とは優越へと努力する原因である。心理学的には優越と完璧への努力とは，統合された人格というアドラー的な考え（図1.2参照）を理解するために最も重要な要素である，すべてを統べる力動的な力をいう。アドラーが普通の個人について語るとき，努力の目的とは，力，安全，完成，克服，究極的な適応，そして自己高揚である。究極的には，努力とは精神的な克服や実現のことなのである。

　「より良く適応するためのこの強制は終わることはない。」[5]我々の努力は社会への適応とみなされるものにとどまることはない。より正確に言えば，社会に適応するとは，人生の意味や精神的な所属感に向けた我々の究極の努力の結果の一部でしかない。個人心理学は，創造力を劣等感から克服という目的へと個人を進ませる努力の生命力だと捉えている。

　したがって，個人心理学では，スピリチュアリティは「孤立や自己陶酔ではなく，自己を超越するという点から，認識する究極の価値に向かい人が自身の人生を統合しようと意識的に努力する経験」[6]だと定義されている。我々の勇気は，我々を劣等感から生来の生命力によって精神的に動機づけられた社会的有用性という目的に向かわせるような神秘的な創造力によって，その効力や効果が現れる。所属の勇気とは，我々が成長し人生に対する精神的態度を実践するにつれ，宇宙の共同体感覚によって導かれながら，そのような創造力を働かせることである。我々は全体の一部であり，我々が外界へと適応する努力は宇宙との関係への前提条件である[7]。人生の誤った道とは，人が完全性という目的とは反対方向に動き，特定の挫折に苦しまないよう人生のタスクを回避する

ことを意味する。

苦痛と苦しみ

　A.A. ミーティングの終わりに，一人の女性が私に「私たちのことについて
どう思いますか？」と尋ねてきて，私がすぐに答えないと彼女は「何が私た
ちをここに集まらせ，また引き続きここに戻ってこさせると思いますか？」
と言った。私が答えようとする前に彼女は「それは私たちがしらふでいるた
めの苦痛，もがき，そしてお互いが依存症者として苦しんでいるのだと理解
しているという事実です」と言った。私は自分に問いかけた。新米のカウン
セラーである私が，そのもがきと苦痛を認識して，クライエントの回復のた
め安全で穏やかな場所を提供できるだろうか？　それはあり得ない話ではな
いだろう。私は「精神的」な意味でこれらのミーティングに興味を惹かれた
のだ。
——エリザベス

劣等感は自身，家族，そしてコミュニティとの関係にだけ存在するわけでは
ない。劣等感は自然，社会，そして宇宙との関係にも存在する。それはまさし
く自身の小ささや無力さを気づかせる「宇宙の劣等感」である。ときおり物事
は意味なく起きることがある。我々は問題が多く敵対的な世界に生きており，そ
こでは悲惨な出来事が我々の全体性を脅かしかねず，我々を自身と社会から遠
ざけている。死と病いは，劣等感の2つの原因であり，誰も避けられない。苦
痛と苦しみは，死や瀕死状態，争い，狂気，虐待，無知，堕落，そして抑圧に
よる喪失の結果である。
　そのうえ，友情，家族の絆，コミュニティ，国，もしくはどのような集団も，
少ない資源，権力，そして名声をめぐり競い合うことで，身内や仲間をまもり
（自衛本能），またよそ者や部外者を締め出す（相互排他性）ように働きうる。根
拠のない集合的優越の態度は差別や抑圧の土台であり，分離や対立をもたらす。
苦しみには，痛み，苦悩，あるいは困難に耐える，または経験するといった共
通の意味を含むたくさんの定義があり，物理的そして情緒的な傷からくる痛覚
を意味する。我々の苦しみに固有なものとは，物理的，社会的，そして道徳的

な深い孤立の気持ちと意味の危機である。

　　二人目も知的障害のある子どもとして生まれた日，私は計り知れない絶望
　を経験しました。私は水中におぼれてどうもがいて良いかすら分からないよ
　うに感じました。しかしそれでも，この恐怖の中で成長して，それを何らか
　の方法で良いことに使いたいと思う私がいました。暗いどん底のように見え
　たものに達したとき，私は突然，求めさえすれば，支えてもらえることや強
　さは手の届くところにあるということに気づいたのです。これが神を直接経
　験することなのだとわかったのです。　　　　　　　　　　　**―匿名**

　苦しみとは避けられないもので，人生の普遍的な側面である。苦痛と苦しみ
を理解し和らげるには，心理学が伝統的に扱ってこなかった精神的な価値が求
められる。幾世代にもわたり，世界の精神的・文化的価値体系は苦しみの意味
と解決策を見つけ出そうとしてきた（表 9.1）[8]。

　　苦しみは聞く耳を持たない世界―そこでは人々が宇宙や造物主と調和して
　いない―を目覚めさせるための神のメガホンである[9]。

　心理学において，我々は苦しみの原因に関わるような問いかけをしなければ
ならない。どのようにすればこれらの状況を取り除けるだろうか？　苦しみに
対する反応について，我々はどう異なるだろうか？　苦しみの持つ治療効果と
は何だろうか？　どのように勇気は我々を傷つきやすさから救いだせるのだろ

表 9.1　苦しみの原因と除去

信念体系	原　因	除　去
儒教	不正	全てにおいての倫理にかなう行動
道教	全てのものを大事にできないこと	全てを大事にすること
仏教	渇望／執着	渇望の排除や公平無私
キリスト教	イエスの受難に耐えること	救済（神と人間への愛）
実存主義	存在に関する不安	意味を持つこと
人文主義	低い自尊心	自己実現

うか？ 苦しみの意味とは何か，そしてどのような条件下でそれは我々をより人間らしくしてくれるのだろうか？

　個人心理学の観点から見ると，苦しみは挫折しているようにみせない［さもないと自分の無価値をさらすことになる］という無意識の決断である。苦痛と苦しみは所属のより深い問題である。苦しみはある目的に適うものである。それは回復を妨げるために使われる罪悪感であり，ライフスタイル全体を部分的に表すものである。長引く苦しみは，「不公平だ」，「私を大事にして」，「私は立派だろう」，そして「人の弱みに付け込んで酷い仕打ちをしてはいけない」[2][(10)]のような誤った信念を持つ人々が心理的に取り決めたものである。その結果として，このような人々は，タスク指向の姿勢を取る代わりに，辛い状況から逃げたり，真っ向勝負を避ける回り道をしたり，問題がないかのように取り組むのを躊躇したりすることで，全ての人生のタスクに対し自己中心的な態度をとることによる当然の結果に一層苦しむことになるのだ。

　　経験は成功あるいは失敗の原因ではない。我々は経験による打撃，いわゆるトラウマに苦しむのではなく，そこから我々の目的に適う意味を創り出しているのである[3][(11)]。

　我々の私的な論理では，自分を「我々の」宇宙の中心としてのみ考え，物事が起こる有り様を理解できない時がある。我々自身が人生の全体性との繋がりを理解する妨げとなってしまうのだ。我々が「あるべき」かたちから妨げられたという気持ちは，自分についてのとても限られた知識と，［自身の］無用感，とりわけ未知なものに対する恐怖に根差している。根拠のない恐怖とその結果生じる自分自身，他者，そして社会からの疎外感は，社会への責任，参画，そして貢献を回避する可能性を示している。人生に対する個人の特性的アプローチと完全性という人生のゴールは，人が自身の苦しみの原因と使用を理解するのに必要な勇気に対し，非常に重要な影響を与えるのだ。

2　つまり，自分が「苦しんでいる」ときには，本来直面すべき人生の問題や要求から逃げたり，失敗を正当化したりしても責められるべきではないと考える自己防衛のロジックである。
3　苦しみも何らかの自分の目的があるからこそ，その存在が「必要」となり，または意識するようになる。

回復の勇気

　33 年間の結婚生活の中で，私たちは人生や善悪についてたくさんのことを互いに教え合い，特にこの 6，7 年はおおむね良いもので，全てが否定的に聞こえるかもしれないほどのここ 18 ヵ月でさえも否定的なときは非常に少なかった。死でさえ，実際に死に向かう過程でさえ，悲しく強烈だったが継続する過程の一部に過ぎなかったのだ。…葬儀の 3 週間後はただただ喪失の苦悶，次には喪失感の苦痛しかなかったが，葬儀の約 3 ヵ月後は可能性が無限に思え，展望が見えた。私は道に迷い，そして今私は見つけられた。しかし，それは妻の死が創ったものだった。その短い期間に理解したことがある。それは葬式後の 2，3 週目だったが，その時間は私が 17 歳だったときに非常に似ていると感じた。始めは恐れがあり，失うことや死に対する別の恐れ…私にとっては道に迷う感覚のような恐怖だと思う。私は見つけるべき絶好の機会に気づき，それは選択だということがわかった…私は進むべき道に立っているのだとわかったのだ。

—マーク

　53 歳のマークは，妻を失った悲劇が 17 歳のときに山中で一日中迷った経験と似ていると思った。彼は喪失感から迷ったときの気持ちへ，さらには好機があることに気づくところまで動いた。そこには妻の臨終を通してマークに人生を見せ，深い絶望から自由や選択に再び気づき始める場所へと動かした心理的な要因（もしくは過程）があった。死に直面してもマークは人生を選んだのである。

　マークは絶望に対する勇気を持っていた。彼は人生で二度も目の前の危機からの出口が見えなかったのだ。しかしそれでも絶望のさなかに感じた確信は，神秘的であった。マークの経験は，アドラーが「力を求める努力」という観念を考える元となった実存主義的概念である力への意志を例示するものである。

　努力はどうあろうと続くものだが，協力的な人の場合は，努力は希望に満ち，有益な努力となり，[他者と] 共有する状況で真の改善へと向けられる…人類の努力は決して終わることはなく，我々は常に新しい問題を見つけ，あ

るいは造り出し，そして協力と貢献の新たな機会を創ることができるのだ[(12)]。

　ニーチェの「力への意志」と「永劫回帰」の考えをもし合わせて考えるなら，
［それは］ショーペンハウアーの「生きる意志」とは対照的であるが，「止むこ
とのない創造と再創造」という，自己再生についての東洋のスピリチュアルな
考えに相当する。ニーチェにとって，生きる意志は力への意志の次にくるもの
である。力への意志は，ショーペンハウアーが指摘した，子孫を残し，死を回
避したいという我々が生まれ持った願望以上のものである。そこには「成長し，
拡大し，そして可能であれば他の種類の『意志』をもそのプロセスに取り入れ
るため」[(13)]に力を使う必要が大いにあるのだ。そのため，力への意志は単なる
存在の意志ではなく，存在する力―生―への意志なのである。力への意志とは，
さらなる生（more life）への意志である。力への意志は，ティリッヒによる勇
気の定義の部分的な基礎となっている。

　　勇気とは，自己を肯定することを妨げてしまいがちなものとはかかわりな
く，「それにもかかわらず」自己を肯定することである[(14)]。

　ティリッヒによると，自己肯定は個としての自己（個別化），そして［全体
の］部分としての自己（世界への参与）を受け容れるように機能する。勇気は
自身の力や個人の［私的な］世界における力よりも偉大な，存在の力に根差し
ていなければならない。勇気は，調和の原理にしたがって相互依存的に機能す
る自己肯定の2つの側面である。人生とは，存在の力がそれ自体を実現させる
過程である。存在の力は生きることの勇気の源である。言い換えれば，勇気と
は困難に直面する状況で自己を受け容れる人生の力である。
　実存主義的に言えば，苦しみは，意味やさらなる生に向かう自然な努力の一
部である。回復するとは，再び全体となり自分自身，他者，そして宇宙との調
和的なつながりの感覚を取り戻すことである。調和することや再び全体になる
ことの価値は，苦しみの結果としてのある種の自己超越や変容によって到達で
きるような，存在の理想的な状態を示す。実際に精神的な健康面からいうと，健
康とは「自己の全ての部分と環境が調和する関係」[(15)]だと定義される。
　図9.1は共同体感覚を対角線モデルで図解した第2章の図2.1に基づいている。

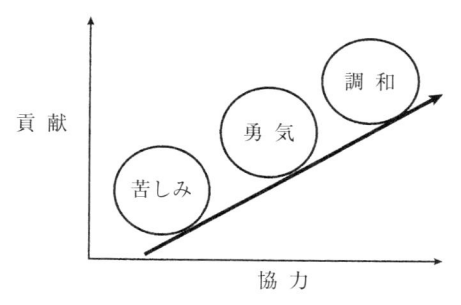

図 9.1　回復の過程

共同体感覚を指す矢印で描かれた動きは，個人の協力と貢献の相互作用により
生じる。それは人々を前に進ませ，勇気―人生の自己肯定力―により強化され
るような変化の過程を表している。これらの過程を「回復」と呼ぶ。

　アドラーの回復に対する姿勢は，理想的な貢献に向けた教育に基づいている。
勇気は，持ち前の創造力を使い社会的に有用であるように変化できる個人から
なるコミュニティが持つ多くの面の一つである。回復の達成は，「イエス」の態
度を伴い共同体感覚へと向けた肯定的な動きのある協力の勇気で始まらなけれ
ばならない[16]。したがって，回復の勇気とは，逆境にもかかわらず自分自身，
他者，そして宇宙との調和的関係に向かって動く過程を経て苦しみを超えてい
く勇気である。

　この回復の経験は，C. S. ルイスが妻を亡くしたことを生々しく顧みる「悲し
みを見つめて」に最もよく表されている。初めそれは恐れや不安のように感じ
られた。彼は習慣的に妻の帰りを待っていたが，妻は自分が深く悲しんでいな
いときにだけ彼の記憶に戻ってくるのだと知った。心の落ち着かない状態が続
いた後，［彼は］なだめられる感覚を抱いた。彼の悲しみは彼自身，妻，そして
人生についてのもの（言い換えれば，神はどこにいるのか？）だと分かったの
だ。苦しみは，彼が他者の苦しみと彼自身の信念に気づくという自らの痛みを
克服した時に，初めて共有されるべき精神的な価値を持つのだった。

　　全ての恋愛のように，それは疲労とともに終わる。とても大きな苦痛だけ
　が残るだろう。そして，休息の時が来る。もちろんそれは他人でなく，自分

自身に起こるときは，そして想像上でなく現実に起きるときには，異なるものだ。その通り。しかし正気な人間にとって，これほど大きな違いを果たして生じるものだろうか？　いや，そうではないだろう。もしその信念が心からのものであり，他人の悲しみに対する心配が心からのものであるような人間にとってはそうではないだろう[17]。

ソクラテス式問答 9.2

　図 9.1 に描かれた動きの力動は，以下のような実存的問題についての個人的な理解を概念化する上で，どのように役立つだろうか？　なぜ私なのだろうか？　今起こっている全てのことの意味は何だろうか？　［人生の］要求に応じるために必要な勇気はどこからくるのだろうか？　障害に直面する状況で，愛，仕事，そして社会生活における私の立ち位置とはどのようなものだろうか？　どうして同じ人生の条件の下で，ある人は問題を乗り超えて次に進むことができる一方，またある人は挫折感を味わい神経症的な反応へと退いてしまうのだろうか？

勇気および関連する精神的な態度

　これまでの章では，勇気は倫理的に知恵や情熱などの他の美徳—それらは自分，そして他者にとって行動の目的を評価し，決定することに役立つ—と一体化させなければならないと述べてきた。勇気は，恐れや否定的な態度を乗り越えることができる心の問題である。実存主義的には，勇気は努力の力，自己肯定の普遍的な力であり，我々の存在を否定するような要素にもかかわらずさらなる生へ向かう意志である。勇気は人間の他の全ての特質を活性化するが，より高次の善を成し遂げるためには他の精神的な態度を伴わなければならない。

　勇気は，前進の動きとともに自分の存在を肯定することであり，それ自体には「にもかかわらず」という性質がある。受け入れがたいかもしれないものにもかかわらず自身の特有性と自然の要求を受け入れる勇気は，「信念」によってのみ正当化される。信念を持つには，達成されていないものとありのままのも

のを受け入れる勇気を信じることである。「受容」とは，何であれ現時点にあるものを完全に包み込むという発達した能力である。ティリッヒは信念の勇気を「受け容れられていることを受け入れること」と呼んだ。

　「あなたは受け容れられている。あなたは受け容れられている。あなたよりも偉大なものによって，あなたの知らない名によって受け容れられている。いまその名を聞いてはならない。おそらくあなたはそれを後で知ることになる。いま何か行おうとしてはならない。おそらく後であなたは多く行うようになる。何も求めてはならない。何も演じようとしてはならない。何も意図してはならない。受け容れられている事実をただ受け入れよ！」もしそれが私たちに起こるのなら，私たちは恵みを経験するのです。（パウル・ティリッヒ，茂洋訳「地の基は震え動く」p.211）[18]

受け容れるということは，取ること，つかむこと，もしくはつかまえることである[19]。受け容れることの実存主義的勇気は，道教の技術である無為（*wu-wei*）を通じた行動と，自身の小ささを感じ虚無感を抱くことの有用さに対する神秘的な認識に最もよく表れている。道教の思想における勇気とは，我々が自然の生命力にしたがいつつ，出来事を成り行きにまかせることである。ビーチャーとビーチャー（1966）はこの人生のアプローチを次のように鮮やかに描写している：

　自立して人生に対処する準備が出来ている幸運な10％の人々は，行動のすべてにそれが表れている。彼らはまるで干上がった大地に水をぶちまけるかのように，物事に対して自らを放出するように見える[4]。彼らは尽きることのない資源を持っているようで，枯れてしまうことを恐れていないように見える。彼らはまるで世界は素晴らしい場所だと感じているかのように生き，物事が完全に程遠いとわかったとしても動揺することはない。彼らは一つの道がふさがれても他の道を選ぶだけで，どちらにしても楽しんでいるのだ[20]。

4　これらの人々は失敗，あるいは富，地位，名声などの外的な要求を満たせないことを恐れず，真正（ほんもの）であろうとする勇気を持って生きる人々である。人生にはそれ自体の針路があり，個人の存在よりも大きなものである。そうした人生の広大さとこれらの人々はつながっており，富，地位，名声といった瑣末な事象には拘泥しない。

　実存主義的には，劣等感を乗り越えるとは，人生に参加してなるべき自分に
なるという「信念」を持つことだ。それは集団の勇気と自己の勇気と調和する
ことだ(21)。参加することと成り行きに任せることの実存主義的二重性は，個人
心理学に深く根付くものである—受容の態度は，人生が我々に贈る全てをつか
むための協力を必要とし，そして「にもかかわらず，イエス」という態度は，
我々の仲間である人類への貢献である。どちらも共同体感覚により導かれるも
のである。

　個人心理学では，「希望」の勇気は目の前の生活だけでなく，人類の発展にも
変化をもたらすようなより良い未来に向けて努力することに現れる。希望を抱
くことは，未来が現在に実現しているかのように未来の目的を生きることだ(22)。
希望は図 9.1 に描かれているように変容／自己超越の力動的な可能性を持って
いる。我々が自分たちを超えるものとつながり，孤独と自己陶酔から遠ざかり，
より大きな共同体へと近づけるよう，仕事，愛，そして社会関係における夢を
全うするのは，究極の所属感への希望があってこそのことなのだ。

　　何か不思議だけれど素敵なことが起こるはずだというその感覚がとてもよ
　　くわかります…そしてこの希望がいつか叶えられるということも。…おそら
　　く恐美（恐怖と美を意味する私の造語）の世界へと変わる機会は，もし私た
　　ちがそれをつかむ勇気があるならば，実際にはたとえ話のような形で日常的
　　に私たちに与えられるでしょう(23)。

　希望と信念があるとき，勇気は感情面で「喜び」と一致する。喜びは精神的
な切望に対する勇敢なイエスである—認められたい，意味を持ちたい，所属し
たい，そして変容して全体になりたいという切望である。

アガペ愛の勇気

　「人生の美しさは，してしまったことは元に戻せないとしても，私達はそれ
を受け継ぎ，理解し，そこから学び，そして変わることができるということ
である。そうすることで，全ての新しい瞬間を後悔，罪悪感，恐れ，怒りで
はなく，知恵，理解，そして愛の中に過ごすことができる。我々のとる全て

の行動は，［相手を］迎え入れたり，あるいは遠ざけることができる。大いなる悪を追うことは大いなる善である。勇気は大いなる善を達成するために常に必要である。」今こそ非暴力の勇気，話し合いに加わる勇気，私達の耳にしたくないことを聴く勇気，復讐心を抑える勇気を示し，そして理性にしたがう時である。私たちが良き質を受け継いでこの世界に生まれたことを，私は信じて疑わない。そして私たちは共に信頼と人間性を取りもどさなければならない。この悲劇から，勇気は愛しい人の追悼に与えられる，最もすばらしく，最も人の心を引き付ける名誉であると私は信じる[24]。

　この引用は，2007年にバージニア工科大学のキャンパスで起きた悲惨な銃乱射事件後，ある仏教教団の指導者が卒業式で寄せたメッセージの一部である。勇気によってのみ，逆境はコミュニティが団結し，許し，和解し，そして平和と思いやりを見つける機会だと見なされる。この共同体感覚という使命とその達成は，我々が生まれ持ったアガペ愛を受けいれ，参加する勇気によってのみ可能となるのである。

　第5章でアガペ愛は，愛する対象が持つどのような愛すべき特性にも左右されない，隣人に対する愛として定義した。アガペ愛は他の種類の愛（親密，友情，家族）を可能にする贈り物の愛である。アガペは本来愛すことのできないものも愛することを可能にする。アガペ愛は恐れのない完全な愛である。アガペ愛は神秘的で，成熟していて，無欲である。それはそれ自体を他者の幸福へと傾けるような愛である。他者を思いやるアガペはキリスト教の精神性に根差しているが，世界の諸宗教の中核をなす価値としても見なされている[25]。

　アガペ愛は目的であり，唯一の方法でもある。永遠に苦しみが続き愛に乏しいように思える人生にどのように調和し参加できるのかといった疑問を問うとき，アガペ愛は我々の意味の探求への答えとなる。アガペ，もしくは無条件の愛とは，集団的な幸福に向かう努力である。それは我々が愛されてきたため隣人を愛するという単純な行為である。［我々の］生来の努力の中心的概念は，このアガペ愛への深い憧れが表現されたものである。アドラーの言葉を使うならば，アガペは共同体感覚の観念を実現するための努力を意味する。

　どのように私たちの周りで作用しているアガペを認識できるだろうか？　ア

表9.2　社会関係におけるアガペ愛の特徴

親　密	結　婚	家　族	友　情
愛	解放する	一人で立つ	共同体の活力の源
自立	平等主義	個々人	安全
潜在能力	尊敬	民主主義的	リスクを負うこと
満足した	互いにゆずり合う	手放し，生かす	協力
充足	信頼	寛大さ	必要性
自由	肯定	励まし	対等
公平	世界のために	選択とその結末	無条件
受容	生産性	協働	本物であること
包容力	自立	主要舞台での活動	参加
決めつけない	不同意		
元気づける	歩調を合わせる		
与える人，実行する人	参加		
それでもそのままでいいこと	常に作り上げていく関係		
希望に満ちた			
創造的，遊び心			
達成			
束縛されない心			

　ドラーはそれを「共同体感覚」と呼んだ[(26)]。

　アガペは前章まで見てきたように，個人心理学，儒教，そしてヒューマニスティック心理学の最大の共通点である。表9.2に要約したものは，親密，結婚，友情，そして家族の関係におけるアガペ愛が持つ特徴の概観である。

　アガペ愛の特徴は達成可能，言い換えるならば，訓練できるものなのだろうか？　答えはイエスだ。聖書のアガペは共同体感覚の重要な原型と捉えられてきた[(27)]。ワッツによると以下の詩に見られる態度と行動の要素は，共同体感覚の高い，したがって心が極めて健やかな個人を表している。これらの要素は，辛抱強い，慈悲深く有用，信頼できる，控えめな，利他的，無欲な，楽観的，である。これらの要素は本来精神的な資質だが，表9.2のような人間関係につい

ての態度を生みだす変化に必要な条件と見た場合，重要な意味を持ってくる。

　　愛は寛容であり，愛は情深い。また，ねたむことをしない。愛は高ぶらな
　い，誇らない，不作法をしない，自分の利益を求めない，いらだたない，恨
　みをいだかない。不義を喜ばないで真理を喜ぶ。そして，すべてを忍び，す
　べてを信じ，すべてを望み，すべてを耐える。愛はいつまでも絶えることが
　ない[28]。（コリント人への第一の手紙 13：4-8）

　アガペ愛とアガペの属性は，技術や態度としてみるとき，プラスの変化を促
す因子となりうる[29]。アガペ愛の勇気とは，我々が行い，考え，そして感じる
ことを，自身と他者の成長と癒しの促進へ向け変えることができる「かのよう
に行動」することだ[30]。あたかもそうであるかのように行動することは，物事
を建設的に楽観視する選択をすることである。恐れていることが起こらないか
のように行動するのだ。変化が可能であるかのように行動すれば，我々は成長
する。未来が現在に実現するかのように行動すれば，我々は希望を抱く。良い
人生に到達できるかのように行動すれば，我々の努力は意味を持つ。愛されて
いるかのように行動すれば，我々は愛することが出来る。

終わりに

　この章は個人心理学における精神的な人生のタスクを考察することで，本書
の第１部と第２部を締めくくる。まず，創造力とさらなる生への意志という実
存主義的な文脈で，努力の精神的な土台を探求した。回復する勇気は，存在と
所属のより深い問題—苦しみ—に関する変容の過程である。回復するとは，自
分自身，他者，そして宇宙との調和のために努力することだ。勇気は，個人心
理学に行き渡っている，知恵，思いやり，喜び，信頼，受容，気品，そして希
望といったような普遍的な精神的態度と結びつく必要がある。共同体感覚に関
するアドラーの研究は，アガペ愛に似た異文化間を越える精神的価値を持って
いる。アガペ愛の精神的特徴を，プラスの変化を促す上で役立つ心理的属性と
してどのように扱うことができるかという議論でこの章を終えた。最後に，ア
ガペ愛は，我々があたかもそうであるかのように行動する勇気を持つことによ

って，経験できる。

ニーバーの祈り
神よ，変えられないものを受け入れる落ち着きをください
変えることができるものを変える勇気をください
その違いを見分ける知恵をください。
一日一日を生き，
一瞬一瞬を楽しみ，
平和への道として困難を受け入れ
あなたが受け入れたように，
この罪深い世界をありのままに受け止める
私が受け入れるようにではなく。
あなたが全てを正しくすることを信じます
もしあなたの意志に身を委ねるなら
この人生で十分に幸せになれるように
そして，天国であなたとともに永遠にこの上なく幸せになれるように[31]。

第 3 部

意義と実践

第10章

勇気を高める技術

　人生とはまさに学校での一日だと思う。体験することの全ては，ほぼ何ら
かの形をとったレッスンであり，より大きなさだめへと我々を条件づけるも
のだ。大事なこと，しかも唯一大事なこととは，問題とどのように向き合う
かということだ。
—ビル.W⁽¹⁾

　精神的に健康であるためには，我々が個人としても集団としてもその努力の
全てを向けるべき理想的な方向を定める，持ち前の共同体感覚に従う必要があ
る。社会と関わる人間の本質についてのその深い洞察によって，個人心理学は
我々の体験，認識，問題，そして変化への対応法を理解するコモンセンスのあ
るアプローチを提供してくれる。

　第3部では，どのように勇気と共同体感覚を自らに，そして他者にも与え促
していけるのか，という問いに応えてみたい。よりふさわしい言い方をすれば，
人々の自尊心，そして共通の目的意識を備えた共同体感覚を高めるような健全
な変化を，どのように創造的に呼び込むことができるのか，ということである。
以下では，本書の最終セクションで詳細に触れる，勇気づけのための22のツー
ルに共通する包括的な概念，そしてテクニックの幾つかを紹介する。

「進行役」の勇気

　勇気の進行役は，その人間関係において自分と他者に勇気を与える人のこと
である⁽²⁾。それは配偶者やパートナーであったり，親あるいは子ども，兄弟姉
妹，教師あるいは生徒，友人，リーダーあるいは部下，さらには赤の他人であ
っても，共同体感覚を備え，同胞である他の人間がすぐさま必要とする勇気と
その価値に気づいているような人間だったりする。

　アドラー派ならではの援助法といったものはなく，勇気の進行役は特有のスタイルに限られたものでもない。ある人の人となりとその人物が他人と持つ関係には関連があるが，それは勇気の進行役について言えば，「ノー」よりも多くの「イエス」の態度（第6章参照）を備えた，温かい心の持ち主であることを示している。彼，または彼女は一人の人間として行動し，思いやり，感受性，そして社会的な目的とともに，自信に溢れた態度で勇気づけを行う。勇気の進行役は人との関係の質を重視し，選択と結末を含んだ学習のプロセスとして変化を捉える。集団という状況での勇気の進行役の特徴は，堂々とし自信を持つこと，勇気とリスク，受け入れること，関心と思いやり，手本を示し協力すること，適応能力，そしてユーモアのセンスといったもので，それらは集団カウンセラーに求められる資質としてアドラー派が用いる用語・表現と重なるものである[3]。加えて，勇気の進行役自身の態度と行動は，その思考，感情，行為を通じてアガペ愛が持ついくつかの特色を反映している（第9章，表9.2参照）。共同体感覚とアガペは勇気の成長を通じて理解し教えられることを，勇気の進行役は身を以て体験し，また信じている。

ソクラテス式質問

　個人の人生に対する態度と社会生活における問題への対処の仕方を理解するためには，主観的インタビューまたは質問のプロセスを取り入れる必要がある。もし症状や思い煩うことが全くないとしたら，人生がどのように違っていたかを人に尋ねる際，アドラーは「大質問」と呼ばれる質問[1][4]を用いることで知られていた。問いかけの使用は，個人のものの見方や物語を深く探る上で非常に有効である。ソクラテス式質問は，人生における様々な事柄の一因となっている内的，そして外的な要素についての見方を解き明かしてくれる。そうした問いかけに応えることで，我々の欲求，恐れ，あるいは目標は，そうしない場

1　アドラーが考案し，「奇跡の質問」とも呼ばれる質問形式をいう。非現実的あるいは空想的な質問によって，問題解決後の状況を具体的にイメージさせ，そこから現状との食い違いに着目することで必要な対処法を考えさせる。ソリューションフォーカストアプローチ（Solution Focused Approach）などの心理療法でも類似の質問が用いられる。

合には到達できないようなより深いレベルで明らかになるかもしれない。

　ソクラテス式対話は，多くの「ツール」で我々が採り入れている「敬意ある好奇心からの問診」（Respectful Curious Inquiry，RCI）プロセスの重要な要素として役立っている[5]。RCI で行うのは自由回答形式の質問のみである。そこでの対話は協働的，つまり質問者と回答者の双方が共通の理解へ向けて取り組むものである。質問者は

- 「誰が」，「何を」，「どこで」，「いつ」，そして「どのように」といった言葉を使い，決して「なぜ」を尋ねない。
- 議論の焦点を絞る。
- 治療という観点を見失わない議論を心がける
- 質問を掘り下げることで議論を活性化する。
- 適宜何に対処でき解決できたのか（あるいはできなかったのか）を要約する。

　進行役はソクラテス式質問に対する告白や反応に耳を傾けつつ，相手の思考，感情，そして行動に込められたライフスタイルのテーマやパターンを探し出す。具体的には，人が自分の長所について，あるいは夢，欲求，目標と成り得るような「あるべきであった」ことや「であるかのような」事柄，さらには問題や試練，問題解決に向けた努力の有益性や無益性について，本人自らが描いている物語の理解を促すのである。以下では，FLAVER（フレーバー）モデルと呼ぶ，ソクラテス式対話を通じた他者との相互理解のレベルを高めるための 6 つのテクニックを列挙する。

F（Focusing）=	相手が求めているものに焦点を当て，お互いに合意した目標に到達する
L（Listening）=	注意深く，親身な態度で，そして思慮深く相手の言うことに耳を傾ける
A（Assessing）=	相手の長所，動機，逆境や困難からの回復力，そして共同体感覚を吟味する
V（Validating）=	相手の資源[2]と特性的特徴を認め，成長に向けて励ます。
E（Enjoying）=	社会生活の皮肉さの中にあふれているユーモアを楽しむ。

R（Replacing）=	無用な情報の収集（ファクトフィリア[3]）をやめ，適切な確認，創造的な直感，想像力ある共感，そして確率的な質問を用いる。

　現代のアドレリアンたちは，具体的な人生のタスク，あるいは人生に対する全般的な態度に関して個人が気にかけていることを創造的に引き出すような質問法に磨きをかけてきた。例えば，「あなたの人生のこの部分で改善したい，あるいは変えたいと思っていることは何ですか？」という質問は，どのタスクの領域でも使えるものである[6]。表 10.1 では進行役が相手と一対一で，あるいはグループを対象として使えるような，人生のタスクに関するソクラテス式質問を紹介している。

励ましの使用

　困難な人生のタスクを前にして，自身と他者両方の幸福に関し人がどのように調整し，また適応するのかを理解することで，勇気の喪失と勇気づけのどちらの原因も知ることが可能となる。勇気が存在するかしないかによって，人はある道をとるか，また別の道を選択するかを創造的に決定している（図 10.1）。人は誤って自己執着（*ichgebundenheit*）あるいは自己の関心だけの道へと進むか，あるいは自身，そして他者に貢献し協力する共同体感覚への道を歩むかを決めることができる[7]。自己に執着する人間の社会生活のスタイルは，甘やかされた，あるいは無視されたもの，言い換えれば，勇気を挫かれたものだといえる。それに対し，勇気づけられた個人のみが他者指向を示すことができる。

　誰もが時として，自身の理想を追いかけ，あるいは見当違いの目標を目指す中で落胆や失意を経験する。落胆とは「自分が建設的で協力的な方法で成功できない，無能である，あるいは人生の要求に応えることができない負け組だと

2　ここでは問題を解決したり目標を達成したりするため用いることができるあらゆるものを指す。

3　文脈を無視して情報やデータを不必要に集めすぎることで，本来理解しようとする事柄がわからなくなってしまうこと。

表 10.1　人生のタスクごとのソクラテス式質問の例[8]

人生のタスク	ソクラテス式質問
仕　事	あなたの仕事，そして人生における活動は何から成り立っているか？　それはあなたにとってどのような意味があるものか？　どのように同僚，上司，部下と折り合っているか？　仕事において人から有り難がられていると感じるか？
愛	あなたの愛情面での関係とはどのようなものか？　パートナーと感情的な近さを感じているか？　他人に対して愛情を表現する，また他人から愛情を受け取ることについて，何か難しさがあるか？　男と女についてどのように説明するか？　男として，あるいは女としての自分をどう感じているか？　パートナーの中にある何に対して不満があるか？　パートナーはあなたの中にある何について不満があるか？
友　情	誰があなたの友人で，そのコミュニティであなたはどのような人生を送っているか？　友人と会う時はどこで会うか？　彼らとどのようなことをするか？　友人の中でのあなたの役割とは？　友人たちはあなたをどのように見ているか？　すぐに友達を作ることができたか？　子ども時代の親友（達）は誰だったか？
自身との調和	私は自分がなることができる人間になる方向へと向かっているだろうか？　混沌はどのように創造性の前提条件となるだろうか？　主導権を取らないことを常に新しい学びの源とするにはどうすれば良いか？
世界との調和	心理的・社会的な所属について―合意，協力，共有以外の方法で実現できる現実はあるだろうか？　現実の本質そのものからいうと，調和は争いよりもどういった点で大事なものだろうか？　仕事において自分が最大の満足を得られることとは何か？　何が自分をはつらつとさせるか？　どのように人々の人生に関わってきたか？　自分の仕事がどのように世界をより良くしてきたか？ 精神的な所属（信じること）について―自分自身を超えた何かとつながるような超越的な体験をしたことがあるか？　それはあなたにとってどのようなものだったか？　つながる感覚を得る上で何が手助けとなったか？　前回つながりを感じたのはいつだったか？　神や高次の存在と心を通わせる時間を毎日少しずつとるとしたら，どのようなものになるだろうか？

いう態度，感情，あるいは考え」[9]をいう。失意にある若者たちは人生にうまく適応できないと思っており，あからさまな反抗，破壊や混乱，適切でない注目喚起の行動などを生み出すような誤った目標を支えとして，自身の有用性や所属を得ようとするかもしれない。勇気を挫かれた人間は，承認を得たい，目上の人間を喜ばせたいという欲求を過度にもち，他人よりも秀でた時にだけ自

分に価値があると思っているかもしれない。挫折にもろく常に承認を求める人間にとって，その内容にかかわらず何かを達成し成し遂げただけでは不十分である。恐れやそのほかの形をとる否定的な思考，例えば「高い期待や非現実的な基準，ミスに焦点を当てる，他者と比較する，悲観的に解釈する，過度な責任感から支配しようとする」[10]などは，挫折につながりやすい。

　「勇気（courage）」という言葉の語根の意味を使って定義すると，励まし（encouragement）とは，前向きな人生の動きに向けての勇気を促すプロセスのことである。心理学的な概念としてみると，励ましは人の「心理的な筋肉」を強化する勇気を与えるプロセスである。その実践的な用い方という点でみれば，励ましは，一連の技術，プロセス，あるいは成果である。また，スピリチュアル的な概念として見た場合には，励ましは「発奮させ，促し，刺激し，支え，あるいは勇気と自信を注ぎ込む」[11]精神や態度をいう。

　励ましを通じて，進行役は勇気を与え，人が自らの誤った目的に疑問を呈し，新しい方向と行動を見定めるよう力づける。進行役は励ましを通じ，失意にある人が共同体感覚を働かせ，人生における意味と目的を作り出すことができるよう手助けをする。アドラー関連の文献で時折書かれていることだが，木が水を必要とするように，人間は励ましを必要とするのだ。共同体感覚を我々の幸福の背骨，そして勇気を筋肉とみるならば，励ましと挫折は人生の動きを可能にする条件と捉えられるだろう。

　援助を与える関係で用いられる場合，励ましは目標，社会生活のスタイル，そして行動の変化を適切に自己評価するよう促す，数々のテクニックと関連づけられる。励ましに関するアドラー的概念とテクニックは，教育，家庭，セラピー，そして組織といった場面で幅広く応用されている。したがって，失意にある人々に対して行われるすべての介入の中心には，常に励ましがあるのだ。専門家そして一般人の双方が，変化への勇気を促すため，励ましを用いることができる。

　変化をもたらす上で，励ましはどのように作用するのだろうか？　図10.1は，アドラー派の文献から集めた，人生の態度で相反するものの組み合わせを示している[12]。恐怖心から動くとき，我々は利己的な関心へと向かって進み，他人との競争や比較の中で，過剰あるいは過小な補償に走ってしまう。こうした防

御措置は，挫折感をもった認識，態度，そして行動や，図の左欄にあるような社会的に無用あるいは「ノー」の態度を生むことになる。一方，我々は勇気とともに好ましい補償を使って，共同体感覚へと向かうこともできる。つまり，協

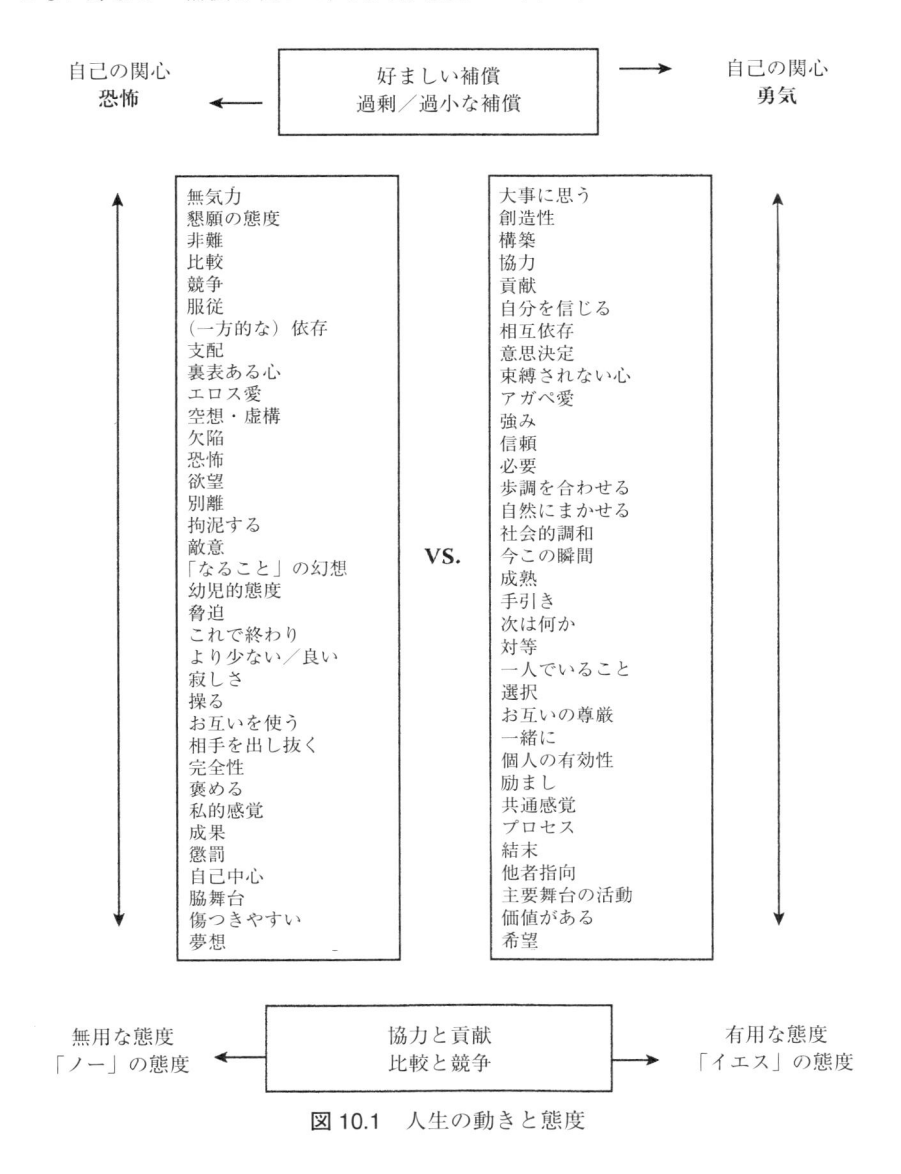

図 10.1　人生の動きと態度

力と貢献を通じて，図の右欄に示されるような励ましの認識，態度，そして行動へとつながる社会的に有用な，または「イエス」の態度を育てることもできる。

　図10.1の態度は，［人生の］早期における家庭での訓練や学校での体験によって形作られるライフスタイルの表現である。これらの態度は，早期記憶，実際のまたは心理的な出生順位の情報，家族布置，昼夜に見る夢，行動目的，そして人生のタスクの評価についての客観的なインタビューを通じて理解することができる(13)。

　我々の人生の態度は，我々の動きの方向—恐れに根ざす自己の関心か，勇気を基とする共同体感覚のどちらに向かうか—を特徴づける。励ますということは，失意にある人々が人生の動きを左欄から右欄へと向け直すことができるような力を与えること，つまり勇気を与えるということである。

促進のプロセス

　変化への勇気はどのように促せるのだろうか？　個人心理学では，変化とは，究極的には誤った信念やライフスタイルに気づくということである。変化へのプロセスは，個人が自身の信念体系を再評価あるいは再設定できるよう手助けすることでもある。共同体感覚と幸福感同士の結びつきを踏まえ，変化についてのアドラー理論は，一旦自身の具体的なライフスタイルと誤った目標の数々を理解すれば，人は共同体感覚を培う方向に舵を切り直しつつ，人生のタスク全般の問題を克服するよう努力する勇気を得られると想定している。

　変化を効果的に促すには，進行役は個人心理学の文献でしばしば「変化のプロセスまたは目標」(14)として触れられる，促進のための要素に通じていなければならない。勇気づけに常にまつわる要素として，進行役は相手の協力を引き出した上で，相手とともにお互いを尊敬する関係を構築・維持し，ライフスタイル評価のプロセス（心理的鑑定）に加わり，心理的開示によって理解を進め，新しい目標を掲げ軌道修正するとともに，相応のテクニックを用いた行動をとる（図10.2）。

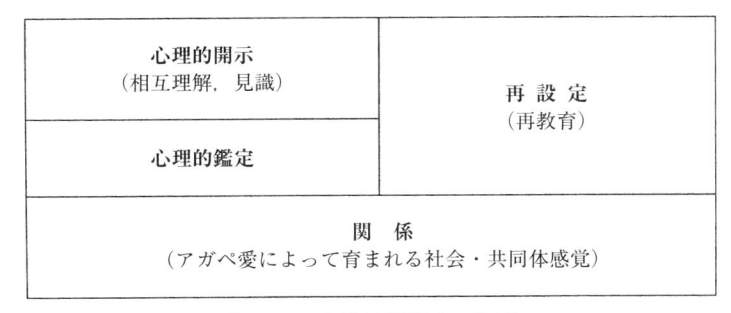

図10.2　変化を促進する要素

関　　係

　関係は変化を促進する要素の一つであり，進行役は変化を求める個人とお互いの尊敬を基礎として効果的な関係を築いていく。関係は民主的な雰囲気の中で育まれ，そこには相互の尊敬と対等性，そして第9章で論じたアガペ愛の属性（表9.2を参照）がある。勇気の進行役の人となり，積極的に耳を傾けること，手本を示すこと，これらは忍耐，無私，受容，希望，自尊心を伝えるような社会的感覚の条件を創り出す[15]。とりわけ，真摯に耳を傾け，模範を示すことに特徴づけられるこうした関係は，変化の促進の他の全ての要素に必要な励ましや支えを伝えるものである。

心理的鑑定

　心理的な鑑定は，対象者が幼年期に身につけた社会生活の「ルール」に関連して，進行役が相手を深く理解する上で行う評価，または情報収集の要素である。心理的鑑定のテクニックとしては，折々に生物学的および心理的な出生順位の意味，家族布置，早期回想，夢分析，ライフスタイル分析，そして最優先目標（personality priority）分析が用いられる。

　精神衛生の専門家の間では多くの精神測定方法が使われるが，本書の第3部では，勇気の進行役が使う，または他者と共有する主観的・客観的インタビューの方法をいくつか取り上げている[16]。その目的は，個人の目標や「私的な論理」を示すような行動，思考，感情のテーマやパターンを探ることである。表10.2 は，関係を支援する上でのアドラー流分析テクニックと，それらから得ら

表 10.2　心理的鑑定のツール[17]

評　価	探し出す対象
人生のタスク	人生の問題の対処に使うパターン。日常生活で受けている支援と機能障害の範囲（グループでの場合には，各メンバーについて，集団でいるときの自分たちの行動がそれ以外の時の行動にどの程度反映する／同じなのか）
早期回想	以下の事柄についての記憶：危険，懲罰，弟／妹の誕生，初めての登校，病気や死，家から離れての滞在，問題行動，その他の関心。自分，他人，人生，そして倫理的な姿勢についての信念。他人に対する，またはコミュニティにおける自分の位置，問題対応のパターンと動機の確認。長所，取り柄，心を妨げる考え，あるいは誤った目的。
家族布置／出生順位	人生における主要な影響。両親または保護者との体験で性別的アイデンティティの指針となったもの。両親または保護者から与えられた人生や社会についての見方。
夢	ライフスタイルの表現，目覚めていて理性や判断が勝っている時間には確かめられないような感情，警告，不安を起こさせるようなタスクへの備え，目標の達成，問題の解決，前向きさ，喪失に対する恐怖，克服。

れる情報の要約である。

心理的開示

　心理的開示における進行役の仕事は，［相手の］自己認識から自己実現へと向かう動きを支えることを目的に，フィードバックを与え，［あえて］対立をつくりだし，そして励ますことである。相手のライフスタイルについて［進行役との］相互理解を円滑にするのが，目的の開示やソクラテス式質問のテクニックである。進行役は，有益な情報を得るために，さらに対象者に［自分の］理解を確認（相互理解）するため経験に基づく推測を用いる。人生からの要求に対する反応や，完全性という私的な目標へと向かう動きは一人一人独特なことから，推測は進行役が取りうる最善の策である。「正しい推測は，問題の解決（mastery）に向けた最初の一歩である。」[18]この相互理解は心理的開示の目標であるが，それはまた心理的鑑定のプロセスで集められた情報がもたらす理解であり，意義ある行動を動機づけるものでもある。

再教育

　アドレリアンにとって，行動の変化には理解だけでは十分ではない。理解は目的に向けての手段の一つでしかなく，人は自身の選択と行動に気づく必要がある。効果的な促進における最も重要な目標が再教育と再方向づけである。進行役は誤った私的な目標の再方向づけを教えまたは促し，代替案を探り，自然で論理的な結末を使用し，行動を実行に移すよう励ます。この重要なプロセスでは，個人が心のこわばりをほぐし，責任に向かい合い，同胞たる人間としての進行役との協力を通じて共同体感覚を育て，行動に向けた勇気を取り戻すよう手助けをする。

　この再教育のプロセスこそ，個人心理学と，例えば保健分野で広く使われている変容ステージ（意図的に行動の変化をもたらすトランス・セオレティカル・モデル（行動変容）としても知られる）など，他の実践的モデルとの連携を可能にするものである[19]。このモデルでは，変化は徐々にそして着実に起きるものと見る。変容ステージには，

- 前熟考期—問題が存在するという認識がなく，明らかに変化を求めてはいない。
- 熟考期—問題に気づいていて何かをする必要を感じている。
- 決定期（準備期とも呼ばれる）—行動を起こす準備をし，場合によって変化に向けた暫定的な動きを見せる。
- 実行期—問題を克服するための行動を起こす。これによって極めて顕著な行動の変化がみられるが，同時にそれは相応の時間と労力を必要とする。
- 維持期—問題の再発を防止し，実行期に得られた収穫を強固にするよう努める。
- 再発—実行あるいは維持期には，以前の行動が再発することもある。その場合，前熟考期，熟考期，あるいは決定期へと戻る。

　変容ステージの理論は，変化を試みる個人とそれを支援する人間の双方が，どのように変化が起きるのかを理解するのに役立つものである。ここでの理解の上で明確な鍵となるのは，変化は一つのステージ毎に段階的に起きるということである。つまり，熟考期にいる人物が次に進めるのは決定期であり，［いきな

り〕実行期や維持期へ移ろうとすることは，問題の再発を見込むことになる。特定のステージにいた後に，次のステージへと移ることが可能となるのだ。したがって，再教育のプロセスにおける変化への勇気を促すことは，忍耐，粘り強さ，そして問題の再発すらも建設的な方法で用いようとする勇気の後押しを意味する。

■勇気を促すツールについて

　第3部では，第1部と第2部の理論的概念に基づいて22のツールを提唱する。これらのツールには，多くのアドレリアンの仲間たちが自らの発想や個人心理学の実践体験を提供してくれた[20]。全てのツールは個人の長所・強さの分析に役立つものだが，ソクラテス式質問，早期回想，家族布置，そしてライフスタイル分析といったアドラー流のテクニックが随所にたくさん見られる。以下，ツールの具体例を示す。

ツール1　話し合いへのガイド：ソクラテス式質問
ツール2　態度の修正
ツール3　出生順位
ツール4　調和における変化
ツール5　特性的特徴：導かれた内省
ツール6　建設的な両面感情（アンビバレンス）
ツール7　勇気の評価
ツール8　親および教師との話し合い
ツール9　「5つのE」グループ・セッションガイド
ツール10　「勇気」づけ（en-COURAGE-ment）
ツール11　職場での家族布置
ツール12　目標の開示：「もしかして…？」で始まる質問
ツール13　ホームページ
ツール14　希望は選択である
ツール15　取り揃えています：イレブンセブン
ツール16　ライフスタイル・インタビュー：様々なあり方
ツール17　見失ったか，行き詰まったか？
ツール18　一番記憶に残る瞬間
ツール19　早期記憶を辿る
ツール20　信じるのは動きだけ

| ツール21 良い時も，悪い時も，隣り合わせに：対等の関係 |
| ツール22 線を歩く |

　各ツールでは，まず短い理論的な根拠を紹介し，続いてその使用を理論的概念と実際の結果に結びつけるための目標を示してある。各ツールにはいくつかのアドラー流テクニックが含まれており，ステップ毎の手順を設けてある。ツールの中には補助的なワークシートや表を付したものもある（長い表については付録に掲載）。具体的なツールに関する概念やテクニックの理解を広げたい読者には，推薦図書，あるいは関連する本書の章へのリンクが役に立つだろう。ツールを紹介した後には，その使用を例示した会話スクリプトを載せている場合もある。

　第2部で説明したように，人生のタスクは全て不可分であることから，個人の心理パターンの理解には多面的なアプローチが必要となる。自分についての理解や変化を求めている人が，関心のある人生のタスクのどれか，あるいはすべてに，これらのツールを用いてもらえると良い。ほとんどのツールは成人と子どもの両方に使えるが，使用者の判断によっては，特定の年代グループにとってより適切なものがあるかもしれない。我々はこれらのツールの大部分を実際にアメリカ，ヨーロッパ，そしてアジアで試してきたが，文化の違いを越え，個人そして家族にとっても有効であるよう願っている。

　ツールは一対一の面談，会話，小グループ，そして教室といった場面で使うことができる。また研修，診察，専門的なプレゼンテーションなどの目的を補完する材料として使われることも望まれる。読者には，まずは各ツールの概念的枠組みにあたる章を読むよう強くお勧めする。勇気の進行役には，他人に対してツールを用いる前に，まずは自分で練習してみるのが良いだろう。

ツール1　話し合いへのガイド：ソクラテス式質問

〈根拠〉

アドラーは「自己啓発の父」とも呼ばれてきた。専門家に頼らなくても我々

は助けを得られるものと彼は信じていた。つまるところ，個人心理学は常識（コモンセンス）の心理学なのである。様々な間柄の個人間での励ましや洞察に満ちた会話は癒しとなり，また好ましい変化を促すことができる。ソクラテス式質問は，個人心理学で広く使われるテクニックである。こうした質問を用いることで，相手についての正しい理解とその物語を探ることに積極的に関われるようになる。ソクラテス式質問は，人生の問題の原因となっている内的そして外的な要素について，正確で詳細な情報を明らかにしてくれる。そうした質問に対する反応は，我々の欲求，恐れ，あるいは他の方法ではおそらくわからないような深いレベルでの目的を示しているかもしれない。

〈目標〉
1. 決して「なぜ」ではなく，「誰が」，「何を」，「どこで」，「いつ」，「どのように」という言葉を使うソクラテス式質問のスキルを実際に示す。
2. 焦点を定め，良い刺激を与え，そして治療面もしっかりと踏まえた話し合いを維持することで両者が共通の理解を目指し取り組む際，どのようにソクラテス式質問を協力的に使えるのかを実際に示す。

〈推薦図書〉
本書第 10 章
Stein, H.T. (1991). Adler and Socrates: Similarities and differences. Individual Psychology, *47*（2），241-246.

〈使用法〉
A．一言でのソクラテス式質問
　「それはあなたにとってどのようなもの（こと）でしたか？」
B．選択
- 何がその結論にたどり着かせたのですか？
- 全ての可能性のうち，何があなたを＿＿＿させたのですか？
- ＿＿＿のどのような点があなたを引きつけたのですか？
C．感情
- その状況を考えてみた時，あなたは怒り，悲しみ，嬉しさ，または怖れ，

あるいはこれらが組み合わさったものを感じますか？

- ＿＿＿を感じている時，それはあなたにとってどのようなものですか？
- 体のどこでそれを感じていますか？

D．スナップ写真

- 絵やスナップ写真のように，あなたにとってその瞬間でひときわ鮮明に映るものとはどのようなものですか？

E．つながり，関連

- それは現在あなたとどのようなつながりがありますか？
- それは現在人生において，あなたにとってどのような展開を見せていますか？

F．決断

- その事の最中に自分が下した決断を覚えていますか？
- それが起こっていたときにどのようなことを思っていたか覚えていますか？
- どのようにその結論にたどり着いたのですか？

G．両面感情（アンビバレンス）

- もしそれをしていたら，何が起きたでしょうか（それをする時は，何が起きますか）？
- もしそれをしなかったら，何が起きたでしょうか（それをしない時は，何が起きますか）？
- 私は何を見るでしょう？
- それについてもっと話してもらえますか？
- 例をあげてもらえますか？
- それはどのように見えるでしょうか？

H．目標の設定

- 今日私がどのようにあなたの助けになれると期待していましたか？
- 今日私は［実際］どのようにあなたの助けになれると思いますか？
- 今日私たちが話し合ったことが，どのように助けとなったでしょうか？

Ｉ．「大質問」を取り入れた質問

- もし私があなたの望む形ですべてを変えることができる不思議な力を持

っているとしたら，あなたにとって物事はどのように違ってくると思い
ますか？

J．名前
- 自分の名前を授かった経緯を知っていますか？（知らない場合は，作り
  話をしてもらう）
- それがどのような意味かを知っていますか？（知らない場合は，何かを
  考えてもらう）
- 自分の名前の好きな（嫌いな）ところは？
- 名前を変えるとしたら，どのようなものにしますか？

K．キャリア
- これまでどのような仕事につきましたか？
- 最初についた定職はどんなものでしたか？
- どのような内容の仕事をしていましたか？
- 仕事のどんな点が好き（嫌い）でしたか？

L．個人的に勇気づけてくれた人物
- 成長期にあなたのことを信じてくれた人はいましたか？
- 誰があなたを励ましてくれましたか？
- ［励ますのに］彼らは何をしましたか？　どうやってそれを知りました
  か？

M．すべての____の中で
- あなたの知っているすべての____の中で，どれが好きですか？
- そのこと（もの）の何に引かれるのですか？

N．耳をすませながら
- 物語に耳をすませながら，相手の隠喩を常にできるだけ使う
- 相手の価値や長所を５つか６つあげる
- これらの長所や価値を３×５インチのインデックスカードに書き留める
- 相手が退室する際にカードを渡す

O．長所に関するセリフ
- 「これからの会話の間にすることですが，まずリストを書き始めます。あ
  なたの価値や長所について聞いていきます（あるいはあなたがすでに得

意とすることについて）。あなたの話を聞きながら，あなたが自分の課題
への取り組みに使っている，あるいは使えるかもしれないようなものや
事柄のリストを書いていきます。おそらく学校，あるいは家庭，家族，友
人と行ったことについてです。では少しの間お話しましょうか（相手の
反応を待つ）。」

ツール2　態度の修正

〈根拠〉

　態度とは，ある様子，方法で行動する傾向のことである。好ましい態度は問
題ではない。好ましくない態度は，我々が幼少時から持ち越す自分に対する疑
念という文脈で現れ，それは我々の判断を大幅に変えてしまう。具体的には，
我々は自分を価値付けようと努力する，あるいは自分が見てとる失敗への恐れ
に対して反応する中で，防御のための戦略や態度にすがり身を縮ませてしまう。
こうした好ましくない態度は，態度の修正と呼ばれるアドラー流のテクニック
を用いて，好ましい態度に変えることができる。

〈目標〉
1.　態度の修正と行動の修正を分ける。
2.　個人の好ましくない態度，あるいは防御戦略を見きわめる。
3.　個人的に成功した分野を見定め具体的にあげ，好ましい態度へとつなげる。
4.　好ましい態度で人生からの挑戦に臨む。

〈推薦図書〉
本書第8章
Losoncy, L.E.（2000）. *Turning people on: How to be an encouraging person.*
　Sanford, FL: InSync Communication LLC and InSync Press.

〈使用法〉
A．旧来の心理学では，我々の行動を外的な環境からの刺激に対する学習反応

だと考えた（行動＝刺激→反応）。個人心理学では，以下にあげるような大きく異なった考え方から，個人の選択，創造的な努力，方向，そして夢が，周囲からの影響と［行動の］最終的なあり方の仲立ちをすると見る（行動＝刺激→自分→反応）[21]。

- 人の生産性は，刺激をもたらす目的へと向かう時に強まる（目的論）。
- 人の内なる欲求（内発的動機）は他者からの要求や押し（外発的動機）よりも深い動機づけとなる。
- 人は自身の独特な力，才能，関心，そして可能性に基づいて動くとき，最も本領を発揮する。
- 人はより大きなコミュニティへと所属し，貢献したいという欲求を持っている。
- 人は競争よりも協力と貢献に価値を置く環境において，より強く動機づけられる。
- 人は全人的に成長している時，自身の総てをそこでの関係に注ぎ込む。

B．態度が変わらない限り，行動の変化はありえない。好ましくない態度は，想像している失敗を避けようと用いる口実と直接関係している。自分の防衛戦略を見きわめよう。例としては，うつ，人と距離をとる，自分あるいは他人を非難する，罪悪感，最悪を思う，批判する，優柔不断，疎外感、脇舞台への回り道，うぬぼれ，そして敵意がある。

C．現在の人生の状況でうまく対処できていることを一つか二つ選んでみよう。誰かにあるいは自分に対して，うまくいっている点についての肯定的な要素（付録の表 A10.1 を参照）を具体的に上げながら，簡単に説明してみよう。これらの気持ちを自分自身の中に確認した上で，従来自分に向けていた様々な疑念から脱けだし，それに呼応する肯定的な考え方で置き換えられるよう，それらの気持ちを使うことが大切である。

D．別の人生の試練のうち絶えず困難を伴うものをいくつか選んでみよう。行動＝刺激→反応の公式を使って，新しい態度を取り入れることを妨げるような，過去に出くわした障害からくる恐れや否定的な思考習慣を身につけてしまっているかを確認しよう。次に，行動＝刺激→自分→反応の公式を使って，同じ経験のプロセスに自分を置いてみよう。変化への条件づくり

に向け，どのような選択をしようと思うだろうか？　同じ試練を［再び］迎えた時，うまく対処するために取りうる最善策とは，どのようなものだろうか？　Ｃでの考察から学べたもので，新しい試練と向き合うために使えるものは何だろうか？

ツール3　出生順位

〈根拠〉

　どの子どもも，家族の中で互いに関わりあう際の行動，そして後には人生のタスクと目標，そしてライフスタイルに対する特性的態度を決めるような，家族内の位置に生まれている。総じてこれらの特性は，劣等感を克服するための子どもの創造的な努力，両親，兄弟姉妹，そして子どもの早期の意思決定や行動に重要な影響を持つ他者からの反応に基づいて発達する。物理的な出生順位と心理的なそれとを比較することで，個人について，そして家庭，職場，コミュニティにおいてその人間が持つ他人との関係にまつわる貴重な情報を得ることができる。

〈目標〉

1.　個人の生物学的，そして心理的な出生順位を調べる。
2.　得られた情報を家族布置と併せ，ライフスタイルの検証に用いる。
3.　目標1と2をグループあるいは保護者教育の場面で応用する。

〈推薦図書〉

本書第6章

Eckstein, D. & Kern, R. (2002). Psychological fingerprints: Lifestyle assessment and interventions (5th ed.). Dubuque, IA: Kendall/Hunt.

〈使用法〉

A.　以下の質問で，相手の出生順位についての情報を集めよう。
- 　成長期には，家族のメンバーとして誰がいましたか？

- 自分を，最年長，第二子，中間子，最年少，あるいは一人っ子のうち，どれだと考えますか？
- 家族の中で____な子どもであったことで気に入っていたことは？
- レイチェルのケースの例（第 6 章，図 6.1 を参照）と同じく，［自分の］家族ダイアグラムを描いてみてください。

B．心理的な出生順位を判断するため，幼少期の体験についての洞察を集めよう。例えば，ジェンダー，子どもの時の兄弟姉妹の病気や障害，喪失（流産あるいは死別），両親，兄弟姉妹，祖父母以外に一緒に住んでいた家族，離婚，再婚，養子縁組，兄弟姉妹との年齢差や競争，義理の家族との間柄，そして両親の態度，が挙げられる。

C．自分や他人に対する相手の一般的な態度について，想像してみよう。それを語ってみて，相手に同意または修正する機会を与えよう。

D．グループでの場合

- 出生順位によるグループ分け（第一子，中間子，末っ子，一人っ子［で構成］）をし，各自の位置にまつわる成長期の体験をお互いに共有してもらう。
- メンバーに自分たちの兄弟姉妹について，出生順位から見た彼（彼女）らについて話す，あるいは型に当てはめてもらう。
- 他のメンバーからの描写に，第一子のメンバーによる付け足しをしてもらう。

E．保護者教育向けの場合，［親たちに］自身の成長期の体験とともに，自分の子どもたちについての観察を話してもらおう。

ツール 4　調和における変化

〈根拠〉

　調和は社会的または精神的な理想で，様々な文化に見られるとともに，個人心理学でも扱うものである。東洋思想では，生命の統合は，陰と陽の対極をなすもののエネルギーからすべてのものが成り立つという考え方に根ざしている。

調和することとは，変化の流れとともに前進することであり，対極にあるそれ
ぞれのものが，周期をもってそして絶え間なくお互いを補いつつ，また生み出
すあり様を指す。個人心理学はこうした価値体系と親和性を持ち，我々は全体
の一部であり，生存にとっての究極の保障と糧は，競争や比較によってではな
く，他者，社会，自然，そして宇宙と相互に関わるにあたっての，我々の協力
と貢献によって得られるものと捉えるのである。

〈目標〉

1. 道教または自然主義的な世界観にもあるように，個人の発達を周期と相互の
　 結びつきの中で作用する人生の動き（不全から完全へ）として見る。
2. 個人心理学が様々な価値体系とどう結びつくのかを概念化し，理想的な精神
　 の健康としての調和を理解し，育てることを促す。

〈推薦図書〉

本書第1，7，8および9章

Carlson, J., Kurato, W.T. , Ng, K., Ruiz, E., &Yang, J.（2004）. A multicultural
　 discussion about personality development. *The Family Journal, 12*, 111-121

〈使用法〉

A. 図10.3に示すような，易経の八卦（八つの爻（こう））をモデルとした，人
　 生の場面をあらわす八つの方位について理解を深めよう。八つの方位は，宇
　 宙への反応としての我々の力の使い方を表している。人生からの要求（例，
　 仕事／勉強，愛，家族，そしてコミュニティ）を反映するような，自分の
　 目標をいくつかあげてみよう。
B. 互いに反対の方位同士をつなぐ各直径の線上に自分を置いてみよう。現在
　 自分はどの方角を目指しているだろうか？　自分の円はどの方面でも新し
　 く，より大きな円へと発展しているだろうか？　あるいはいびつな形をし
　 ているだろうか？　それとも停滞しているだろうか？
C. 中国に伝わる考え方によれば，互いに対極にある人生の目標同士の結びつ
　 きは，陰と陽の力の調和のとれたバランスによって最も理想的に達成され
　 る。陽と陰の現れは，相互に依存し補完しあうような対をなす概念でしば

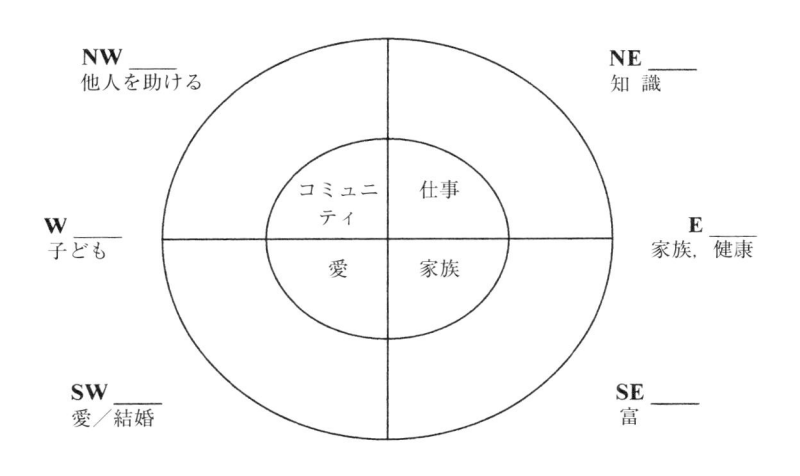

図 10.3　人生の変化の 8 方位と均衡

表 10.3　人生の目標，変化の方位，そしてバランスのワークシート

図 10.3 に基づく 自分の人生の目標	変化の方位	バランス有／無	陰陽の態度の 組み合わせ例
	☷（南）☳（北）		男性性―女性性 昼（太陽）―夜（月） 肯定―否定
	☴（東）☷（西）		知性―分別 強さ―忍耐
	☷（南西）☶（北東）		構築―命令 与える―受け取る 愛する―愛される
	☳（南東）☰（北西）		発展させる―保存する 知識―謎

注：陽の生命力は実線，陰は破線で表される。陽と陰の力のバランスをとるとは思考，感情，そして行動において，相反する人生の方角の態度を活用することである。

しば説明される。図 10.3 をもとに，自分の人生の目標と人生の動きの方位を確認した後，表 10.3 に記録しよう。自分の力の使い道のバランスをチェックし，陽の態度，あるいは陰の態度のどちらがより必要かを問いかけよう。例えば，「北西」（コミュニティへの奉仕）という人生の方位は，与え奉仕することにより多くの陽の態度を必要とする。［ここでの］バランスをとるためには，受け取り安らぐという「南西」の人生の態度（家庭生活の充実を確実にする）を身につける必要がある。

D. 調和することは，宇宙の動きに合わせつつ，対極にあるもの同士の合一に参加することであり，風水として表現されることもある。一層の調和を体験するために，人生のどの分野で陰の知恵，どの分野で陽の力に，より依存できるだろうか？

E. 個人心理学においては，目の前にある人生の諸問題への唯一の解決法は，協力の勇気を育てることである。一方，社会の発展のためには，我々は貢献―克服と完全［という目標］に向け個人的な努力をする中で，他者の幸福にも思いを馳せようとする心―の勇気を持たなければならない。協力と貢献が陰と陽に符合するとすれば，より健やかな社会生活へと向かって動くために，どのような行動をとりうるだろうか？

ツール5　特性的特徴：導かれた内省

〈根拠〉

　特性は自尊心の概念と関連している。アドラーによれば，自尊心とは「欠点や不完全さにもかかわらず，自分は価値のある人間だという感覚」である。我々は日常的に，我々が出会う人々が秘めている特性的要素を振り返る機会があるが，それらの要素は彼らが行う人生の選択を強固にするものである。導かれた内省は，人々が客観的な状況とはかかわりなく，自らの最善を尽くしていることを勇気の進行役が確認，認識するためのツールである。

〈目標〉

1. 導かれた内省のテクニックを使って，他人の中にある特性を引き出し育てる
   手助けをする。
2. 付録の表 A10.2 にある，36 の特性的特徴，あるいは人の特性を定義づける
   要素の使用を実践する。

〈推薦図書〉

本書第 8 章

〈使用法〉

A．［クライアントが語る］自身または他人の成功物語について，使われている
　　言葉に浮き彫りとなる本人の特性や性質を耳にした場合，知的な想像をあ
　　えて働かせよう。
B．以下の質問への相手の反応に「耳を傾け」，A で行った想像との違いを確認
　　しよう。

- それについてどのように感じましたか？
- あなたにとってそれがどのような結果となったかについて，気分が良い
  でしょう。
- あなたが自分自身で物事をこなせるとわかったら，心の内でとても気分
  が良いでしょう。

C．彼らの特性を，それが現れた時に「捉えて」みよう。彼らが自分たちの物
　　語を話している時，適切なタイミングで，誠実に，そして表 A10.2 にある
　　36 の特性の構成要素に関する導かれた内省で，彼らの語りに反応してみよ
　　う。
D．相手がすぐには一つも成功例を思い出せない場合，以下のコメントや質問
　　でやり取りを始めよう。「何かに勝利した，あるいはうまくいったことを一
　　つ話してください。」「最近成し遂げたことを話してください。」「以前はし
　　たことがなかったことで新しくやってみたことはありますか？」あるいは，
　　「いい意味でどのようなリスクを取ったことがありますか？」その上で話に
　　耳を傾け特性の構成要素に焦点を当てるようにしよう。もし相手の最初の
　　反応が今一つに思えたら，次のように反応するのが適切かもしれない。「そ

れはあなたにとってどのようなもの（こと）でしたか？」

〈対話例〉

　ここでの例では，三年生の女子高校生が，おそらくは芳しくない成功と呼ばれるようなことについて語っている。しかし，関係を失うことへの幾分の悲しみの中にですら，彼女にその関係を終わらせる決意をさせた好ましい特性の要素が潜在し，それらを直接振り返る機会があったのである。

少女：昨夜，とうとう彼と別れたの。彼はね，私に対してとても口汚ない人だったの。

大人：今感じているかもしれないその痛みと同じくらい強く，自分のしたことに自信を持っているように聞こえるけれど（自信）。

少女：長いこと幾分怖じけづいていたけれど，とうとう決心をして実行したわ。

大人：自分の恐怖を乗り越えて，大きな一歩を踏み出したんだね（恐怖・不安からの自由）。

少女：そう，特に私にとってはね。面倒を起こすのが嫌だったから。

大人：できることなら平和な状態を保ちたかった。でも今君はこのように自分で舵をとれるとわかったんだ！（力と制御）

少女：私にはもっとふさわしい人がいる。彼はいつも私を下に見て，私をバカだと言っていたの。

大人：君はそれよりもずっと価値があるってことだね（対等）。

少女：もー，本当にその通りだわ！

大人：そして今君はしっかりと状況をコントロールしている感覚があるんだね（自立）。

少女：そう。彼はやり直したがっているけど，私にはもう関心がないわ。

ツール6　建設的な両面感情（アンビバレンス）

〈根拠〉

　我々が前にしている問題は，より重要な事柄や性格パターンの影響を受けて

いることがある。よくあることだが，特定の問題の中心には両面感情があり，それが悩みの種となったりする。自己を受け容れる勇気を促す上で，両面感情を調べ解決する，動機づけのインタビューの技術が役立つだろう。相手本位でありながら指導的なアプローチは，「自由な心のもちよう」を促すと同時に，「二者択一の」，「イエス，でも」といった態度，あるいは変わりやすい心を遠ざけてくれる。

〈目的〉
1. 相手の立場に立ちつつも指導的なアプローチで，両面感情を調べ解決する。
2. 両面感情の体験者が「イエス」の態度とともに前進する動きを身につけるように促す。

〈推薦図書〉
本書第 1 章および 8 章

Rollinick, S., & Miller, W.R. (1995). What is motivational interviewing? *Behavioral and Cognitive Psychotherapy, 23*, 325-334.

〈使用法〉
A．相手本位のアプローチを使い，物事についての相手の判断基準や受容の表現を探ることで，相手との信頼関係を築こう。
B．思慮深く話に耳を傾けながら，相手が［自身の］両面感情の性質について明確に表現できるよう促そう。
C．変化に向けたポイントを相手がよく理解できるようサポートしよう。
D．相手の両面感情を調べ解決の手助けをするにあたって，カウンセラーは指導的であること。

〈対話例〉
　ロバートは 23 歳の米海兵隊員である。本人の飲酒を心配する両親の願いで彼はカウンセリングにやってきた。時おり深酒することを彼は認め，具体的には一度の飲酒の機会に 8 から 10 杯飲むとしたが，いつもそういうわけではない（月に二度ほど）とも言った。彼は自分のチーム（他の 8 人の海兵隊員）ととても近しく，何をするにも一緒で家族よりも親近感を抱いていた。ロバートはこ

れまで二度の戦闘に派遣され，近々海兵隊を除隊するかどうか決断を迫られていた。この決断が彼に多大なストレスを与えていたのである。

マーク：今日は来てくれて本当にありがとう。何から話を始めたいですか？

ロバート：えー，両親が俺に飲酒の問題があると思っているんです。彼らの言う通りと思ったので，飲酒について相談するためあなたに会いに来ました。

マーク：自分の飲酒について話したいと。

ロバート：はい，時々量を過ごします。例えば一晩で多分ビール6パックとか12。そんなに頻繁にではありません。でも先週末土曜の午後から夜にかけてビールを18本飲んでしまいました。

マーク：18本のビール。

ロバート：ええ，かなりの量でしたね。でも俺は大きな決断を前にしていて，それと向き合うのが嫌になっていたんです。逃げ出したい，そしてある意味実際そうしていました。

マーク：大きな決断。

ロバート：はい，今は休暇中で，基地に戻ったら残留するか除隊するか海兵隊に報告しなければならないのです。決心はしました。でもそれは辛いことです。俺は海兵隊を愛しています。俺はそこで男になり，仲間たちのことも大好きなんです。彼らの何人かとは二度戦闘を体験し，誰も決して見たりしたりする必要もないことを目にし，行いました。それは恐ろしいことでした。でもそこでは自分のために彼らがいてくれ，自分も彼らのためにいたのです。今俺は除隊する決心をし，それが正しいことだと感じています。しかし，内心は死にそうなくらい辛いのです。家族を裏切っているような感じです。でも［戦闘に］また戻らねばならないかもしれないという意識のままではいられないのです。怖いわけではありません。俺は仲間のためならすぐにでも死ねます。そういうことではないんです。この戦争全体が全くひどい代物だということ，誤った人々，何の罪もない人々を殺した挙句，誰も気にしちゃいない。ただ与えられた仕事をする，でも誰もその仕事が何なのかはわかっていない。日々それは変わっていく。それは醜くて，めちゃくちゃで，いい人間は死んでいく。もうそんな混乱の中にはいたくないんです。そしてそれは選択の問

　　題で，俺はその選択をすでにした。でもとても辛かった。そうすることが正
　　しいとはわかっていますが，ガニー（彼の直属の上司）やチームの仲間にそ
　　れを伝えるのは，とても辛い，辛いんです。そうしたくないんです。

マーク：君の話を正しく理解しているか確かめさせてくれるかい。君が海兵隊
　　員でいる時間は残り少なく，隊や仲間を愛してはいるけれども，除隊しなく
　　てはならないとわかっていると。とりわけ確かなのは戦闘の混乱―あまりに
　　もたくさんの無実の人々が亡くなるということには二度と向き合いたくない。
　　そして君の決断は正しいものだと，でもその決定を海兵隊の「家族」に伝え
　　るのが自分の中でとても辛いということだね。

ロバート：その通りです。自分の中でとても辛いんです。

マーク：これが正しい決断だということについて，どう思うかもう少し話して
　　くれるかい。

ロバート：ブートキャンプに出発した時，まだ俺は子どもでした。人生につい
　　て何もわからなかった。四年経った今，俺は生きたいと思ったんです。変化
　　を起こしたいんです。以前は大学に行きたいなんて思わなかった。大学なん
　　て高校の延長みたいなものだと思っていました。でも今は教養ある人間にな
　　りたい。学ぶことは自分にとって刺激的なことです。より良い人間，より完
　　全な人間になるために，若いうちに学べるだけ学びたい。イラクでは，俺も
　　友達もみんな同じでした。他にうまくできることがなかったから海兵隊に入
　　ったのです。今では俺にはもっとうまくできることが沢山あります。

マーク：海兵隊にいる間に自分が成長したと感じたようだね。そして人生に折
　　り合いをつけて学校に行くことにワクワクしているようだね。

ロバート：そうなんです！　とてもワクワクしています。

マーク：でもそこにガニーと海兵隊の家族がいる…。

ロバート：そうです。彼らを愛しているし，去るのは辛いことでしょう。俺た
　　ちはとても近いし，他のどんな人々のグループとも，自分と彼らのように，こ
　　れだけ近くになれるとは決して思えないんです。［だから］なおさら寂しく感
　　じます。

マーク：君は自分が欲しいものが本当にわかっているように聞こえるけど，実
　　際のところ何が悩みなんだろう？

ロバート：どういう意味ですか？

マーク：自分が前に進むことにワクワクして計画も持っているということだけ
れど，一方で自らの決断と闘っていて，そのストレスから逃れるためにそれ
だけ沢山の飲酒をしている自分がいる。このこと全体が君にとって何を意味
するのだろう？

ロバート：それは大変な決断だったということで，ある意味自分が独りよがり
で海兵隊を失望させていると感じています。彼らは俺を育ててくれました。自
分は経験を積んだのに，今彼らを裏切ろうとしている。

マーク：人をがっかりさせないことは，君にとってとても大事なことのようだ
ね。

ロバート：ええ，そうだと思います。

マーク：そのことについてはどう思う？

ロバート：俺は誰もがっかりさせたくはないです。

マーク：では自分をがっかりさせることについては？

ロバート：それなら何度もありますね。

マーク：では，海兵隊をやめることは君にとって喜ばしいが，他人にとっては
そうではない，そう思えるのだけど，それが問題だと。

ロバート：はい，そうだと思います。

マーク：では，君にとってより重要なこととは？　自分の心と頭でわかってい
ることをすることが，自分がすべき正しいことなのか，それとも他人が君に
してほしいことをすることがそうなのか？

ロバート：そのくらいシンプルだってことですね。

マーク：そのように思えるがね。

ツール7　勇気の評価

〈根拠〉

　我々のリスク評価，スキル習得，そして問題解決を可能とする勇気には，同
類の特性が多数存在する。恐怖がある場合，真の勇気のためには状況を注意深

く吟味することが欠かせず，また真の勇気は同情の感覚と自信の表出との間で
お互いに力を与え合う関係にある。個人が見せる行動と認識する自信は，どち
らも補償，あるいは努力の表現である。社会的な有用性とバランスの感覚は，好
ましい，そして好ましくない補償の基準である。アドラーにとって，勇気は真
の協力—それによって人生のタスクに向き合い，過ちを犯すリスクを取り，所
属感を得るため，無用な側面から有用な側面へと向かう調整を図る—の前提条
件である。それに対し，勇気の欠如は，劣等感，悲観主義，逃避，そして不品
行を生み出すことになる。

〈目的〉
1. 過剰，または過小な補償の傾向という側面から，相手の自身と他人に対する
   態度を探る。
2. 分離と結合の感情という側面から，相手の恐怖を探る。
3. 自信と自分自身および他人に対する社会的に有用な態度という側面から，相
   手の勇気のレベルを探る。

〈推薦図書〉
本書第 1，7，および 10 章

〈使用法〉
A. 人生の試練や問題への向き合い方，または行動の指針について相手が語る
   のを聞きながら，好ましくない補償—人生のタスクの一つ，あるいはすべ
   ての領域で過剰または過小な補償に走る我々の傾向—に向かっているのか
   どうかを調べよう。好ましい補償とは，我々が義務や負担と捉えているも
   のを社会的責任，人間性へより近づくこと，困難を受け入れ克服すること，
   そして社会的勇気といった力へと変えるような，社会的に有用な活動を選
   択することである。
B. 相手がどのように分離，あるいは結合の感情を体験するかについて情報を
   集めよう。
C. 自身に対する関心（社会的な無用さ）あるいは社会に対する関心（社会的
   な有用さ）という側面から，相手が自分および他人に対して持っている態

表 10.4 「勇気の側面」ワークシート

勇気の側面		恐怖 （分離の感情，社会的に無用な態度）	
		自分	相手
認知的・評価的態度	過剰な補償		
	過小な補償		
	実践的な知恵による均衡	自信 （結合の感情，社会的に有用な態度）	
		自分	相手

注：「分離の感情」の例としては，悲しみ，落胆，失望，不機嫌，怠惰，敵意，意気消沈，神経質，悲観，怖れ，臆病，いまいましさ，意地悪，無気力，不安，反抗，無感覚，嫉妬，羨望がある。「結合の感情」は，愛，称賛，好感，希望，幸福，満足，嬉しさ，熱心，関心，好奇心，自信，親しみ，受容，感謝を含む。

　　度を想像しよう。

D．表 10.4 にあるワークシートを使い，仕事，愛，友情／家族／コミュニティ
　　に対し相手が持っている人生の態度の総体的なスケッチを描き，勇気と自
　　信のレベルを想像しよう（社会的に有用および無用な態度については，図
　　10.1 を参照）。

ツール8　親および教師との話し合い

〈根拠〉

　親や教師にとって，家庭や教室での子どもの不品行の問題を解決するのは，達
成可能な使命である。勇気を持って立ち向かい，権威と相互の尊敬を持って対
立を解消することは，皆にとって喜ばしい結果をもたらすものだ。教師や親は
模範となり，子どもや十代の若者たちと対等な関係を築くことができる。問題
とは，親や教師が子どもの発達と他人との関係に長期の効果をもたらすような
解決法を子どもとともに探る機会である。

〈目的〉

1. 家庭あるいは教室で子どもたちとの問題を抱える状況に直面している親や教師たちに，段階的な会話のための台本を提供する。

2. 事態が難しくなった場合に，実践的なテクニック（目的の開示や励まし）を使って親や教師たちを支援する。

〈推薦図書〉

Dinkmeyer, D., Jr., &Carlson, J.. (2001). *Consultation: Creating school-based interventions* (2nd ed.). Philadelphia: Taylor & Francis.

Dreikurs, R., Grunwald, B. B., & Pepper, F.C. (1982). *Maintaining sanity in the classroom* (2nd ed.). New York: Harper & Row.

Dreikurs, R., & Soltz, V. (1964). *Children: The challenge*. New York: Hawthorn.

Grunwald, B.B., & McAbee, H.V. (1985). *Guiding the family: Practical counseling techniques*. Muncie, IN: Accelerated Development Inc.

〈使用法〉

A．調子を決める

心の通い合いを生む時間をかけ，対等な関係を創り出そう。必要であれば，プライベートな事柄や秘密についても話し合おう。はっきりしておくべきことは，これは教育的プロセスであって，魔女狩りや非難することを念頭においたアクティビティではないということである。開かれた真摯な態度で意見を交換し，解決法を探ろう。どのように教師や親にとって問題なのかを必ず理解するようにしよう。

B．問題を具体的に描写する

- その子があなたにとって問題となった時の具体例を挙げてもらえますか？ここ一両日に起きたことなどあれば。

- その生徒は具体的にどのようなことを言った，あるいはしたのですか？もし私がその場にいたとしたら，何を目にしたでしょうか？

- その時何が起こりましたか？

- それが起こっている間あなたはどのように感じていましたか？　怒り，悲

しみ，嬉しさ，恐怖，あるいはこれらの組み合わせたものを感じました
か？

- その後何が起きましたか？　その子は何を言った，あるいはしましたか？

C．二つ目の例を入手する（上記Bを参照）

D．やり取りのパターン

教室での場合：

- 教室で起こっている典型的なことが幾つかありますが，もしその点について話し合えたら，（問題のある生徒の名前）になにが起こっているか見えてくるかもしれません。
- 朝のルーティーンについて話してください。＿＿＿は毎日どのように教室に入ってきますか？
- ＿＿＿が教室の中での責任をどのように果たしているか，少し話してください。何か役割を与えられていますか？　それをどのようにうまくこなしていますか？
- 学校の食堂での＿＿＿の様子はどのようなものですか？　運動場では？
- やるべきことがある時，＿＿＿はどのように時間を使っていますか？
- ＿＿＿は他の子たちとどのようにうまくやっていますか？
- 下校時間にはどんなことがありますか？

家庭での場合：

- 家族の生活には，ほとんど毎日のように起こる幾つかの典型的な課題があります。
- 通常の朝のルーティーンについて話してください。
- 家での用事や責任をこなすことについてはどうですか？
- 食事の時の様子を話してください。
- ＿＿＿がどのように宿題に取り組むかを話してください。
- ＿＿＿は兄弟姉妹とどのようにうまくやっていますか？
- 就寝時にはどんなことがありますか（あるいは，時間通り帰宅することについてどんなことがありますか）？

E．親・教師についての視点

子どもの行動についての懸念を少し脇に置いておいて，「取り揃えています—

イレブンセブン」（ツール 15）を使い，親や教師の強みと個人的な理想に焦点を当てよう。「導かれた内省」（ツール 5）のテクニックを適用し，家庭や学校について親や教師が持っている価値観，そして子どもとの対立解消において彼らが過剰あるいは過小に自分の強みを用いている可能性を観察しよう。他に取りうるオプションとして，「一番記憶に残る瞬間」（ツール 18）が参考になる。

F．（必要であれば）不品行の目的を突き止める

　目的の開示ツールを親や教師と共有し，子どもの不品行の目的を想像させる。「目的の開示：『もしかして…？』で始まる質問」（ツール 12）を子どもに使うことを，親や教師と練習する。

G．一時的な解決法を開発する

　一度に一つの問題に焦点を当てよう。具体的で実行可能なオプションを提案する。課題は［問題］改善のためであって，完全を目指すものではないことに留意する。相手に指図をすることは避ける。以下のような質問を尋ねてみよう。
＿＿について考えたことはありますか？　もしあなたが＿＿ならどうなるでしょう？　＿＿を考えてみたいですか？

H．総括する

　今日はどんなことが役に立ち，あるいは有益でしたか？

ツール 9　「5つの E」[4] グループ・セッションガイド

〈根拠〉

　人は社会の一部であり，自己決定能力を持ち，創造的である。すべての行動は社会的な有用性という目的にかなうものである。個人は自らの取り柄，強さ，資源，そして創造的能力を用いるような，あるいは過小または過剰に使うような選択をする。「感じられるマイナス」から「認識するプラス」へと向かう動きは，共感，勇気づけ，そして教育と相まって，社会的に対等という感覚を通じ

4　このグループセッションの目的である，個人に力を与えること（empowerment）と，その構成要素である対等（equality），共感（empathy），励まし（encouragement），そして教育（education）の頭文字をとった呼称。

最もよく実現される。自身，そして他人を理解するには少なくとも六つの経路
があり，それらは早期記憶，家族布置，幼少期の試練，昼間あるいは夜間の夢，
幼少期の変化，そして物語である。

〈目的〉

1.　個人的な取り柄，強さ，貢献，そして関係を確認し有効に使うことにより，
　　自身と他人に力を与える。

2.　対等，共感，励まし，そして教育によって特徴づけられる雰囲気の中で，生
　　きることの試練を乗り越える個人の勇気を最大化する。

〈推薦図書〉

本書第6，8，10章

〈使用法〉

　行程を示す台本にしたがう。

> ［　］：二回目以降最後から二番目のセッションまでを通じ追加的に使う
>
> ｛　｝：最後のセッションで追加的に使う

A．歓迎と紹介

　「ようこそ，5つのEグループへ。」

　「ファーストネームとここにきた理由（複数可）を話してください。」

　［「もう一度名前と，そしてこのグループに対する期待を教えてください。」］

　｛「5つのEグループ最終回にようこそ。」｝

B．目的

　「このグループの目的は，対等，共感，勇気づけ，そして教育の実践を通じて，
強さ，能力，そして創造性を確認することで，自分と他人に活力を与えること
です。」

　｛「皆さんそれぞれにとって，ここまでいかがでしたか？」（グループ全体を見
回し，一人一人が答える時間を取る）｝

C．ガイドライン

- 　5つのEグループのガイドラインは，5R—敬意（respect），ルーティン

（routine），ルール（rules），権利（rights），そして責任（responsibilities）
―の原則に基づいている。

- 自身と他人に対する敬意は，優しさと断固とした姿勢のバランスを通じ
  て，お互いのやり取りにおける対等性を確実にする。
- ルーティンは一貫性と予測可能性をもたらし，その結果として創造性を
  強める。
- ルールは予期される行動，コミュニケーション，そして秘密性について
  の指針を与えてくれる。
- 権利は共感を持って耳を傾けることと，相手を遮ることなく話すことを
  含む。
- 自身，他者，そして環境に対する責任は，すべての参加者達にとって有
  益となるようなコミュニケーション，貢献，そして協力をもたらす。

（小さな子ども向けに壁に貼っておく「5R」のポスターを作る。）

｛「ここまで敬意，ルーティン，ルール，権利，そして責任の原則に基づく 5
つの E グループのガイドラインに従ってきました。私たちはどのような方法で
この視点をグループ内で保ってきたでしょうか？」（グループ全体を見回し，一
人一人が答える時間を取る）｝

D．調査

- 「このグループのミーティングでは毎回，一人の参加者が彼または彼女自
  身について，以下に挙げるカテゴリーのどれか二つに当てはまる情報を
  共有します。」
  ―早期記憶― 10 歳以前に起きた人生における出来事についての具体的な記
  憶。
  ―家族布置―自分，または自分の家族について，そして家族の中でどのよ
  うに自分の居場所をみつけたかについての情報。
  ―幼少期の試練―成長の過程で経験した医療上，行動上，近所付き合い，あ
  るいは学校における問題。
  ―白日夢あるいは夜に見る夢―目覚めている，そして寝ている間に見るイ
  メージ。
  ―幼少期の変化―家族，家庭，あるいは学校における変化で影響を与えた

　もの。

　　―物語―人生のあらゆる時点における生活，出来事，あるいは状況の断片
　で思い出せるもの。

- 　［前回のセッションを踏まえた調査。前回からの志願者に対して：「前回
　お会いしてから，自分の長所についての情報をどのように活用してきま
　したか？」］

- 　間を置いてから，グループの他のメンバーに対して：「前回お会いしてか
　ら，自分自身，あるいは他人の長所について何か気づいたことはありま
　すか？　どなたから始めますか？」

- 　グループ内で相互に意見を交換した後，「このミーティングで，みなさん
　のうち一人が次のカテゴリーのどれか二つに当てはまる情報を共有しま
　す。早期記憶，家族布置，幼少期の試練，白日夢あるいは夜見る夢，幼
　少期の変化，そして物語，です。」

　{最終セッションにおける調査}

- 　期待
　　―開始当初，この集まりに対してどのような期待をしていましたか？
　　―もし変化があったとしたらですが，会合の間その期待はどのように変わ
　　りましたか？
　　―どのように期待は満たされましたか，あるいは満たされませんでしたか？
　　―期待が満たされた，あるいは満たされなかったことについて，何が原因
　　でしたか？

- 　力づけ
　　―何か新しい決定をしましたか？
　　―どのように自分の創造性を活用しましたか？
　　―何か新しい選択をしましたか？

　{最終セッションでは，ステップ E - M を省略し，ステップ N に進む。}

E．志願

　「どなたか進んで（情報を）共有してくれますか？」

F．他の参加者に対する指示

　「＿＿＿が彼，または彼女の早期記憶，家族布置，幼少期の試練，白日夢あるい

は夜見る夢，幼少期の変化，そして物語（人生の断片）について話すのを聞き，そこに現れる＿＿の長所，貢献，そしてつながりをできるだけ見つけ，記録してください。」

G．志願者に対する指示

　「共有する情報としてどんなものを選びましたか？」（グループリーダーに対しての注意：選ばれた二つのカテゴリーに応じて，以下の適切なセクションを読み上げる。）

- 早期記憶：「早期記憶を共有する場合，できるだけ昔のことに戻ってください。どのような具体的な出来事，あるいは瞬間を覚えている，あるいは思い出すことができますか？　何が，あるいは誰が見えますか？　何が，あるいは誰［の声］が聞こえますか？　何が，あるいは誰が動いていましたか？　どんな匂いを思い出しますか？　どんな味を思い出しますか？」

- 家族布置：「家族布置についての情報を共有する場合，以下の質問に答えてください。成長期には誰が家族のメンバーでしたか？　成長期には誰があなたと一緒に暮らしていましたか？　自分を第一子，第二子，中間子，末っ子，あるいは一人っ子と考えますか？　家族の中で＿＿のような子どもであることはどのようなことでしたか？　家族全員の中で，誰があなたに一番似ていましたか？　彼／彼女はどのようにあなたに似ていましたか？」

- 幼少期の試練：「幼少期の試練について共有する場合，子どもとして体験した医療上，行動上，あるいは学校での問題を取り上げてください。何が，あるいは誰がその試練と向き合うのに助けとなりましたか？　その試練について何か決心したことがありますか？」

- 白日夢あるいは夜に見る夢：「白日夢あるいは夜に見る夢について共有する場合，その夢を構成していたすべての景色，音，動き，味，匂いを思い出してください。」

- 幼少期の変化：「成長期に，家族，家庭，学校，あるいは隣近所でどんな変化が起こりましたか？　これらの変化にどのように影響されましたか？　これらの変化の結果として，どのような決定をしたか思い出せますか？」

- 物語（人生の断片）：「人生における特定の物語を話してください。その物語当時のあなたの年齢を教えてください。物語に登場する人々，場所，そして物や事について，できるだけ詳細に語ってください。」

H．グループのメンバーによる聴取

「あなたが私たちに情報を伝えてくれる間，各自が話の中に現れる［あなたの］長所，貢献，そしてつながりをリストに書き留めます。」

I．情報共有の終わりにあたって

「＿＿＿による彼／彼女の情報提供が終わったところですが，皆さんが聞いていてどのような長所，貢献，そしてつながりが認められましたか？」

「誰か＿＿＿のために書いたリストをまとめてもらえますか？　またそのリストを模造紙［大きく書いて全員が見やすいよう］に書く人，それと別にミシン目ノート［書いたリストを切り取って志願者に渡すため］に記録する人が必要です。」

J．志願者とのリストの共有

「＿＿＿に長所，貢献，そしてつながりのリストを読んであげてください。」間を置く。

「リストを＿＿＿と共有したことは，どのように感じましたか？」間を置く。

K．長所，貢献，つながりを調べる

志願者に対して：「私たちがあなたの強み，長所，貢献，そしてつながりを指摘したとき，そのことはあなたにとってどのようなものでしたか？」間を置く。

「リストを見てください。何か変更する，あるいは加えることがありますか？」間を置く。

「リストにある項目のうち，どれが一番関連のあるものだと思いますか？　その中で，あなたの目を引きそうなものを5－7個選んでください。」間を置く。

「自分の長所，強み，つながりを自分そして他人に対して有用な方法で使った場合，あなたにとってどのように物事が展開しましたか？」間を置く。

「あなたの長所，強み，そしてつながりを使わなさ過ぎる場合，何が起こりますか？」間を置く。

「あなたの長所，強み，そしてつながりを使い過ぎる場合，何が起こりますか？」間を置く。

　「たった今あなたの人生の中で，自分を新しい方向へと導くために，あるいは，あなたにとってこれまで試練であったような状況に対処する助けとなるように，自分の長所を使えるような領域がありますか？」間を置く。

　「それはあなたにとってどのようなものですか？」間を置く。

　「自分の長所を使いすぎるとは，どのようなことでしょうか？　自分の長所を使わなさ過ぎるとは，どのようなことでしょうか？」間を置く。

　「何があなたにとってより効果的でしょうか？」間を置く。

　「自分にとって物事を改善する上で，この先一週間どのような調整を行うことができるでしょうか？」

L．終了

　グループの残りのメンバーに対して：「来週一週間，皆さんが接点を持つ人々の長所，貢献，そしてつながりを観察してください。」

M．総括する

　「今日／今夜このグループに参加したことについて，何が助けになり，あるいは役立ちましたか？　どなたから発言してもらえますか？」

N．最終セッション終了（以下のアクティビティのうち一つを選ぶ）

O．アファメーション・クーポン

　このアクティビティでは，グループの各メンバーがお互いを肯定するような特別な言葉を相手に書いて送る。アファメーション・クーポン（図 10.4）の複製を十分な枚数用意し，グループ内の人数（グループリーダーを含む）と同じ枚数を各自に配る。参加者にグループの皆に対する肯定の言葉を書いてもらう。例としては，

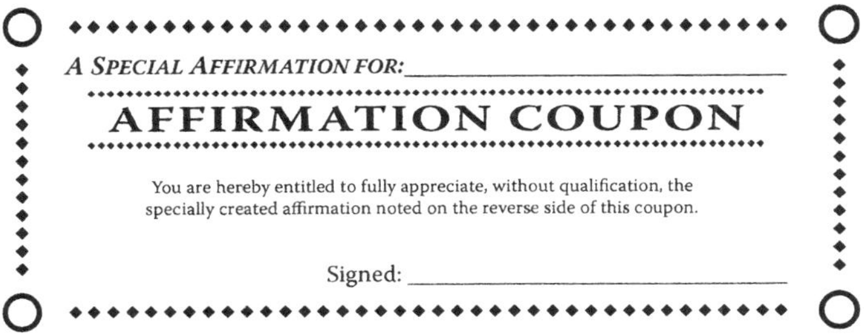

A SPECIAL AFFIRMATION FOR:＿＿＿＿＿＿＿＿＿＿＿＿

AFFIRMATION COUPON

You are hereby entitled to fully appreciate, without qualification, the
specially created affirmation noted on the reverse side of this coupon.

Signed: ＿＿＿＿＿＿＿＿＿＿＿＿

図 10.4　アファメーション・クーポン

- あなたがここにいて嬉しいです。なぜなら＿＿。
- あなたの＿＿をありがたく思います。
- あなたの＿＿が素晴らしいと思います。
- ＿＿という時，心の内で微笑んでいます。
- あなたが＿＿すると（だと），私はくつろいだ（温かい，幸せな，元気な）気持ちになります。
- ＿＿について，上手にできましたね。
- ＿＿が見事だと思います。
- あなたは＿＿にふさわしい。

クーポン券を書き終えたら，一つ一つを半分に折りホチキスで留めるよう指示する。その作業を終えてから，メンバーが歩き回って自分たちのクーポン券を交換する時間を設ける。クーポン券を持ち帰り一日に一つ，あるいは自己肯定が必要と感じた場合に開いて見るよう指示する。全てのクーポン券を配り終わったら，全員がグループの輪に戻って最後のリーディング（後述Q参照）を行うよう指示する。

P．無形のギフト券

このアクティビティはアファメーション・クーポンによく似ているが，グループの各メンバーに無形のギフトを贈るという要素を含んでいる。この場合，他のメンバーとグループリーダーを加えた数の「ギフト券」（図10.5）が各自に行き渡るよう複製を十分用意する。各ギフト券にはそれを受け取った人に贈られる願いの言葉を具体的に記すようにする。ギフトは受け取る人間一人一人に合わせたものにし，一人から同じ内容のものが全員に行かないようにする。ギフトは無形のものであって，一語以上あるものでなければならない。例えば，あるギフトは，その人がキャリアを目指し築く上でのすべての成功を願うものかもしれない。また別のギフトは，その人が求めている非常に特別な関係の成立を願うかもしれない。各メンバーがギフト券を完成し終わったら，歩き回って交換する時間を取る。終了後，輪に戻って最後のリーディングを行うよう指示する。

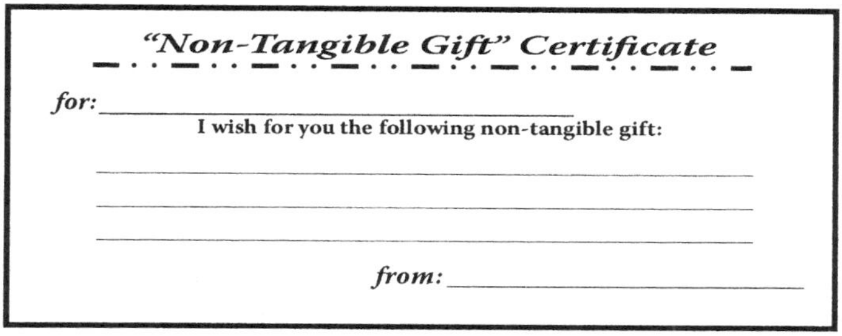

図 10.5　無形のギフト券

Q. 最後のリーディング：「人生は選択である」を読んでセッションを終える。

「人生は選択である」

人生は選択である…

自分がどのような人間かという認識

そして他人からの期待にたとえ彩られていても

私は形どられ，左右されている

私の信じるものによって…

世界がどのように私を扱うべきか

そして私はどのようにそこに収まるべきか

人生は選択である…

私には選択肢の無限の連なりが備わっている…

それを狭められるのは

私が行く手に置いた

自分で作り出した壁だけである

人生は選択である…

教訓と

将来への希望を与えてくれる

それぞれの瞬間に授けてくれる

今という時を十全に体験する可能性を

人生は選択である…

自分の最善を尽くす機会の

無限の連なりに満たされた

生きることには

「不完全である勇気」が必要だと知ること

人生は選択である…

個性の多様さの中に描かれ

私の世界を構成する人々の

一部でありながらも

一線を画するような

全ての人々によって示される

人生は選択である

過ぎし日々からの

　　　　　　　　　　　　―アル・ミリレン

ツール 10　「勇気」づけ（en-COURAGE-ment）

〈根拠〉

　勇気（courage）という言葉の根源的な意味を使って定義した場合，勇気づけ（encouragement）とは相手に対して勇気を与えるプロセスを指す。勇気づけは，認知的な決断へと変わる心からの感情的な体験を伝えるものである。勇気を挫かれた人々は，承認を求め権力側に気に入られようとする過度な欲求を持っていて，他人より優れている時にだけ自分に価値が備わるものと思い込んでいる。彼らは人生に効果的に対処できないと信じており，否定的な行動や結果を生むような誤った目標に基づいて自らの有用性や所属を達成しようとするかもしれない。勇気づけは，個人が彼または彼女の誤った目標に疑問を投げかけ，現実的な方法で変化を呼び込むために不可欠のツールである。［勇気の］進行役が個人に勇気を与え，新たな方向性を見出し行動に移れるよう導くことは勇気づけを通して以外にできないのである。勇気づけについてのアドレリアンの考え方と方策は，教育，家庭，セラピー，そして組織における関係や場面で広く利用されている。

〈目的〉

1.　挫折をもたらす要因を認識する。

2.　人々のやる気を削ぐようなコミュニケーション上の障害を認識する。

3.　勇気づけに必要な動機面での条件を整える。

〈推薦図書〉

本書第 1 章および 10 章

Dinkmeyer, D., & Eckstein, D. (1996). *Leadership by encouragement* (Trade ed.) Boca Raton, FL: CRC Press.

Losoncy, L.E. (2000). *Turning people on: How to be an encouraging person.* Sanford, FL: InSync Communications LLC and InSync Press.

〈使用法〉

A．勇気づけという行為の半分は，挫折感を避けることにあると言われる。自分の独り言や他人との会話に注意を払い，自分や他人の中に以下のような挫折感を示す態度が見られるか確認しよう。

- 過度な野心／大きな期待や高い基準。
- やる気を起こさせる目的でミス，あやまちに注目する。
- ある人（生徒）を別の人（生徒）と比べる。
- 悲観的な解釈をする。
- 過度に役立とうとし支配的になる。

B．12 のコミュニケーション上の障害（表 A10.3）を使い，自分あるいは他人のコミュニケーションの中に挫折感を表すこれらの傾向があるかを確認する。

C．勇気づけは，テクニックという以上に態度についてのものであることを認識する。優越性という私的な目標を追い求める，あるいは［自身の］無能感を覆い隠すための防御手段に訴えるのをやめた時にだけ，我々は励ましを与えることができる。もし家庭や学校での好ましい体験がないまま成長した場合，以下の原則に従い，我々は勇気づけの志向を自分の中に育むあらゆる可能性を探らなければならない。我々は自分自身と他人に勇気を与えられ，そして所属とつながりを強めるよう学ぶことができる（来れ——一

つになれ）。

- 結果ではなく，努力あるいは進歩に焦点を当てる。
- 長所と取り柄に焦点を当てる。
- 非難ではなく，建設的な構築・学習に焦点を当てる。
- 行為と行為者を分けてとらえる（行為者を彼または彼女として受け入れる一方，その行動や決定には同意しなくても良い）。
- お互いに敬意を払うよう努める。
- 意思決定を共有する。
- 常に相違点に対してオープンであるようにする。
- 民主主義と対等性を実践する。
- 参加し協力する勇気を持つ。
- 褒めること（価値判断と評価に基づく）と励まし（中立的，無条件の肯定的関心[5]）の違いをわきまえること。

ツール11　職場での家族布置

〈根拠〉

　人はそれぞれ独自のスタイルで働く。このスタイルは早期の家庭での経験に基づいており，社会生活を送る上でのその人固有の規範となっていく。この規範に従って，人は仕事／学校における同僚／同級生との位置関係から生じる問題に対処する。職場での関係における自分と他者に対する理解を深める一助として，ディズニーキャラクターのくまのプーさん，ラビット，ティガー，そしてイーヨーを使い，長所とストレス反応を明らかにすることができる。

〈目標〉

1. 個人の勤務態度と集団としての職場の雰囲気を吟味する。
2. 仕事場や教室における個人の協力と貢献のスタイルを調べるため，家族布置

5　C. R. ロジャースの提唱したカウンセラーのとるべき態度の三要件の一つ。クライアントに対して一切の価値判断や評価をすることなく，ありのままに相手を受け入れること。

表10.5　プーさんと仲間たちの長所とストレス反応

プーさんのキャラクター	長　所	ストレス反応
くまのプーさん	調和，繊細，優しさ，暖かい，寛大	過剰反応する，過度に喜ばせる，自滅的な
ティガー	［人との］つながり，おおらかな，陽気な，機知のある，エネルギッシュな，面白い	他者を責める，言い訳をする，混乱を起こさせる
ラビット	生産的，論理的，計画性のある，規則正しい	威張り散らす，催促がましい，完璧主義者
イーヨー	［良い意味で］保守的，一人でいることを楽しむ，自立を好む，決まった日課をこなすのが得意，洞察力に富む，思慮深い	閉じこもる，誤解される，複雑

　のテクニックと共に，その人の長所，利点，そして資源といった情報を使う。

〈推薦図書〉

本書第 4 章，6 章，そして 10 章

Kortman K. & Eckstein, D. (2004). Winnie-the-Pooh: A "honeyjar" for me and for you. *The Family Journal, 12*（1），67-77.

Milliren, A., & Harris, K. (2006). Work style assessment: A Socratic dialogue from the 100 Aker Wood. *Illinois Counseling Association Journal, 154*（1），4-16.

Milliren A., Yang, J., Wingett, W., & Boender, J. (2008). A place called home. *The Journal of Individual Psychology, 64*（1），81-95.

〈使用法〉

A．「ホームページ」（ツール 13 参照）は個人と集団どちらにも有効に使うことができる。個人またはグループメンバーに各質問に答える形でワークシートを埋めてもらい，ツール 13 のように家族布置の情報を集める。

B．人がどのように考え，感じ，そして行動するかを説明するためにディズニーキャラクターを使う。各キャラクターには長所を見せる瞬間，または過剰もしくは過少な態度の使用がある（表10.5 参照）。

C．探すべきもの

- 心理的パターン：次のことについて相手が何を言うか予測してみて，その人の長所を予測してみよう。「私は」，「他者は」，「世界は」，「したがって」。
- ライフスタイルから仕事のスタイルへの置き換え：「私」を「経営者や従業員」，「他者」を同僚，「世界」を「職場」であるかのように（置き換えてみる）。

D．労働者の長所とストレス反応の一般的なパターンを観察し，職場の雰囲気を記述してみよう。

ツール12　目標の開示：「もしかして…？」で始まる質問

〈根拠〉

　ルドルフ・ドレイカースは，子どもの私的な論理を理解する手段として不品行による4つの目の前の目的という概念を考案した。これらの目的－注目喚起，権力闘争，復讐，そして無能の証明－は，どのように集団の中で所属感を得られるかについての子どもの誤った考えを読み取るのに役に立つ。子どもに目的を明らかにすることは，彼らが行動を変えないことを選んだとしても，アドラーの概念である「他人のスープの中にツバを吐く」[6]につながるため有用である。たとえそのスープを食べ続けることを選択したとしてもそれはほとんど同じように味わえないだろう。

〈目標〉

1．子どもの不品行に隠された理由を推測すること。
2．子どもの行動の目的を推測し，子どもにそれを明らかにすること。
3．子どもによる同意，不同意，もしくは認識反射のいずれかを通して確認する

6　他人のツバが自分のスープ皿に飛び込むのを見たら，そのスープを飲み続ける気にはならないだろう。相手が好ましく思っていること，つまり強固なライフスタイルを，そうではない「ツバの入ったスープ」と思わせることで，真に好ましい変化を呼び込むことを指す。

こと。

〈推薦図書〉

本書第 6 章

Bettner, B. L., & Lew, A. (1996). *Raising kids who can*. Newton Center, MA: Connections Press.

Grunwald, B. B., & McAbee, H. V. (1985). *Guiding the family: Practical counseling techniques*. Muncie, IN: Accelerated Development Inc.

〈使用法〉

　4 つの各目的はまず「推測」の形で示され，次にそれぞれの具体的な言及へと続く―もしかして君は（誤った目的の特徴）するために（あれこれ，または行動の要約）をするのかい？

A．不品行の目的や意図を明らかにするプロセスを踏みたければ，子どもに「なぜ（不品行の指摘）することにしたかわかっているかい？」と聞こう。

B．もし子どもがわかっていると答えたら，何がその目的だと考えるかを説明する時間を与えよう。

C．もし子どもがわからなければ，もしくは答えの焦点が不品行の目的にあっていなければ，「それについて私も考えがあるよ。私がどう考えているか知りたい？　聞きたい？」と言って答えよう。

D．もし子どもの答えがノーならば，子どもの判断を尊重することが大切である。

E．もし子どもの答えがイエスならば，認識反射が起こるにつれそれに注意しながら一度に一つずつ次の質問に進もう。この一連の「もしかして」という質問は，決めつけや非難をすることなく，また客観的に行う必要がある。この質問はもっぱら目的や意図の開示のために考案されたもので，不品行の間接的な解釈を可能とする。したがって，4 つ全ての質問をする際には，不品行の目的について早急な結論づけを控えなければならない。

　　•　もしかして，私があなたに十分に心を配っていなかったと思っているの？（または，もしかして，私／他の人にもっと一緒に過ごしてほしいの？　もしかして，特別だと感じたいの？　もしかして私／先生にずっと構っ

ていて欲しいの？）ここでの目的は「注目喚起」である。

- もしかして，自分の思い通りにしたくて，自分が仕切っているんだとみんなに知らせたいの？（または，もしかして，自分がやりたいようにできて誰も自分を止められないと思っているの？）この場合，目的は「権力闘争」である。

- もしかして，自分が傷ついたと感じる分だけ他の人を傷つけたいの？（または，もしかして先生やあなたのクラスの他の子どもを傷つけたいの？もしかして＿＿＿に仕返しをしたいの？）これは「復讐」の目的である。

- もしかして，一人にして欲しいの？（または，もしかして，自分が賢くなくてそれを誰にも知られたくないと思っているの？）この目的は「無能の証明」である。

F．「隠された理由」のテクニック：反抗する子どもの心を動かす一つの方法は「隠された理由」のテクニックである。子どもが常軌を逸したことを言ったり行ったりしたとき，彼らが何を考えているか，つまり彼らがしていることの理由を推測することができる。これは心理的理由ではなく，むしろ彼らが頭の中に自分の言葉で作ったものである。このテクニックを学ぶのは簡単ではないが，非常に有効で信頼できるものである。もしあなたの推測は違うと言われれば，その推測は間違っているのである。もし彼らが「たぶん」と言えば，それは［核心に］近づいているのである。正しく推測できたときは，彼らはいやおうなしにイエスと言うのである。隠された理由は4つの目的の開示と同じような方法で子どもに明らかにされるかもしれないが，次に示すような異なる質問を用いる[22]。

- もしかして，自分がすることは何でも一番にならない限り価値がないと感じるの？

- もしかして，みんなから好かれていないと拒否されていると感じるの？

- もしかして，決して間違ってはいけないと感じているの？

- もしかして，頑張っているのに誰も感謝を表してくれないと感じているの？

- もしかして＿＿＿よりも良くありたいの？

- もしかして，私が君にしたことについてやましく思わせて，君に申し訳

ないと思わせたいの？

- もしかして，私（彼／彼女）をこんな風に感じさせたことについて，報いを受けなければならないことを気にしていないの？
- もしかして，自分が私よりどれだけ賢いか証明したいの？
- もしかして，君に対してどうしてよいか分からず無力に感じるような状況に私を置いたときに，私に対して優越感を抱いているの？
- もしかして，君が黙っているのは，私（や他人）をイライラさせたり，無力感や挫折感を味わわせるためなの？
- もしかして，自分が大物であるかのように感じるためには何でもしたいと思っているの？
- もしかして，人々が君をかわいそうに思って屈して欲しいの？
- もしかして，自分の責任を果たさないもっともらしい言い訳をするために病気を使っているの？
- もしかして，他人の持ち物を盗んだり壊しても未成年者だから罰を受けずに済むと思っているの？
- もしかして，他の人を苦しめたり愚かだと感じさせるときとても満足しているの？

時々際立って見える他の人たち：

- もしかして，自分の能力を証明するためには，何が何でも成功したと感じなければならないの？
- もしかして，他人があなたを上回ることができないようにそんなに頑張っているの？
- もしかして，自分は［人から］面倒を見てもらって簡単に人生を送れるべきだと思っているの？
- もしかして，世間はあなたに借りがあり，自分が得るためには働かなくてもいいはずだと感じているの？
- もしかして，君は他の全ての人間に勝っていて誰が一番かを証明しなければならないと感じているの？
- もしかして，決して馬鹿げた間違いをしないようにといくぶん人生をためらっているの？

　備考：もし間違って推測してもただ無視されるだけなので，推測には何も害はない。正しく推測できた場合には，子どもは理解されたと感じ，敵対し抵抗することから協力的になるよう変化する。さらに，このことは子どもが自分の誤った考えを変えるための助けを受けられるような，常に作り上げていくお互いの関係のきっかけともなる。通常，人は隠された理由に気づいていないものだが，正しい推測が示された際に，相手が突然はっきりとその推測が妥当だと気づくのを認識するのも重要である。

ツール 13　ホームページ

〈根拠〉

　家庭での早期の経験にまつわる雰囲気に心理調査の重要な領域を見ることができる。幼児期には，家庭の中で成立し，また両親同士のやり取り，親と子ども達とのふれあい，あるいはその周囲との交流によって姿を現すような，その家庭の雰囲気が社会生活の基準や「規範」を与える。人はそれぞれが，こうした親からの様々なメッセージを自分なりに解釈するのであって，家庭の雰囲気が直接その人格を決定するわけではない。しかし，家庭の雰囲気はライフスタイルの発達を大きく左右する。子どもたちは家庭で起こった出来事の経験から受け取ったメッセージを解釈するため，彼らが家庭や家族内での自分の位置をどのように見ていたかを理解する，つまり，彼らの「人生計画」を決定づける基礎となるような信念を理解することが重要となる。

〈目標〉

1. 個人の取り柄，長所，資源，そして私的な論理を確認すること。
2. 個人が持つライフスタイル（認知地図）の要素を確認すること。

〈推薦図書〉

本書第6章と10章

Milliren, A., Yang, J., Wingett, W., & Boender, J. (2008). A place called home. *The Journal of Individual Psychology, 64* (1), 81-95.

〈使用法〉

A．ホームページ（図 10.6）は個人にも集団に対しても有効に使えるものである。クライアントやグループメンバーにワークシートにある各質問の答えを埋めてもらおう。

B．それを終えたらクライアントの反応を「敬意ある好奇心からの問診」（Respectful Curious Inquiry, RCI）プロセスを使って調べる。

C．敬意ある好奇心からの問診は人生の旅についての会話テクニックである。こ

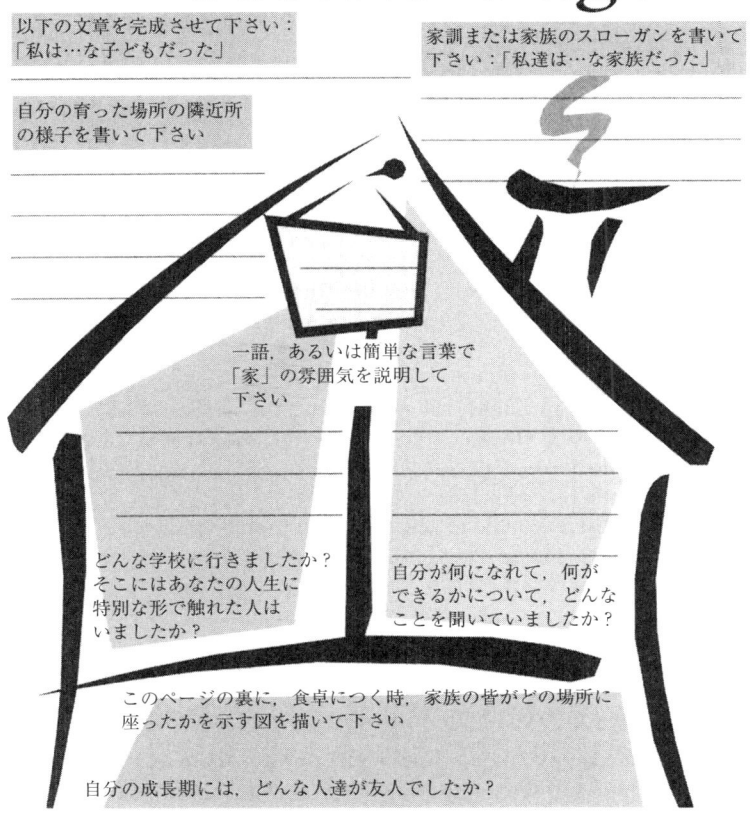

'Home' Page

以下の文章を完成させて下さい：
「私は…な子どもだった」

家訓または家族のスローガンを書いて
下さい：「私達は…な家族だった」

自分の育った場所の隣近所
の様子を書いて下さい

一語，あるいは簡単な言葉で
「家」の雰囲気を説明して
下さい

どんな学校に行きましたか？
そこにはあなたの人生に
特別な形で触れた人は
いましたか？

自分が何になれて，何が
できるかについて，どんな
ことを聞いていましたか？

このページの裏に，食卓につく時，家族の皆がどの場所に
座ったかを示す図を描いて下さい

自分の成長期には，どんな人達が友人でしたか？

図 10.6　ホーム（家庭の）ページ

れは個人がどこにいて，現在その人に何が起こっていて，そしてどこに向かいたいかを見つけるために作られたものである。この調査が進むにつれ，クライアントの行動を観察することが相手の論理の理解を深めることに繋がる。この過程はクライアントが自身の信念を意識するのに役立つ。7つの基本的特性や効果的な RCI の FLAVERS がある。

　　F＝クライアントが求めているものに焦点を当て，お互いに合意した目標に到達する。

　　L＝注意深く，共感的な態度で，そして思慮深く相手の言うことに耳を傾ける。

　　A＝クライアントの長所，回復力，そして共同体感覚を吟味する。

　　V＝クライアントの資源と特性的特徴を認め，成長に向けて励ます。

　　E＝社会生活の皮肉さの中にあふれているユーモアを取り入れる。

　　R＝情報の収集（ファクトフィリア）をやめ，適切な確認，創造的な直感，想像力ある共感，そして確率的な質問を用いる。

　　S＝RCI プロセスの重要な要素として働くソクラテス式問答（何が？　誰が？　どこで？　いつ？　どのように？）

D．アドラーは，個人のライフスタイルの価値はその人の行動や言葉の全てに表れていると言うだろう。したがって，クライアントが与えてくれるどのような情報でも彼らの私的な論理のヒントとなりうる。我々の目標は個人のライフスタイルを理解し，それを自分でどのように扱っているのかを彼らが意識できるよう手伝うことである。したがって，我々の質問は［相手の］認識を深め行動を起こさせることに自然と集中するようになる。

〈対話例〉

　以下にあげるのは，「自分が何になれるかについてどんなことを聞いていましたか？」という質問にステフが答え，それに続いた対話である。彼女は仕事に満足できなかったためカウンセリングに通っていたが，自分の不満の多くは，父親を決して喜ばすことができないという気持ちから生じていたものだと分かり始めた。

ステフ：私はなりたいものに何でもなれるのだといつも言われていました。し

かし，両親のように教師になりたいという事実を決して喜んでくれませんでした。親は私に自分たちよりも良くあって欲しいと考えているようでした。

カウンセラー：それはあなたにとってどうでしたか？

ステフ：いつも大きなプレッシャーに感じていました。そして，私は力不足だと感じていました。［学校の成績で］A を取れば A+ を取るべきだったのにと思い，親をいつも失望させているかのように思えました。

カウンセラー：では両親の期待に応えられないと感じたのですね？

ステフ：母は私がしていることについてわかってくれていると思いますが，父はそうではないと知っています。彼は「それで教師の給料で暮らす贅沢な暮らしはどうだい？」といったことを言うのです。そして，私は彼に返事をしないのですがとても傷つきます。

カウンセラー：その傷口をさらに大きくしないためにどうしていますか？

ステフ：無視しようとするのですが時々家に帰って泣きます。父を絶対に幸せにすることは出来ないのだとわかるのです。一度でも私を誇りに思っていると言ってくれればいいのに。頑張ってみることもあります…何も改善しないのですが。

カウンセラー：このことは家の外でのあなたの人間関係にどのように影響しましたか？

ステフ：友達やその子どもたちに対しては，どのような選択を彼らがしようと，自分たちが幸せであることが大事だとわかるよう，いつも手伝うようにしています。そして，学校の子どもたちには，彼らを励まして長所を指摘するように努めています。

カウンセラー：ではある意味，父親との状況が難しいと十分わかっているが，それはあなたを前向きにして他人を励ますような助けになっていたのですね？

ステフ：ええ，そうですね。唯一良かった面だと言えるかもしれませんね。

　ステフの主な取り柄の一つは，人々に平等を求めているということだ。この面談でのその後のやり取りで明らかになったのは，人々がお互いを大切に思っていると伝え合うことが大事だとステフが思っていることだった。これはお互いを思い合う生徒という，彼女が大変力を入れ，自分のクラスの関心事の一つ

としていることでもあった。ステフは言い争いの避け方をわかっていて，他人に敏感であり，人を喜ばせたいと思っている。とりわけ，彼女は勇気を与える人でありたいと思っており，またそう見られたいとも思っているのである。

ツール14　希望は選択である

〈根拠〉

　我々は悩み多き世界に住んでおり，しばしば意味やスピリチュアルな方向性を求めて努力する人々を相手にしている。希望と同様，勇気は恐怖や絶望を前にした我々に忍耐や励ましを与えてくれる。希望とは，目標指向の考え方や信念の一つであり，好ましいと思う目標に向けて複数の道を開くとともに，これらの道を選択しようとする意欲を伴うものである。事態が好転するだろうと我々があえて信じることができる最も意味深い機会を手にするのは，我々が最も傷つきやすく，また無力なときなのだ。最も絶望的な時でさえも，我々は一人一人が選択する力をもっている。希望それ自体を促すことは，個人が建設的に変化する機会を作り出すのである[23]。

〈目標〉

1. 希望は個人が目標に向かって動くことを可能にする，認知的であり感情的でもある概念だという理解を深めること。
2. 希望を必要としている人に，自分の意欲を見つけ高めるよう促すこと。
3. 積極的に実行に移せるような計画づくりを促すこと。
4. 自分を勇気づけるためのスキルを身につけるよう促すこと。

〈推薦図書〉

本書第9章

〈使用法〉

A. 個人が挫折感や喪失を味わうような状況を明らかにしよう。相手が感情面，行動面，あるいは知覚面での懸念を表せるよう手伝おう。

B．相手の変化を目的として支援しよう。

C．相手の中に相反する意見が生まれるのを認めよう。

D．変化したいという相手の気持ちを高めるのに励ましを用いよう。

E．招き入れの話し合いガイド（ツール 1）や「取り揃えています―イレブンセブンツール」（ツール 15）を用いて相手の長所を探ろう。

F．一旦変化への願望が明らかになったら，計画を立てることによって変化の実現へ向けた最善の方法を理解できるよう支援しよう。

G．早期回想や家族布置（表 10.6　希望のワークシート #1-2）を使い，計画を

表 10.6　希望のワークシート #1-2

懸念の状況	理想として求める目標	計画や方策
個人的情報	人生のタスク	家族布置―
	仕事―	
	愛―	
	友情―	
	家族―	早期回想―
	コミュニティ―	
	自身―	
	宇宙―	
心理的パターン	私は―	よって―
	他者は―	長所―
	世界は―	挑戦―
	神は，または人生は―	
選択，機会，方向*	私は―を持っている	他者は―を持っている
	私は―	他者は―
	私は―できる	他者は―できる
	私は―をする	他者は―をする
自分を励ますこと	分離の感情を結合の気持ちに置き換える（第 8 章）	家訓―
		スピリチュアルな肯定―（表 A10.4　希望のワークシート #2-2 参照）

＊ウェス・ウィンゲットによる，個人間のコミュニケーションという選択，機会，方向の使用法。

実行する上で試練となるようなライフスタイルのテーマ（または人生の態度）を明らかにしよう。

H. 変化しよう，あるいは変化しないという決断に関わっている分離の感情を明らかにしよう。

I. 家訓や聖書からの言葉（表 A10.4　希望のワークシート #2-2）を使った自分への励ましを促し，希望を高めよう。

ツール 15　取り揃えています：イレブンセブン

〈根拠〉

　勇気の促進者は，個人が変化を経験するために用いる自分の取り柄，長所，そして資源を活用する。援助関係の中心にあるのは，個人が変化する過程での協力と参加である。7つの対話の導入と 11 のソクラテス式質問は，アドラーの創造的なスタイルの質問を下敷きにして開発された。「良い」質問とは，何が，誰が，どこに，いつ，そしてどのように，のような質問である「何の目的で？」を本当に明らかにするのでない限りは，決して「なぜ」と質問することはない。［これにより］促進者が対話の正しい筋道を立て，対等な二人の間のますます深いコミュニケーションを可能にするような，創造的な機会が用意されるのである。

〈目標〉

1. 個人の取り柄，長所，資源，そして私的な論理を確めること。
2. 個人のライフスタイルの要素（認知的地図）を確かめること。

〈推薦図書〉

本書第 10 章

Wingett, W., & Milliren, A. (2004). Lost? Stuck? An Adlerian technique for understanding the individual's psychological movement. *Journal of Individual Psychology, 60* (3), 265-276.

〈使用法〉

A．11 の質問：次の 11 のソクラテス式質問は，自身と他者についての情報を収集する過程で役に立つ。

- 一言質問―あなたにとってそれはどうでしたか？　これは時にはたった一つの基本的な質問さえあれば良いという点を訴える，我々の皮肉交じりのアプローチである。それは［以前は］あなたにとってどうでしたか？　今はどうですか？　今はどのようなものですか？　［以前は］どのようなものでしたか？

- 選択についての考察―クライアントに対しては，人生のいくつかの面で選択肢があったことを度々それとなく指摘することが重要である。全ての可能性がある中で何があなたを＿＿させたのですか？　全ての可能な選択肢がある中でどのように＿＿を決断したのですか？　何が＿＿へとあなたを引き寄せるのですか？

- 気持ち，気持ち，気持ち，気持ち―特に若いクライアントや青年期の人を相手にする場合，気持ちを確認するための枠組みを与えると役に立つ。質問を簡潔にしようとして「それについてどう感じる？」と尋ねるのは「分からない」という反応以上のものを生まないかもしれない。したがって，このように言うべきだろう。「その状況を考えるとき（何が起こっていたか考えるとき，またはそれを振り返ったとき）怒り，悲しみ，嬉しさ，または恐れ…またはこれらを組み合わせたものを感じますか？」相手の反応に続けてこう尋ねても良いだろう。「＿＿だと感じるときあなたにとってどのような感じですか？　身体のどこで＿＿の気持ちを経験しますか？」

- スナップ写真―早期回想を探る過程を取り入れると，ほぼどのような話においても最も鮮明な瞬間が重要な部分となる。基本的にはこう質問したい。「絵やスナップ写真におさまるように，その出来事について何が一番際立って映りますか？」

- 繋がりを作る―度々人は過去における決断や信念を持ちだすかもしれない。これらは早期記憶や早期回想を取り上げる中でしばしば生じるが，それを現在に再現することが，ここでの我々の実践である。「それが今あな

たにどのように繋がりましたか？」や「今のあなたの人生でそれはどの
ような働きをしていますか？」と聞くことで，クライアントに，例えば
小学生の時に下した決断に基づいて人生を導いているのだと示すことが
できる。

- 決断，決断―どう考え，また行動すべきかについて選択肢があったと人々
  が気づくよう手伝うことに似ているが，人生におけるある出来事への反
  応の一つとして自分が下したかもしれない決断について尋ねることは，そ
  の人が現在持っている信念を理解する上で有効である。大抵の場合，こ
  れらの決断は人生のタスクの一つ―それが友情，家族または仕事であろ
  うと―に関連しており，また青年期の間に行われることが多い。「それが
  起こっているとき下した決断を覚えていますか？」「それが起こっている
  ときどのような考えを持っていたか覚えていますか？」「何がその結論に
  至らせたのですか？」

- 結果―もししていたら，もししていなかったら―我々はまるで他に選択
  肢がないかのように人生をとらえることがあまりにも多い。家に帰らな
  ければならない，夕食を作らなければならない，勉強しなくてはいけな
  い，といったように。クライアントが自分自身に求めるものについて話
  すのを耳にしたときはこう質問できる。「それをしないと何が起こるので
  すか？」「それをすると何が起こる可能性がありますか？」「それをする
  といつも何が起こりますか？」

- 評価―「すれば何が，しなければ何が」の質問に似ているが，わざと相
  手に行動や信念を評価して欲しい時がある。ごく簡単に言えば，質問は
  このような形をとる。「何が＿＿＿をあなたにとってそれほど重要（特別，
  必要，魅力的，etc.）にするのですか？」

- 何が見えるだろう？―単純に相手の話の特定の部分をはっきりさせるた
  めにこう尋ねることができる。「もし私が見つめていたら何が起こるのを
  私は目にするでしょうか？」または「何が起こるのを目にしたでしょう
  か？」「それはどのように見えるでしょうか？」目で確認する情報をすぐ
  には得られない特異な状況では，代わりにこのように尋ねても良いだろ
  う。「それについてもっと教えてくれますか？」「より詳細に説明できま

すか？」「何か例はありますか？」

- 目標設定─治療の過程での重要な要素は，クライアントと同じように考えることだ。実際に新米のカウンセラー／セラピストが犯す大きな間違いの一つは，クライアントと一緒に目標設定をしないことである。簡潔に「今日は私があなたにとってどのように役に立つと望んでいましたか？」と尋ねることで，お互いの目標を打ち立てるのに大いに役立てる。他の質問例としては以下のものがある。「今日ここで私があなたをどう援助できると思いますか？」「今日はどうすればお互い一緒の時間を最も有効に使えると思いますか？」そして，「私たちがこれまで話し合ってきたことが今日あなたにとってどのように役立ちましたか？」

- 「大質問」を取り入れた質問─アドラーが考案し，ドレイカースによって広められて以来，「大質問」は様々な名前でアドラー派の文献に（そしてカウンセリングとセラピーにおける他の数多くのアプローチにも）登場してきた。きわめて簡単にアドラーはクライアントに対し「調子が良ければあなたはどのように感じますか？」と尋ねるだろう。この質問はしばしば「奇跡の質問」と呼ばれ，クライアントが何を避けているのかをカウンセラー／セラピストが知る上で役立つものだ。次のような形でこの質問は有効である。「あなたが望むように全てを変えられる魔法の力を持っていたとしたら，あなたにとって物事はどのように違ってきただろう？」

B．7つの会話の導入：以下にあげるのは，相手が扉を開けて自分たちの世界に我々を受け入れてくれるように誘導する7つの会話の導入である。多くの場合，人はたくさんの扉を開けていて，どれを追求するのに最適か我々は常に分かるわけではない。その中の1つを選び，他のものは後に残しておく。通常，その扉が重要であったとして我々がそれをすぐに選択しなければ，クライアントは何か別の方法で我々をそこに戻してくれるものだ。

- 自転車（ローラースケート，水泳，スケートボード，ピアノ）─この手始めを次の質問で始める。「自転車の乗り方を知っていますか？」知っているという答えがなければ，リストにある他の活動について尋ねる。もし相手が知っていると答えたら，さらに次のように尋ねる。「初めて乗り

方を学んだ時のことを教えてくれますか？」これらの話はしばしばその人が何か新しいことを学ぶ場合の方法によく似ている。その人が学習に対してどのようにアプローチするのかがわかれば，彼らと効果的に接する方法についての手がかりを見つけられる（対話例を参照）。

- 食料雑貨類―食料品の買い物はほとんど全ての人が向き合う人生の基本的な活動の一つであり，誰もがそれをこなすためのコツや手順を身につけているような，多くの単純作業の一つである。この手始めの質問をこのように尋ねる。「主な食料品の買い物はどの店でしますか？」答えは様々である。Ｙ店やＺ店についても似たような質問をする。その後に続く話し合いでは，相手の人生観全般に通ずるような個人的な価値観を発見できるだろう。

- 出生位置―アドラー心理学の伝統に従い，クライアントの出生位置を探る必要がある。時間の限られたカウンセリングやセラピーの状況では，いつも完全な家系図を作るための時間をかけられるわけではない。しかし，ここでしておきたいことは，出生順位による特定の立ち位置から見た彼らの世界観を見つけることだ。簡潔にこう尋ねる。「あなたは何番目の子どもですか？　一人っ子でしたか？　第一子？　第二子？　中間子？　末っ子？」一旦答えを得られたら次のように続ける。「＿＿番目の子であることをあなたはどう感じていますか？」以降は相手の反応次第だが，「正しい糸を手繰る」ことができるような質問を選んでいく。

- 見失った，行き詰って動けない：見失った，あるいは行き詰る話の目的は，道を見失ったところから道を見つけるまで，あるいは行き詰って動けないところから自由になるまでその人が動けるよう支援することだ。相手が道を見失った（自分は何をすべきかについて全く霧の中をさまよっているようだ），あるいは行き詰っている（自分はこの関係に閉塞感を持っていて次にどこへ向かえばよいか分からない）気持ちを示すなら，この導入を使うのが一番である。しかし，ときには次のような言葉で対話に招き入れることが効果を上げることもある。「人生の中で道に迷ったときのことを教えてください。多分あなたは旅行をしていて家への帰り道を見つけられなかったのでしょう。多分住所を見つけようと道に迷った

り，ショッピングモールで迷ったのでしょう」または「人生で雪や砂や泥にはまり動けなくなった時のことを教えてください。」決まって，彼ら独特の問題解決法について概要を聞けるだろう。繰り返すが，ソクラテス式質問は相手の応答がどのような性質のものかによって変わってくるものである。

- 家―家と呼べる場所について考えたとき，それを最も的確に表す一言を言ってくれますか？

- 名前―時折，この導入はクライアントとのやりとりで重要な深みを生み出すことができる。我々は，誰かにちなんでつけられた自分の名前にどれほど誇りを持っているか，あるいは自分の名前が子どもっぽいと思うかについて，クライアントに話してもらった。名付けられ方によって自分が特別であると言う人がいれば，自分の名前にとても失望していると言う人もいた。次のように質問して始めてみよう。「自分の名前の由来を知っていますか？」もし知らなければ，話を作ってもらうように頼もう。「自分の名前がどういう意味か知っていますか？」知らなければ，同じように何か作り上げるよう頼んでもいい。「あなたの名前について好きな（嫌いな）ところは何ですか？」「もし変えるとするならどんな名前にしますか？」

- 身近で励ましてくれる人―あなたの成長期にあなたを信じてくれた人はいますか？　その人は誰ですか？　その人だったらどのようなことを言ったり，したでしょうか？　どうしてその人があなたを信じていると分かったのですか？　誰にでも身近に励ましてくれる人がいるわけではないが，かなりの確率で最低一人は支えや励ましの源だった人が見つかるだろう。

〈対話例〉

クライアント：私以外の他の子どもたちがみんな自転車に乗っているのを眺めて，彼らの仲間入りができたらと願っていたのを覚えています。兄が家に帰ってきたとき乗り方を教えてくれるよう頼みました。

カウンセラー：あなたにとってそれはどうなりましたか？

クライアント：彼は一緒に走って，倒れそうになったら自転車の後ろを掴んで
　支えてくれると言いました。

カウンセラー：それはあなたにとってどうでしたか？

クライアント：そうですね，私たちの家の車道は多少下り坂だったのでうまく
　ペダルを踏んでバランスを取れていました。しかしそこで兄が私の後ろを走
　ってすらいないことに気付いたんです。彼を探そうと振り返って茂みの中に
　突進してしまいました。どうやって止まるのか全く分からなかったのです。

カウンセラー：ではそのことを考えると，怒り，悲しさ，嬉しさ，怖さ，また
　はこれらの組み合わさったものを感じましたか？

クライアント：初めは彼が嘘を吐いたのでとても腹を立てていました。しかし
　そこで1回目の挑戦で自転車に乗っていたことに気付きました。なので，そ
　のことで興奮しました。自転車を引いて車道の一番上まで歩き，また自転車
　に乗って試してみると，実際彼が必要でなかったことに気付きました。自分
　自身で出来たんです。

　この話が進むにつれ，おそらくこのクライアントは何かを新しく学び始める
時に，誰か自分を助けてくれる人を見つける必要を感じていることが分かる。し
かし，ひとたび始めてしまえば彼女はほとんど自分だけで進めてしまう。彼女
は「頼りながらの独立心」（a dependent independence）とも言えるものを持
っている。更に質問を重ねると分かるのは，これが彼女の人生へのアプローチ
であり，彼女が頼りすぎたり自立しすぎたり，あるいは十分に頼らなかったり
自立していなければ，生きることへの挑戦にいくらか困難が生じるということ
だ。この点を彼女のカウンセリングにおける目的とした上で，このカウンセラ
ーは彼女がバランスを見つけられるように力を添えているのである。

ツール16　ライフスタイル・インタビュー：様々なあり方

〈根拠〉

ライフスタイル評価は，その人自身と他人を理解するのに効果的な方法であ

る。ライフスタイル評価では，家族と人生における早期の体験に関する情報を BASIS-A などの心理測定を通して，または単に面接によって収集できる。ライフスタイル面接は，その人のプロフィール，信条や信念のテーマやパターン，自己や他者に対する態度，そして人生からの要求を満たそうとするための方法を明らかにする。

〈目標〉

1. 創造的に修正を加えながら，簡潔なライフスタイル面接のガイドラインを提供すること。
2. ライフスタイルに関する自己判定のプロセスを実際に行ってみせること。

〈推薦図書〉

本書第 10 章

Bass, M. L., Curlette, W. L., Kern, R. M., & McWilliams, A. E., Jr. (2006). Social interest: A meta-analysis of a multidimensional construct. In S. Slavik & J. Carlson (Eds.), *Readings in the theory of individual psychology* (pp. 123-150). New York: Routledge/Taylor & Francis Group.

Walton, F. X. (1998). Use of the most memorable observation as a technique for understanding choice of parenting style. *The Journal of Individual Psychology, 54,* 487-494.

Walton, F. X. (1996). *Questions for brief life style analysis.* Paper presented at University of Texas Permian Basin Sping Counseling Workshop, Odessa, TX.

〈使用法〉

A. ウォルトンは簡潔なライフスタイル面接について 5 つの質問を提唱した。

- 次の文を完成させよう。「私はいつも＿＿＿する子どもだった。」
- 子どもの頃，どの兄弟／姉妹が最もあなたとは異なると思っていましたか？　どのように異なっていましたか？　もし一人っ子ならばこう質問しよう。「他の子どもとはどう違っていましたか？」
- 子どもの頃，母親／父親について最も肯定的に思えたことは何ですか？　母親と父親についてその当時のあなたが受け入れられなかったことはあ

りましたか？
- 忘れられない，もしくは最も記憶に残る観察。『小さい頃人生について出した結論，例えば「大人になったらきっと間違いなくいつも＿＿＿するようになる」や「家族に，あるいは人生で決してこれが起こらないようにする」といったことを思い出せますか？』
- 最後に，2つの早期記憶（回想）を得よう。「思い出せる最も古い具体的な出来事は何ですか？」（現在形でこれらを本人の言葉通りに記録しよう）「どの瞬間が最も鮮明でしたか？」「どのような気持ちがその出来事と繋がっていますか？」

B．ウォルトンの5つの質問であなた自身にライフスタイル面接を行ってみよう。自分自身について学んだことを書き出してみよう。

C．アドレリアンは，感情や繰り返し現れるテーマ—例えば，その人が孤独なのか他者に寄り添うのか，能動的か受動的か，協力的か競争心が強いか—また家庭や学校での人間関係の種類などを探るよう勧めている。現時点でのその人の人生で起こることに，これらの気持ちがどのように関わっているかについても調べる。（最後にこれらの気持ちを抱いたのはいつだったか？）

D．下記のソクラテス式問答スクリプトを使ってあなた自身（もしくは他人）にライフスタイル面接をしよう。

〔初めの説明〕

「これから会話中にこういうことをします。リストを書き始めて…あなたの取り柄や長所（または既にうまくやれていること）について聞いていきます。話を聞きながら，あなたが自分の課題に取り組む中で使っている，または使えるかもしれないことを書き出していきます。仕事についてかもしれないし，家のこと，家族のことや友達のこと，などなどです。さあ，少し話してみましょうか？」

出生順位：

- あなたの出生順位について一緒に探っていきましょう。兄弟と姉妹は何人いましたか？
- それはあなたにとってどうでしたか？

- あなた達の間での競争とはどのようなものでしたか？
- 末っ子（第一子，中間子，または一人っ子）であることについて他に何か思い浮かぶことはありましたか？
- では，それについてあなたが出した結論は何でしたか？

私は＿＿するような子どもだった：

- 小さい頃特別なあだ名はありましたか？　あるいは「＿＿するような子どもだった」といったように，何か特別なことで評判でしたか？
- 人生でこのような他の例は思い浮かびますか？

学校での体験：

- 典型的な一日ではどのように時間を使いますか？
- 学校生活の初めの数年を思い出してみてください。幼稚園の時や 1 年生，2 年生の時はあなたにとってどうでしたか？

初めての定職：

- 先ほど仕事について話していたので，あなたの初めての定職が何だったか気になっているのですが。
- その仕事で最も好きだったことは何ですか？
- その仕事について他にも何かありますか？
- その仕事にはマイナス面のようなものはありましたか？

食料品の買い出し：

- では，食料品の買い物に関しては，どのようなお店でしたいですか？
- その特別な品物に加えてその店では他に何が魅力的ですか？
- 私が興味を持っているのは，あなたが日常生活におけるありふれた課題をどのように解決するかです。買い物は日々の生活の決まりきった課題です。あなたはどのようにこなしますか？

その他の質問：

- その出来事のせいで決断したようなことを何か思い出せますか？
- 小さい頃あなたを信じてくれた人は誰かいましたか？
- あなたにとってそれはどうでしたか？

4 つの気持ち

- その時期を振り返る時，怒り，悲しみ，喜び，恐れ，あるいはこれら

の組み合わさったものを感じますか？

長所の要約

- さて，ありがとうございました。では，今日の会話から得られた長所のリストを要約してみましょう。あなたの目標について話をし，そしてこれら全ての要素をまとめて，どのようにあなたに役立てられるかを見てみましょう。

ツール17　見失ったか，行き詰ったか？

〈根拠〉

「見失ったか，行き詰ったか」は，問題解決に関する個人心理学的な動きを理解し測るために設計されたストラテジーである。個人心理学は動きの心理学である。人はこの動きを通して，自身，他者，そして世界に対する独特な立ち位置を表現する。人は対処する準備が十分できていないような状況が起きたり，あるいは体験した場合に，見失ったり行き詰ったと感じる。どの人も生きることの問題への対処に必要な内なる資源を持っている。こうした資源は本人が気づいていない，あるいは利用できないものと思われているかもしれないが，我々一人一人が問題解決のためのストラテジー，または一連のそうした方法を備えているのである。「見失ったか，行き詰ったか」の目的は，クライアントが独自の創造的な問題解決のアプローチを見つけられるよう手伝うこと，そして究極的には見失ったところから見つけるまで，あるいは行き詰っているところから自由になるまで動けるよう手を貸すことである。

〈目標〉

1. 自分固有の問題解決ストラテジーを認識すること。
2. そのストラテジーを一旦認め，さらに修正を加えること。
3. 自分の問題解決ストラテジーを現在の課題に使ってみること。

〈推薦図書〉

本書第8章

Wingett, W., & Milliren, A. (2004). Lost? Stuck? An Adlerian technique for understanding the individual's psychological movement. *Journal of Individual Psychology, 60*, 265-276.

〈使用法〉

A．個人が持つ問題解決のアプローチを確認しよう。問題を抱える現在の状況についてクライアントが語るとき，「見失った」や「行き詰った」というキーワードに気をくばりながら耳を傾けよう。人々がカウンセリングに来ることになった状況を説明するとき，問題を概念化するのに大抵は「見失った」や「行き詰った」という言葉を使うだろう。例えば，「道を見失ってしまった。どこへ向かうべきか分からない」や「配偶者との関係に悩んでいる」などである。他にも「何を試してもちっとも変わり映えせずに行き詰ってしまう」や「この窮地に行き詰って出口が何も見えない！」といった例も含む。

B．クライアントが過去のある時に迷ったり行き詰ったりしたことを聞き出してみよう。例えば「これまでの人生で，旅行をしていて迷ったとき，または道に迷って家への帰り方がわからなかったときのことを話して下さい。他にも住所を探していて迷ったり，ショッピングモールで迷ったといったことがあったかもしれませんね」や「人生で，雪や砂，あるいは泥のせいで立ち往生したときのことを話して下さい」といった誘い文句を向けてみよう。そうするとクライアントは，自分特有の問題解決アプローチを大まかに示す話を共有し始めるだろう。

C．過去に有効だった個人の問題解決アプローチの構成要素を明らかにしよう。どのようにその個人が問題の解決策を見つけたり行き詰りから抜け出したかを振り返るとき，カウンセラー／セラピストは，問題解決の過程を認知面，情緒面，そして行動面で構成する要素に注意深く耳を傾ける。例えば，その人が見失った，行き詰ったと気付いたときどのように考え，感じ，行動しただろうか？　いつその人が問題解決へと初めて踏み出したのか，どのように考え，感じ，行動したのか？　問題を解決したときその人はどう考え，感じ，行動したのか？　その人がした選択で，初期の厄介な状況を

悪化させたかもしれないものとは何だったのか？　最初の出来事以降どのような予防措置をとりえたか，もしくは実際にとっていたか？　初期の問題に他の人々は関与していたのか？　もし関与していたならばどのような人々だったか？

D．問題解決のアプローチの中で適切で効果的だった構成要素を現在の問題に応用してみよう。どのような「独り言」が順当だろうか？　その状況を解決する前，間，そして後ではどのように感じたいか？　合理的で，知的で，自身と他者にきちんと配慮し，有効かつ効率の良い行動の中でどのようなものをとるだろうか？そうした問題解決の過程に他人はどのように関わるだろうか？　将来問題が起こることを防ぐために何ができるだろうか？

E．修正されたストラテジーによってクライアントが問題を解決しつつ，さらに強いレベルの共同体感覚へとどの程度進んだかを調べてみよう。

〈対話例〉：吹雪

　以下は，最近カウンセリングの面談で使われたストラテジーの一例である。

カウンセラー：あなたの人生で迷ったり行き詰ったときのことを教えて下さい。ある場所を探そうと迷ったり，モールで迷ったり，砂や泥や雪にはまった，といったことがあったかもしれませんね。

クライアント：そうですね，あれは結婚する前で私がまだ実家に住んでいたときのことです。ひどい吹雪の後，家へ帰れるだろうと思って職場から家に向かい運転していました。すると，家から数マイルのところで滑って道路を外れ始め，溝にはまってしまい車を動かせませんでした。

カウンセラー：それであなたはどうしたのですか？

クライアント：そうですね，自分の馬鹿さ加減を思いながらしばらくそこに座り込んでいたのですが，暗くなる前に何かした方がいいと決めたのです。暖かく着込んでから，目に入った農場へと歩き始めました。

カウンセラー：それからどうしたのですか？

クライアント：農場につくと家屋に光が見えたので裏口へ歩いて行きノックしました。

カウンセラー：あなたはそのとき何を考えていましたか？

クライアント：「電気がついているので，家の中には人がいて溝の窮地から助け
　　出してくれるだろう」と思いました。

カウンセラー：それで何が起こりましたか？

クライアント：老夫婦がドアから出てきて家の中へと招いてくれました。彼ら
　　に起きたことを話し，温まりました。ご主人と私は彼のトラクターを私の車
　　のところまで持っていき溝から引っぱりあげました。お金を払おうとしたの
　　ですが，私の感謝の言葉以外は一銭も受け取ろうとしませんでした。私は感
　　謝しながらゆっくりと家へと向かいました。

カウンセラー：この状況を理解できたか確認させてください。あなたは未婚で
　　実家に暮らしていた。そして吹雪の後車で家へと向かい溝に滑り落ちた。し
　　ばらくそこに座って，暖かく着込んでから農家へと歩きドアをノックした。夫
　　婦がドアを開けてあなたを温めるために招き入れ，話を聞き，助けを申し出
　　た。あなたと面倒見の良いご主人とであなたの車を溝から引っ張り出し，彼
　　にお金を払おうとしたが断られ，あなたは感謝をしながら慎重に家路に向か
　　った，と。

クライアント：はい，そうです。それが起こったことです。

カウンセラー：それで，それが問題を解決した方法なのですね。では，最初か
　　ら終わりまであなたが利用した問題解決の過程を考察してみましょう。

クライアント：そうしましょう。

カウンセラー：まず，あなたは問題があるのだと気づき一人で悪態をついた。

クライアント：はい，自分の馬鹿さ加減を思い出し，雪の中で速度を出しすぎ
　　た運転，スノータイヤをつけないこと，そして不必要な賭けに出たことにつ
　　いての教訓をおさらいしました。

カウンセラー：その状況をざっと振り返ってから，暖かく着込み農場へと歩く
　　ことを決めたのですよね。どのようにしてその決断をしたのですか？

クライアント：そうですね，車に残って誰かが私を見つけてくれるのを待てる
　　かもしれない，あるいは暖かく着込んで半マイル先にある農場へ歩いて行け
　　るかもしれないと思いました。凍えるほど寒くはなく，車には余分に服があ
　　りました。それにおそらく農場へ着くまでにまだ十分日は高いと思ったので
　　す。

カウンセラー：農場へと近づき家の中で電気がついているのを見て何を考えていましたか？

クライアント：そこに人がいると期待し，そしてその人たちが出来ることなら私を助けてくれるだろう中西部の農家の人たちであることを願いました。

カウンセラー：そしてドアをノックしたのですか？

クライアント：はい。ご主人と奥さんが出て温まるよう招いてくれました。私の話をして助けを求めました。

カウンセラー：助けを求めることはあなたにとってどうでしたか？

クライアント：少し怖かったです。しかし，彼らができることなら助けてくれるだろうと思いました。そして実際に助けてくれました。

カウンセラー：そしてあなた方は一緒に車を溝から引っ張り出し，あなたはご主人に謝礼を払おうとしたが彼は断り，あなたはまた家路についたと。では，問題を解決するために利用した手段としては：⑴取りうる選択肢を見つけるために状況を概観し，⑵助けを得られる方法を明らかにし，⑶見知らぬ人たちに助けを求め，⑷助けてくれた人に謝礼の支払いと言葉での感謝を申し出て，⑸目的地へと注意を払いながら出発した。

クライアント：はい，それが私のしたことです。ここまで細かい手順にまでかみ砕いて説明したのは初めてです。

カウンセラー：現在問題を抱えている状況にこれら5つの同じ手段を応用するとどうなるでしょうか？

クライアント：どうなるか確信はないですが，挑戦してみたいですね。

　上の例は，個人の問題解決スタイルを明らかにするストラテジーの使用を説明している。この特定の人物の問題解決スタイルは，彼女にとって「農場」の存在が前提ではあるものの，将来彼女が出くわすであろう問題を解決する上で効果的なツールとなる。明らかに彼女には助けを請う能力があるが，要求を聞いてくれる人が誰もいない場合や，要請が拒否された場合に彼女がどのような手段を取るのかは不明である。彼女は現在の状況に自分のストラテジーを使うことができるが，カウンセラー／セラピストからすると，彼女が必要な援助を得られないときに何ができるかを本人と共に探りたいと願うことだろう。

ツール18　一番記憶に残る瞬間

〈根拠〉

　「一番記憶に残る観察」は，親たちを対象として用いるためにウォルトンによって設計された。それは親の持つ信念体系を理解する過程で自叙伝的な記憶を用いるテクニックで，子育てのスタイルを決める選択肢に関わるものである。記憶が選択的な性質を持つとするならば，一番記憶に残る瞬間の観察は，それが子育てに関係することから，親たちの私的な論理をあらわにする。様々な形に調整することで，このテクニックは，教師に対しては教えることについて，それ以外の人々については他の人生のタスクについて応用可能なものである。

〈目標〉

1. 相手に家庭での困難に一役買っている誤った考え方が見えるよう手伝うこと。
2. 相手が思春期の初期に家庭で送った人生をどのように見ていたかについて尋ねること。
3. 当時過ごした家族との生活について，重要そうに見えたものは何だったかを判断するのを手伝うこと。
4. 子育てに対する相手の信念が，どのように一般化され，より効果的な子育てのテクニックの使用を助け，あるいは妨げている可能性があるかを理解し適用すること。

〈推薦図書〉

Walton, F. X. (1996). *An overview of a systematic approach to Adlerian family counseling.* Paper presented at University of Texas Permian Basin Spring Counseling Workshop, Odessa, TX.

Walton, F. X. (1998). Use of the most memorable observation as a technique for understanding choice of parenting style. *Journal of Individual Psychology, 54* (4), 487-494.

〈使用法〉

A．初めに，家族布置と現在ある問題についての情報を得よう。

B．以下の質問をしよう。「私たちは10代の初め，または思春期の初めの頃，すでにそれぞれが自分の家庭での生活を色々と考え，重要に見える人生の側面に関して何らかの結論づけをとても普通に行っていると思います。それは『私は家族との生活でこういうところがとても好き。大人になって自分の家族を持つときはちょうどこんな風がいいな』というように肯定的な場合もあれば，一方で『こんなの全然好きではないし，不愉快だ。大人になって自分の家族を持ったらこんな事が起こらないように何でもするつもりだ』というように否定的な場合もあります。あなたの場合はどうでしたか？　11，12，13歳かそこらのときの家庭での生活を考えるとき，どの様な結論を出したと思いますか？　それは肯定的だったかもしれないし，否定的だったかもしれない，あるいはその両方だったかもしれませんね。」

C．以下のうち，1つまたはそれ以上の種類の補償を親たちがどのように取り入れている可能性があるか確認するのを手伝おう。

  • 自分たちが警戒するような状況が起きる可能性を過度に強調している。
  • そのような状況が万一発生した場合，その悪影響を過度に強調している。
  • そのような状況が万一発生した場合，効果的な問題解決法でその状況に対処する自分たちの能力を過小評価している。

D．親たちが新しい理解に基づいて自分たちの子育てのテクニックを修正する手助けをしよう。

  • 我々に成功をもたらすスタイルは，同時に困難をもたらすものでもあるという点を指摘し励まそう。
  • 自分たちが警戒する状況が起きる可能性を親が過度に強調している点について，具体例を指摘しよう。
  • 子どもや青少年たちからの協力を得るという点を軸に，困難な状況への対処法のレパートリーを親が増やす手助けをしよう。

E．これと同じ手法は，調整を加えた上で教師が使うこともできる。「教えることについて考え，自分のクラスを受け持つ計画を立てていたとき，何が確実に起こるようにしようとしていましたか？　あるいは，起こらないよう

にしようとしていたことは？」

〈対話例〉

「一番記憶に残る観察」について尋ねられたとき，スコットはこう返した。

　家族の中の第一子として，私は家族の期待に応え続けなくてはならなかったんです。自分がすることはすべてうまくできなければならなくて，にもかかわらず私が欲しかったものは得られなかった。父はあまり教育を受けておらず家族に十分なものを与えられなかった。両親はいつも喧嘩ばかりで，最終的には私が大学生のときに離婚しました。自分の子どもには貧困と離婚の苦痛は決して与えないようにしようと心の中で思いました。

　スコットにとって過剰な補償の影響は，父親と一家の大黒柱という役割において完璧主義者であろうとすることかもしれない。失敗を警戒しなければという彼のこだわりは，後に自身の勤勉な職業観はもちろん，子ども達を守ろうとしながらも非常に要求が多い子育てのスタイルへとつながっていった。

ツール 19　早期記憶を辿る

〈根拠〉

　回想とは体験を報告することではない。人は自身の体験をたった今起こっているかのように思い出す。記憶とは，生きることの課題について判断を下す際の指針として使うために取っておく，ちょっとした人生の教訓として存在するものだ。人生に参加する上での目標や限界を思い出させるものとして個人が記憶にとどめているものは，このように選択された出来事についての解釈である。積極的な回想活動を取り入れることで，人が自身，他者，そして世界をどのように認識しているかだけでなく，その倫理的な信念や行動計画についても明らかにできる。

〈目標〉

1. 学校時代についての早期回想を収集できるような会話のための指針を提供す

ること。

2. 職歴についての早期回想を収集できるような会話のための指針を提供すること。

3. クライアントが学校，仕事，そして家庭についてどのように認識しているかを理解するのに応用できそうな早期記憶を収集すること。

〈参考図書〉

本書第4章，6章，および10章

Milliren, A. P., & Wingett, W. (2005, January). *Socratic questioning: The art of precision guess work*. Workshop presented at Chicago Adlerian Society, Chicago, IL.

〈使用法〉

A. 一般的な早期回想の場合は，初期の記憶における早期回想を二つ，できるだけ詳細に記録する。初期の記憶の早期回想は，幼児期に起こった特定の出来事をいう。

B. 学校時代

- 「幼稚園から小学校2年生までのことを思い出すとき，学校生活で一番好きだったことはなんでしたか？　登校日を，始業前に家を出るときから放課後家に帰るまでの時間を含めるものとしてよく考えてみてください。」
- 「私が学校のある日について最も好きだったことは＿＿でした。」
- 「学校のある日の特にこの部分で好きだった3～5つのことは＿＿を含みます。」
- 相手の長所プロフィールを作るために要約フォーム（表10.7）を使う。
- そのプロフィールを使って，教師，親，そして生徒が彼ら自身の信念について理解を深め，家庭や学校での問題解決のため自分の取り柄や長所を使う手助けをする。「あなたにとって課題となっている状況に取り組むため，その長所をどのように使えるでしょうか？」などの移行の質問[7]を使ってみよう。

C. 職歴についての早期回想

- リラックスして，キャリアや仕事といった概念を含むあなたが覚えてい

る一番古い記憶を振り返ってみよう。これにはあなたの両親のキャリア
や，キャリアに関連すると思えるどんな早期記憶も含まれる。特定の早
期記憶に集中してみて，その詳細に浸ってみよう。この記憶を書き留め
よう。

- その記憶の特定の要素—例えばその記憶に伴う感情や身体感覚を含む—
  を経験してみよう。できるだけ詳細にこれらを書き留めてみよう。
- その記憶の中で最も際立つ部分や場面を写真のように切り取って，その
  写真の持つ情緒を描写するような—絵画や作品にも触れつつ，記述して
  みよう。
- 職歴についての早期回想をざっと振り返ろう。そこにはっきり現れる，部
  分的な真実についての虚構に過ぎない考え方を確かめてみよう。以下に
  挙げるような例が目安として使えるだろう。
  —過半化。例えば，「人は皆敵意を持っている。」
  —安心に関する誤った，あるいは不可能な目標。例えば「すべての人を喜
  ばせなければならない。」
  —人生や人生からの要求に対する誤認識。例えば，「人生は非常に困難だ。」
  —自分の価値の矮小化あるいは否定。例えば，「自分は愚かだ。」
  —誤った価値観。例えば，「他人を踏み越えてでも一番になれ。」

D．将来についての回想
- 子どもの頃にした空想を思い出してみよう。もしその夢が叶ったなら何
  になっていただろうか？
- あなたの成りえたものについて他人が何と言っていただろうか？

E．早期回想の解釈で使えるいくつかのテクニック
- 見出しテクニック。早期記憶を短い新聞記事だと考え，その話のエッセ
  ンスを表す一文である見出しを書き，論理的に抽象化してみよう。次の

7　クライアントの視点をある側面から別の側面に「移行」するよう促す質問。Geldard &
　Geldard（2010）によれば，さらに以下の目的を持つ。(1)重要な話題や事項からクライアント
　の話が逸れた場合，元に戻るよう促す。(2)カウンセラーが積極的に会話に参加していること
　を示す。(3)会話を弾ませる。Geldard, K. & Geldard, D.（2010）. Counselling adolescents: The
　proactive approach for young people（3rd edition）. London, SAGE.

ような始まり方を1つ，またはいくつか用いて見出しを始めるといいか
もしれない。「人生とは＿＿＿」，「人々は＿＿＿」，「私は＿＿＿」。

- どうしたらその問題は解決されるだろうか？
- クライアントは前進，あるいは後退しているだろうか？
- 一人だろうか，誰かと共にいるだろうか？
- 勝手気ままに振る舞っているだろうか？
- 与えているだろうか，貰っているだろうか？
- 記憶の中に出てくる人々は典型となる人物である。［例えば］それが「父親」の場合は「男性」または「権威者」を意味するかもしれず，現実世界にいるその人の実際の父親のことではないだろう。男女の役割についての相手の見方を探ってみよう。
- どのような場合を認識するプラス（up）や不足感（down）[8] につながる状況として捉えているだろうか？
- どのように感情が使われているだろうか？
- クライアントにとっての幸せ，または不幸とは何だろうか？
- 彼／彼女は［無意識の目標を］目指し行動しているだろうか？　彼／彼女は［被害者として］仕打ちを受けたと思っているだろうか？
- 彼／彼女は確認し，質問し，受け入れ，無力感を抱き，反発するだろうか？
- 反発を露骨にするか，あるいは婉曲的にするか？
- 彼／彼女はその状況を改善しようと試みるだろうか？　あるいは何か他の動機の方が強いだろうか？
- コントロールという問題を見てみよう。誰，あるいは何がその状況をコントロールしているか？　彼／彼女は人生が制御不能にならないよう警戒しているように見えるだろうか？
- 彼／彼女は［記憶の］細部にまで十分な注意を払っているだろうか？（生来の自然な[9] 欲求や関心についてのヒントはもちろん，彼／彼女に最も好ましく思える心理的な状況についての言及［があるか］）。

8　著者によれば，原書文中で使われている up は perceived plus，down は less than feeling
を意図しているとのことだったため，このような訳を取った。

表 10.7　早期回想と学校生活の要約

取り柄と長所[10]	指　標	取り柄と長所	指　標
多重知性			
言葉	数	身体	写真
音楽	自然	自己	人々
人生のタスク			
仕事／遊び			
自己管理／自信			
家族／友達／コミュニティ			
親密な関係			
スピリチュアリティ／哲学的価値			

- 彼／彼女は行為を行う人だろうか，それとも観察する人だろうか？
- 弟もしくは妹の誕生は，兄弟姉妹間の競争（同胞抗争）や強制退位を暗示しているかもしれない。（記憶の中のクライアントの行動は，彼／彼女が弟もしくは妹が生まれた後に辿った道を暗示しているかもしれない。）
- 初めての学校での経験には，「目の前の」世間に対する我々の理解や対処の仕方が現れているかもしれない。
- 人生や人々はどのような障害をクライアントにもたらしているだろうか？
- 悪事の記憶はしばしば我々がつつしもうと決意している行動の種類を示している。
- クライアントにとって何が成功や失敗と見なされているだろうか？　ク

9　原文では vocational とあり，単純な我欲ではなく，天賦の，より大きな存在からくる欲求や関心を示唆していると思われる。

10　原文では "Assets and Strengths" とあり，著者によれば，それぞれ個人の「行動」と「態度」における優れた点を指す。また，本表の趣旨は，とりわけアジアでの学校教育に顕著な学業成績や従順さを重要視する価値観を超え，より幅広い意味での個人の力量や才能も指標として捉えようとするものである。

ライアントが行動の拠り所とする私的な世界［観］とは何だろうか？　早期記憶に現れる信念は，生きることについてのクライアントの私的なルールの一因となっていることに留意しよう。

ツール20　信じるのは動きだけ

〈根拠〉

アルフレッド・アドラーは，人々が自身の創造力を用いて「感じられるマイナス」から「認識するプラス」へ動くと考えた。ドレイカースは不品行の4つの目的を特定した－注目，力，復讐，そして無能の誇示である。さらに言えば，4つの目的は感じられるマイナスのあらゆる形での表現である。不品行に走るような勇気をくじかれた人間に勇気を持たせるには，その行動以上のことをして，感じられるマイナスから認識するプラスの考えへと動くように本人を再び方向付ける必要がある。

〈目標〉

1. 感じられるマイナスの気持ちと不品行の目的とのつながりに気づくこと。
2. 行動への意図に現れるような認識するプラス的（な）思考の成長に携わり，促すこと。

表10.8　感じられるマイナスから認識するプラスへ

不正行為の目的	感じられるマイナス	認識するプラス
注目	他人に自分の存在に気付いてほしい。	私は他人の有益な行動に気づき，それを促す。
力	他人に誰も私をこき使ったり，何をすべきか指図できないのだと示したい。	私は問題を解決して世の中の役に立つために他人と働くことができる。
復讐	私が傷つけられたように他人を傷つけたい。	私はいつどのように他人に共感するべきかわかっている。
無能の誇示	自分を諦めているため他人にも私を放っておいて欲しい。	私は自分自身を勇気づけたり他人からの勇気づけを受け入れられる。

```
------0---------1---------2---------3---------4---------5---------6---------7---------8-----
```
感じられるマイナス　　　　　　　　　　　　　　　　　　　認識するプラス

動　機
これまであなたが努力を必要としている状況や関係を二つほど選んで下さい。1から8までのスケール上（＋／－），今あなたはどこに位置していますか？目盛りを1つ，または2つ移動するには，何が必要ですか？

図 10.7　動機スケール

（出典先：Milliren, A. P., & Wingett, W. (2005, January). *Socratic questioning: The art of precision guess work*. Workshop presented at Chicago Adlerian Society, Chicago, IL.)

〈参考図書〉

本書第 6 章

Milliren, A., Clemmer, F., Wingett, W., & Testermentm T. (2006). The movement from "felt minus" to "perceived plus": Understanding Adler's concept of inferiority. In S. Slavik & J. Carlson (Eds.), *Reaings in the theory of individual psychology* (pp. 351-363). New York: Routledge/Taylor & Francis Group.

〈使用法〉

A．相手が不品行を通じて伝えようとしていることに注意深く耳を傾けよう。感じられるマイナス的な発言／考えを探そう。

B．表 10.8 を用いて不品行の目的を明らかにしよう。図 10.1 を使って本人がとっている人生の動きの方向を調べよう。

C．相手が認識するプラスを表明する手助けをしよう。

D．落胆，恐れ，または感じられるマイナスの考えがどの程度あるのか調べよう。

E．長所を判断するために 11 の質問と 7 つの会話の導入（ツール 15）を使ってみよう。

F．動きを導くイエスの態度を育てるため，長所を使うよう促そう。

G．長所の過度，あるいは過小な利用に注意を払おう（例としては，過剰な補
　　償や過小な補償がある）。図 10.1 にある人生の態度を使って相手を描写し
　　てみよう。

H．「動機スケール」（図 10.7）にある手順に従おう。相手を励ましながら，行
　　動への意図—それにより先に表明した認識するプラスの態度へ向けた前進
　　が可能となる—を育む手伝いをする。

ツール 21　良い時も，悪い時も，隣り合わせに：対等の関係

〈根拠〉

　関係は単に成長や変化を促す以上のものにできる。関係は増大するものであ
る。増大するとは，増えること，大きくなること，そして拡がることだ。良い
関係は肯定的で励みになるような環境の中で育つ。［関係には］少なくとも，父
性的態度や母性的態度から操作的，あるいは威圧的，促進的，増大的，または
互いの成長に共同して作用するものまで幅を持つスケールがあるように思われ
る。関係のスケールは，他者の行動をコントロールしたり制限したいという欲
望（直接的にも間接的にも）から他者の成長促進のきっかけとなるもの，さら
には対等なものにまで至る，関係の段階を説明するものである。全ての関係は
水平性という側面を持っている。それは我々が協力し，協同し，そして隣りあ
いながら歩んでいく対等な人間同士の関係である。

〈目標〉

1．ある関係においてパートナー同士がお互いにどのような問題や約束をもたら
　　すかを理解するのに関係のスケールを使うこと。

2．パートナーが成長できる条件を作るため，自分がどのように振る舞うべきと
　　考えているかを理解しようとすること。

〈参考図書〉

本書第 5 章

Milliren, A.（in press）. Relationships: Musings on the ups, downs, and the

表 10.9　関係の段階

段　階	独　白
父性的／母性的態度	私にとってこの考え方の難点は，努力が相手に向いており，[それは] 立派なことではあるけれど，お互いの成長を損なってしまうかもしれない。そのうえ，そこには微妙に相手を操ろうとする行為が含まれているかもしれない。
操作的／威圧的	彼／彼女に私が望むものになってもらう／してもらうにはどうすればいいだろう？　主導権は自分にあると考えているが，それと同様に，相手も抵抗する力を持つ立場に常にある。
促進的	私自身にコントロールの焦点を向けている。私は相手の人生の航海におけるパートナーとして，多かれ少なかれ相手の成長のきっかけとして役立ちたいと考えている。
増大的	私は自分の成長だけを望むことができる。その際，他人も私の成長を通して自身の成長の過程を見つけられるかもしれない。したがって，私ができるのは相手の成長を拡大することだけであって，その成長自体を最初に起こすことは決してできない。
共同の／相互の成長	「相乗的」という言葉がいつも思い起こされる。協力的な努力ということ，自分が成長すれば相手も成長する，ということだ。

side-by-sides. In D. Eckstein (Ed.), *Relationship repair: Activities for counselors working with couples*. EI Cajon, CA: National Science Press.

〈使用法〉

A.　クライアントが持つ関係の中で自分がどの段階にいると考えているか，次の関係のスケール上で位置を示してもらおう。その判断を助けるために自作の物語を利用しよう（表 10.9 参照）。

父性的／母性的態度	操作的／威圧的	促進的	増大的	共同の／相互的
＊	＊	＊	＊	＊

B.　相手の自尊心を維持，もしくは高めるためには，各パートナーは自身の振る舞いをどのように合わせられるだろうか？

C. 自分らしくあることでパートナーは相手の「資源」を活性化し，刺激し，有効にするためにどのように取り組めるだろうか？

D. リスクをとり，信頼し，そして愛することを促すために，カップルはお互いにどのような努力をすれば寛容で開かれた雰囲気を保てるだろうか？

E. カップルは，どのようにしたら「現在志向」のままでいられ，自身，パートナー，そしてその［都度の］状況との「共時的」な体験を受け入れることができるだろうか？

F. お互いの期待に常に応えられるわけではないとわきまえる「不完全であることの勇気」を実践する上で，カップルは各々どのように取り組むことができるだろうか？

G. もし対等な人間として他人と関係できるかのように自分が振る舞うとすれば，実際のところ，私はそうできるだろう。

ツール 22　　線を歩く

〈根拠〉

　所属，熟達，自立，そして寛大さは，アメリカインディアンにとって自尊心の4つの基礎とみなされている。「勇気の円」は輪廻を象徴している。［円における］どの方向もどの道も栄誉あるものとされ，［選択し］歩かれるはずである。どの道を辿ってもそこから得られる教訓はすべて等しく，また車輪の各スポークは真実，平和，そして調和への道を示している。

〈目標〉

1. アメリカインディアンによる勇気の円という枠組みを使って自己理解を深めること。

2. 我々が道を歩くにあたって出くわす問題を通して，所属の精神に対する態度と，アメリカインディアンが認識する成長の目的との間の相互関係を見ること。

3. 以上の考察を理解するための例として，アルコール中毒からの回復に勇気の

　円を応用すること。

〈参考図書〉

本書第 9 章

Brendtro, L., Brokenleg, M., & Bockern, S. V.（1992）. *Reclaiming youth at risk:*
Our hope for the future. Bloomington, IN: National Educational Service.

〈使用法〉

A．図 10.8 を理解する（表 10.10 も参照）。これはアメリカインディアンの勇気
　　の円に倣ったもので，東西南北の方角を説明する語をそれぞれ斜字体で付
　　してある。

B．南から北へ，東から西へと歩いていると想像してみた場合，どのような問
　　題に突き当たるだろう？

C．これらの問題はどのような機会をもたらすだろうか？

D．これらの観察からはどのような成長の目的を描けるだろうか？

E．円の中に囲まれている三角形は，数十年もの間アルコホーリック・アノニ
　　マス（A. A.）が象徴としてきたものだ。円は A. A. の世界全体を表してお
　　り，三角形は A. A. で受け継がれてきた 3 つの概念である，回復，統合，そ

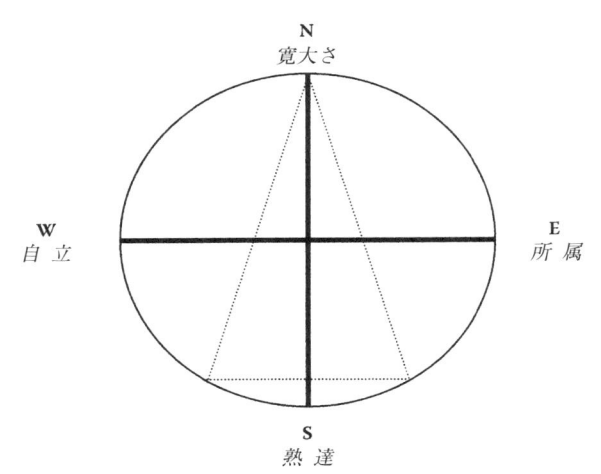

図 10.8　勇気の円。勇気のサークルに倣って作成。アーティスト：
　　　　　　ジョージ・ブルー・バード

して奉仕を表している。孤独のうちにアルコール中毒がもたらす問題を抱えている代わりに，他者からの無条件の受容と援助，そして必要としている人間へと奉仕の手を差し伸べることに存在する共同体感覚を認識することで，人は自由を見つけることができる。アルコール中毒からの回復過程を促すために A，B，C，そして D のステップを使ってみよう。

表 10.10　機会としての問題

目 的	問 題	長 所
所属	疎外	結びつき
	不信	信頼
	引きこもり	思いやり
	孤立	友情
	対立	協力
	排除	受容
自立	無責任	自主性
	頼りなさ	責任
	反抗的な行為	自己主張
	惑わされやすさ	自信
	軽率さ	自制心
	無力	楽観主義
寛大さ	利己主義	利他主義
	無礼	敬意
	冷淡	優しさ
	怨恨	共感
	復讐	許容
	空虚	決意
熟達	無能	達成
	不備	才能
	無関心	集中
	混惑	理解
	無秩序	秩序
	挫折	対処

出典先：Brendtro, L., Brokenleg, M., & Bockern S. V. (1992). *Reclaiming youth at risk: Our hope for the future*. Bloomington, IN: National Educational Service. に基づく

〈付　　録〉

表 A10.1　好ましくない態度を好ましい態度で置き換える

安堵—圧力，緊張，ストレス，不安といった苦痛の感情を置き換える。これらの否定的な感情は以下のものから生じる。
- 絶望感
- 失敗への恐怖
- 分不相応な成功を体験していることへの怖れ
- 必要のない状況で起こる被害者意識
- 打つ手がない，目指すものがないといった自分の無力さに対する怒り
- 心の状態として受け入れられない，怒りを持つ自分に対する怒り
- 前進を必要以上に難しくする不適切な態度に基づき人生を歩もうとしていた従来のやり方からくる圧力，緊張，そしてストレス。

好ましいコントロール—(a)コントロールの喪失感　(b)否定的，破壊的な方法によるコントロール，を置き換える。
- 状況について
- 自分自身について
- 自分の人生について

アイデンティティ—他人の表現による役割，例えば，喜ばす人，特別に責任感のある子，反抗者など，を演じることを置き換える。
- 誰か他人による筋書きではなく，自分自身の表現による役割
- 子どもの時から演じ続けているものとは違う役割
- 「自分が誰かわかっている。自分がその課題をこなしたのだ！」

成熟度—未熟感を置き換える。
- 自分はもう大人だ。大人としてやるべきことを手がけている。
- 子どもの頃からの役割はもう卒業した。

所属—無所属の感情を置き換える。
- 自分は人類の優良な一員である。
- 私は自分に属している。
- どこであろうとその時自分がいる場所に属している。

安らぎ—不安を置き換える。
- 私は物質的なものや他人に自分の安らぎを求めない。
- 私は見せかけの理想主義に自分の安らぎを求めない。
- 私は自分の内に安らぐ。
- ここに自分の内に安らぐ人がある。

信頼—自身や他人に対しての不信を置き換える。
- 私は人類の同胞たる人々を信頼することができる。彼らを完全に信頼する必要はない。信頼を裏切られることを想像したり，その結果それを防ぐ方法を探ろうと

したりする必要もない（それは好ましくないコントロールである）。
- 私は自らの短所や不完全さにかかわらず自分を信頼できる。もし過ちを犯したとしても，そこから学ぶことができるし，繰り返さないようにする。

対等—劣等感，不全の気持ちを置き換える。
- 私は他人以上でもそれ以下でもない人間である。
- 自分が対等だと証明する必要はない。証明すべきことは何もない。
- 私は補償しすぎる必要はない。それは物事を悪化させるだけだ。それは劣等感の痛みを和らげるため自ら奮い興す善意であり，私にはもう必要のないものだ。

解放—閉塞感を置き換える。
- 私は幼年期の恐怖から解放された。
- 私は幼年期に人々，人生，そして自分自身に対して抱いていた様々な誤解から解放された。
- 従来の誤った態度から自分を解放した。自分の課題に取り組む勇気を持てた。
- 他の誰も私を解放することはできない。私自身がそうしていくのだ。

自立—依存の気持ちを置き換える。
- 私は人生を自分の思うように生きることができる。
- 私は対等な者同士の持ちつ持たれつの関係の中で，同胞たる人々と自由に協力することができる。
- 私は自分の判断を信じられる。
- 私は自分の成功を自分で認められる。

達成—「何をしてもさっぱりうまくいかない」を置き換える。
- やった！それを実現できた。
- それを完全にはできなかったが，十分うまくやれた。

成功—失敗の気持ちを置き換える。
- 自分は最後には成功できる。
- 自分は成功して当然だ。すでにそれを実現している。
- 私は成功に突き動かされているわけではない。私は成功を自由にできる[11]。
- 私は自分を証明しようとして成功するのではない。私の中にあるものがそうさせるのだ。

自信—自信喪失を置き換える。
- それを一度したことがある。もう一度できる。そんなに難しいことではない。

11　ここは「成功しなければ」という切迫感や「成功をほしいままにできる」という全能感を表しているのではなく，たとえ「成功」であっても，それは外的な要因に左右されるのではない，あくまでも自分の自由な意志の行使の結果だとするものと解釈すべきだろう。「人はどんな状況においても，無力な存在ではなく，その状況の中でどう生きるかは，本人の決断に委ねられている」（岸見一郎（2014）「アドラーを読む：共同体感覚の諸相」アルテ，p.149）。それは「成功」についても同じであって，そこには「先ではなく，今，できることをしようと思って生きる」（同 p.150）という能動的・主体的態度を伴うことが，成功についてのアドラー流の考え方だろう。

- 自分の判断を信じ，自分の中に自信を感じるだけのものを持っている。

勇気—落胆を置き換える。
- 勇気とはリスクを取る意欲のことである。
- リスクを取った。自分は勇気がある。
- もし成功しなければ傷つくということはわかっている。でも子どもの時ほどに痛みを感じはしない。それで世界が終わるわけではない。それを個人的なこととしては捉えない。
- 私は勇気が湧いてくるのを待ってはいなかった。まずはとにかく行動した。勇気は後から付いてきたのだ。

適度な責任—過剰，あるいは過小な責任を置き換える。
- 私は過度な責任を想定していなかった。
- とはいえ，責任を逃れようとはしなかった。
- 自分自身にとっての適度な責任を想定していた。
- 他の人たちが同じ特権に与れるよう選択している。
- 対等な人間として彼らと責任を分かち合う用意がある。

選択の力—従来の態度と役割で状況に対処してしまうことを置き換える。
- 私は無力ではなく，自分をコントロールすることができる。私には選択をする力がある。私は自分の課題に取り組む選択をした。
- その選択をするため，私は大人としての判断を働かせた。それは完璧な選択ではなく，またそうである必要もなかった。十分に良い選択であり，すべきことは終えられた。

判断についての信頼—判断についての疑念を置き換える。
- 私は自分の課題に取り組む決意をした。それはかなり正しい決断だった。
- 私は自分の判断を信頼できる。それは完璧ではないが，十分に良いものだ。もし間違いを犯したとしても，そこから学ぶことができる。
- 私はどのリスクを取る価値があるかを知るために，自分の判断を用いている。

十分に良い—劣等感を置き換える。
- 十分に良いとは今現在の自分のことである。
- それ以上に良い必要はない。明日より良い自分であったとしても，それはそれで良い。

率先する—受け身を置き換える。
- 私は現実路線で自主的に動いている。
- 私は誰にも反対していない。適切な範囲で自分を支持している。
- 私はどの好ましい行動を自分のためにとるべきかを知るために，自分の判断を用いている。

より多くの利用可能な力—もはや私の力は自分に対する怒りや自己卑下のためだけに向けられてはいない。
- もう私は行き場を失うまで自分と闘ってはいない。
- 私は自分の力をそもそもあるべきではない否定的な態度や感情と闘うために使ってはいない。
- これら従来の態度をコントロールしようと自分の力を使うことをやめた時，私は

自由の感覚とともに，人生をあるがままに受け入れ，自分の最善を尽くすことができる。

- この新しい力を自分の幸せのために，有用で建設的な方法で使うことが自分にはふさわしい。

許し―怒りを置き換える。
- 他人に向けた怒りを捨てる選択をすることで，今私は自由に彼らを許すことができる。
- 彼らのためではなく，自分のためにである。
- 私が許したと彼らが知る必要はない。それを彼らに言うか言わないかは私自身の選択である。
- 自分の怒りを捨てる中で，私は自分の絶望，不安，不満，強迫思考，そして自信喪失からくる痛みを和らげる。
- 被害者，苦しむ殉教者，首から上あるいは下にかけて無感情で無骨そのものの人物といった役回りから，私は抜け出す。
- それらを私はより成熟したアイデンティティ，そして大人の判断で置き換える。

意味―無意味を置き換える。
- 私は無意味の感情（劣等感，無価値や無所属の感覚，その他全ての自信喪失の要素）を自ら選んで人生に与える意味に置き換えた。
- 私は他人の思惑に従って生きるのをやめ，責任ある，適度な範囲で自分の思い通りに生き始めた。
- 私は人生をあるがままに受け入れそこに最善を尽くすよう，自分を解放している。

共同体感覚―自己本位を置き換える。
- 私は優良な一員として人類に属しており，この惑星に生きる同胞たる人々の幸福に適切な関心を寄せることができる。
- 私は慈善家ぶった人間でもなければ，敗残者の筆頭でもない。私は人生をより悪くではなく，より良くするため自分ができることについて適切な責任を自覚できる。
- 私は独りよがりな善意を，他人のため現実になすべきことを行う真の善意で置き換えた。
- それを完全にできなくても良い。ただ，終えるために十分うまくできればそれで良い。
- 私は人々，世の中，あるいは自分についての誤った認識にとらわれてはいない。かつての自分の態度とは縁を切った。現実をよりはっきりとあるがままに見ることができる。現実に何をなすべきかを分かっている。私はそれをするため適切に準備できていると感じる。

心の平穏―動揺，不安，混乱を置き換える。
- 私は自分に対して心穏やかでいる。
- 私は現在他人に対して心穏やかでいられる。
- 私は自分の警戒心を解くことができる。その警戒心は結局何かを防ぐことができるものではなかった。
- 私はそれがやってきたときに受け入れることができる。

出典：メサーによるアクティビティ「課題の報告」に基づく（Messer, M. 本人との私信）。

表 A10.2　特性の要素と導かれた内省の例

不愉快な現実を受け入れる―行く手にあるものに対して最善を尽くす。	あなたは今までに起きた全てに取り組んだことに満足している。 たとえ物事が困難であっても諦めないという，大変強い覚悟をしているに違いない。 あなたは今まで自分に起きた全てのことと関わりなく，自分の取り組みに満足しているに違いない。 したがって，かなり自分の能力が高いと感じている。不愉快な状況であっても最善を尽くしたのだ。 だからこその深い満足感だろう。あなたは逆境を最大限に活用する術を学んだのだ。
達成―何かを成し遂げ，それは十分だったと知ること。	やった！　あなたはそれを現実に起こすことができた。 それが完全とまではいかなくても，ありのままで十分だと知るのは良いことだ。 最善を尽くし，またそれで十分だったと知ることで，強く誇りに思ったことだろう。 すごい，本当にできたね。自分でもやれると信じていただろう。
近寄りやすさ―必要としている人に自分のドアを開いておくこと。	あなたがどれだけ心から他人のことを気遣っているかに気づいた。 他人があなたを必要としているのは，気分を良くしてくれるだろう。 あなたは人を惹きつけるものを持っている。そのことで自分のことをとても好ましく感じるだろう。 自分が［他人の］良き友人になれるということは心地よく感じるものだ。 人々のためにそのようにそこにいてあげると，とても強く，頼り甲斐のある自分に感じることだろう。
適切な怒り―成熟した／責任あるあり方で正当な怒りを表現できる。	怒りを適切に表現できることは，大変素晴らしい。 人々に対し，彼らの決定に怒っている理由を伝えられる自分に誇りを強く感じている。 あなたは明らかに自分の怒りを好ましい力に変えられた。全てを終えやり遂げたことは素晴らしいことだろう。 今あなたはとても冷静な気持ちでいるだろう。

	自分の懸念を穏やかで効果的なやり方で表現できたのだ。 皆の機嫌を損ねることなく，自分の不満を表明できたことは，良い気分に違いない。
適度な責任—状況に応じた適度なレベルの責任を引き受ける。	あなたはそのことをうまく手がけながらも，彼らが自分たちの責任を果たすようにもっていった。 それはどのように自分のためになっているだろうか？あなたは自分の範囲の責任を果たしたのであり，当面はそれで十分なのだ。 他人の後始末のためでなく責任を引き受けられることは，心地よい。 自分の貢献が十分であることは心地良い。
所属—人類の優良な一員であると感じること。	全体の一部として関われることが心地良い。 自分が馴染み所属していることが心地よい。 自分が受け入れられ所属していると感じることが快適だ。 所属していることが心地良い。他の人たちと同様，ここにいる権利があるとわかっている。
自信—人生がもたらす良いことにも悪いことにも対処する備えがあると感じること。	やった！　必要ならもう一度それができる。 行く手に何が来ようとも対処できるとわかっているのは，気分が良い。 成功できるとわかる力強い感覚がある。 物事に対処できるとわかる力強い感覚がある。
恵まれている点を数える—自分の恵まれている点を認識し感謝する。	順調にいっていることについて目を向けられると認識していることは素晴らしい。 今あること，手にしているものが自分にとってうまく行っていると気づくコツをしっかり把握している感覚があるだろう。 しばらくの間落ち込んでいたかもしれないが，今はうまくいっていることに目を向けることができるとわかっている。 自分の人生の良いところを見て感謝できる自分が心地良い。
勇気—とるべきリスクとそうでないものを見分けること。	そのリスクを取り，何が起こるかを確かめる勇気があった。 どのリスクを取る価値があり，あるいは価値がないかをわかっている。 そのことで自分をとても勇敢に感じただろう。 必要なことをやり終え，あとは思い煩わないということに。

	時には少し怖いかもしれないが，それでも試してみることを恐れない。 それが簡単にはいかないとわかっていても，正しい決定をするための大きな勇気を感じている。
成功するための勇気—成功のためのリスクを取り，またよい成果にも耐えることができる[12]。	今とても成功していると感じている。物事を試すことは，何かをすることのリスクを進んでとることであり，まさにあなたはそれを行ったのだ。 結果がどうなるかわからずに何か新しいことに挑戦した時，大きな勇気を感じるに違いない。 そうしたリスクを取った時，全てがうまくいくのはとても心地よいだろう。 諦めることなくもう一度挑戦した自分を誇りに思うべきだ。 やった！　これでその成功を謳歌できる。
対等—他人に対して劣っている，または優れているとも感じることなく，対等な人間として振舞うこと。	他の誰と比べても，あなたはその人以上でも以下でもないというのと同じである。 自分が他人と対等だと証明して見せなくても良いことからくる心地よさがある。
アイデンティティ—自分自身であることと人間関係において柔軟であること。	もう何かの役割を演じる必要を感じないことは素晴らしい。 他人のものではなく，自分自身の思惑で動けることは素晴らしい。 ありのままの自分として行動できることは良い気持ちだ。 ただ自分自身でいられることはとても気持ちが良い。
現実に即する—世界を客観的，そして適切に認識する。	世の中に対するあなたの見方は大変的を得ているもので，あらゆることについて一層理にかなっている。 自分の立てた計画が実行不可能だったが，より良い代替案をまとめられたと気づけたのは大変心地よいだろう。
自立—他人の存在価値を認めるため彼らに依存することから解放される。	自分自身で決定をする上で真に自由であることに気分が良い。 今自分がとても自立していると感じている—自分自身の意志で人生を生きているのだ。

12　成功は威信や権力をもたらすものでもあるが，それらが個人の判断を歪め誤らせ，またそれらの濫用へと走らせることもある。そうした成功の負の側面の誘惑に耐える価値観を備え，自らを持することができる能力を指す。

	自分自身の成功の価値を認められるのは気分が良いことだ。
知的な自尊心—今という瞬間，十分に賢いと感じること。	状況に対処するのに自分が十分賢いとわかっていることは大変良いことだ。 何か新しいことに取り組む自分の能力に自信を感じている。 それはあなたにとっての素晴らしい自尊心の感覚だ。あなたは今，自分が何を知るべきかをわかっていると認識している。
誘惑に影響されにくい—いたずらや自己破滅的な行動に訴える必要がない。	他人の思惑に合わせるのではなく，ありのままの自分であるからこそ，自分自身でいられることは素晴らしい。 難しい状況で賢明な判断ができた場合，自分を心強く思えるだろう。天にも昇る心地に違いない。 それにより自分がとても力強く感じないだろうか？　あなたは自分に選択肢があり，自分にとって最善の行動をとることができるとわかっている。 自分を把握できていることは，素晴らしい。あなたは自分が腹を立てずにいたため，他人を苛立たせることもなかった。
解放—反発心からでも被害者意識からでもなく，問題を建設的に解決する。	人々（または物事）についての自分自身の古い認識に捉われないことは素晴らしい。 純粋に自分ができる最善を尽くしているのは解放感があるものだ。
いまを生きる—たった今現実の世界で役割を果たせること。	前に向かって進み物事を実現できるのは心地よさがある。 あなたはただ座って完璧な時が来るのを待っていたわけではない。あなたはそれをいま行ったのだ。
愛という才能—愛し，そして愛される能力がある。	その時あなたがしたことは，大丈夫だよと自分自身を抱きしめてあげるようなことだったのだ。 自分が愛し，愛されることに十分開いた気持ちでいるのは，間違いなく大きな安心感をもたらしてくれる。 近くにいる人に愛してもらうのは素晴らしい気分であり，あなたは相手に愛をもって応える自由もある。 心を開き，愛情を行き来させるのは心地よいことだ。

成熟度—自分の年齢に適切な発達の段階にあること。	自分にとって正しい判断をした時，自分の大きな成長を感じる。 あなたが今そうであるように，自分が有能だと感じることは成長の重要な一部分である。 他人に頼ることなく自分の要求を満たせることは気分の良いものだ。
肯定的配慮—同胞たる人類をありのままに受け入れる自由。	あなたは他人を対等—自分自身の中に見るもの以上でも以下でもなく—な存在として接している。 人類とその精神を信じることは素晴らしいことではないか？ あなたは他人の視点を理解し，彼らの持論に対する権利に敬意を払っているようだ。それは素晴らしい気分に違いない。 他人の中に良いものを見るのは，自分の中にとても良い感情を起こしてくれるものだ。
力と制御—プラスの出来事を起こすことができる。	あなたは自分をとても誇りに思っている。あなたはよくやったと同時に状況をコントロールできていた。 すごい！　あなたは物事を完全に把握していると感じているだろう。自分をコントロールし，皆にとって物事を改善できた。 それはあなたにとって力強いものだっただろう。あなたは力を発揮し，皆にとって好ましい結果をもたらした。
選択の力—選択をし，その結果を受け入れることができる。	あなたはする必要があることを選んで行い，その結果を受け入れている。それによって，非常に能力があると感じているだろう。 自分の行動の結果に気づき，それを受け入れることは自分の力強さを感じるに違いない。 あなたは自分のした選択に満足している。 自分に選択肢があり自分自身の行動を選べるとわかった時，自分と自分の人生をコントロールできているととても強く感じるだろう。
安堵—自分の価値を証明しなければというプレッシャー，緊張，そしてストレスからの解放。	自分自身でいて良いとわかるのは素敵なことだ。 自分が十分であるとわかることは大きな安堵感である。 自分がただありのままで良いとわかるのは素晴らしい。 あなたはとても安心したに違いない。自分がどんな人間かを証明するのに，もう取り繕う必要

	はないのだから。
罪悪感からの解放—良心の呵責に圧倒されることなく，必要であれば償うことができる。	そこはいるのにふさわしい場所のようだ—状況を修正し，それ以上そのことについて思い煩わず前へ進むことができる。 全く罪の意識など感じる必要はない—あなたは間違いを犯したが，それを正し，前に進むことができたのだ。 取り消せないことだと知るのは悲しいが，あなたは言われたことについて謝罪し，くじけずに前に進んでいくことを厭わない。 あなたは自分の行動に責任を取り，償いをしたことに安堵している。 自分を許せることは気分の良いものだ。あなたはそれを修正するか気に留めないか，どちらかを選ぶことができ，それで良いのだとわかっている。
恐怖や不安からの解放—未来を前向きに見つめ，人生をありのままに受け入れる。	それはあなたにとって非常に良かったに違いない。物事が起こるべくして起こるようにでき，それについて明るい見通しを持てている。 単に反応したのではなく，それを適切に対処できたのは気分が良いだろう。 あなたは人生をありのままに受け入れ，対処している。 あなたはとても機転が利くと感じている。どんなことが起ころうとも不安に思うことなく対処する方法を知っている。
安心—人生の浮き沈みに対処する自分の能力に満足する。	あなたは自分自身と，そのことに対処する自分の能力に十分満足している。 それによって自分自身への安心感を持てると同時に，人生の試練をあるがままに受け入れ，そしてうまく対応できることをわかっている。
協力を確実にする—他人とお互いに尊重し合う雰囲気の中で働くことができる。	あなたにとって事がプラスに運んでいるようだ—必要なことを終えるため，他人と力をあわせることで。 自分のチーム（あるいはグループ）の円滑な共同作業を手伝うことに加わったと自覚するのは，素晴らしい気分に違いない。 家族の活動や計画に加わることは，とても気分が良い。
自己受容—自分でいることに十分心地よい。「自分の落ち度や不完全	今現在のあなたと同じ程度の良さで良い—それで十分なのだ。

な点にもかかわらず，自分は価値ある人間なのだ」。	あなたはそのままの自分に満足を覚え，それで十分である。 それ以上に良くある必要はなく，あなたはそれで良いと感じている。
自尊心—対等な存在として他者と共存し，自分のコミュニティにプラスの貢献ができる。	たった今あなたにとってうまく行っていることがある。それは他人，そしてそれぞれができる貢献に対してお互いに敬意を持っていることだ。 あなたはとても心地よく感じるだろう。自分そして他人一人一人の価値を認めることを。 あなたは自分自身にかなり満足しているに違いない。自分がどのような人間か，何を目指しているのか，そしてその過程でどのように他人に手を差し伸べるべきかを分かっている。
平静—自分自身に心穏やかで，周囲とも和やかでいる自由がある。	警戒心を持つ必要がないのはとても心地よい感覚だ。 それは心が穏やかな良い気分だ。 あなたは自分自身であることに十分心地よさを感じている。
成功—成功する自由がある，また成功を収めている感覚を持つ。	あなたは手掛けたことを達成した。 あなたは自分を証明しなくても自身の方法で成功を自由にできると感じている。
痛みや失望への耐性—絶望することなく，人生をあるがままに受け入れる。	よくないこと（時）があっても，あなたは楽観性に輝いて切り抜けるだろう。 困難に直面して微笑むあなたを見てきた。物事をただそのままに受け入れることは，とても素敵な感覚に違いない。 たとえ今悲しくても，あなたは最善を尽くしたのであり，自分が願えばもう一度できるとわかっていることは素晴らしいことだ。 あなたはがっかりしたけれども，どう対処するべきかを知っていた。
信頼—自分自身を信頼すると同時に，信頼に値する人々を見究める。	他人を信頼できるのは，好ましい気分だ。 あなたはがっかりしているが，たとえ期待が裏切られたとしても，別の判断をすることができる。
自分の判断を信頼する—経験から学ぶことに抵抗を持たない。	あなたは課題を片づける決心をし，結局その判断は正しかった。 今は自分の判断を信頼することが正しいとわかっている。
無私—自由な意思で，他人のために自分を惜しみなく差し出す。	あなたは他人への同情によって，自分自身に満足する素晴らしさを覚えていることだろう。

経験を共有することからくる素晴らしい感覚が
ある─それはグループの誰かに大変役立ってき
た。
何も見返りを求めることなく与えることは，心
地が良い。
それはとても楽しいことだ─自ら望んで自分を
捧げ，あなたからの贈り物を他人が喜んでくれ
るのは。

出典：Messer, M. (1995) The components of our character (pp. 29-40). Anger Institute: Chicago, IL. に基づく特性の要素。導かれた内省の例は，Milliren, A., Messer, M.H., and Reeves, J. (n.d.). *"Reflections" on character*. Unpublished manuscript. に基づく。

表 A10.3　意思疎通に対する 12 の障害

障　害	表　現　例
1. 指図，指示，命令─相手に何かをするよう指図や命令すること。	よその親がどうしようと関係ありません。 お前が庭仕事をしなさい。 お母さんに向かってそんな口を聞くんじゃありません。 向こうに戻ってジニーやジョイスと遊びなさい。 文句を言うのをやめなさい。 言葉以外で：物理的に子どもを自分の部屋に押し込める。
2. 警告，威嚇，約束をする─相手が何かをした場合，その結果がどうなるかを伝える，あるいは伝えた結果を実行する（褒美，あるいは罰を与えるといった形で）。	そんなことをしたら，後悔しますよ。 もう一度そんなことを言ったら，部屋を出て行きなさい。 自分に何が良いことかわかっていたら，そんなことはするんじゃない。 良い子にしていれば，サンタクロースが来てくれるよ。 静かにしたら，いうことを聞いてあげるから。 言葉以外で：お尻を叩く，褒美をあげる。
3. 道を説く，説教する，義務の提示─誰もが認める真理として，外部のあいまいな権威を引き合いに出す。	そんなことをするんじゃありません。 これをしなくちゃいけないよ。 子どもは自分たちより年上の者を敬うべきだ。
4. 忠告する，解決法や提案を出す─相手に問題の解決法を示す，忠告や提案をする，答えや解決策を与える。	ジニーとジョイスの二人にここへ来て遊ぶように頼んでみたら？ 大学を決めるには，二年ほど待ちなさい。 そのことで先生と話をしてみたら。

	他の女の子たちのところへ行って友達になりなさい。
5. 教える，講義する，論理的に議論を進める―事実や反証，論理，情報，あるいは自分自身の意見で，相手を感化しようとする。	大学は今までなかったような，一番素晴らしい経験ができるところだよ。 子どもはお互いにうまくやっていけるよう学ばなければならない。 大学卒業生に関する事実を見てみよう。 子どもたちが家の中での責任を学べば，将来責任ある大人になるだろう。 こう考えてごらん―お母さんは家のことを手伝って欲しいんだ。 自分が君の年の頃は，今の君よりも二倍しなきゃいけないことがあったよ。
6. 判断，批判，反対，非難をする―相手について否定的に判断，あるいは評価をする。	君の考えは理路整然としていないな。 それは子どもっぽい見方だ。 それについて君は大きく間違っているよ。 君には全く同意できないね。
7. 褒める，賛同する―肯定的に評価，あるいは判断する，同意する。	そうだね，君は可愛いよ。 君はよくできる才能を持っているよ。 君は正しいと思うよ。 君の言う通りだ。 君はずっと変わらず良い生徒だ。 私たちはいつもお前のことを誇りに思ってきたよ。
8. 悪口を言う，レッテル貼りをする，固定観念で見る―相手を劣った気分にさせる，カテゴリーに当てはめる，恥ずかしめる。	お前は悪ガキだ。 いいかい，お利口さん。 お前のしていることは動物並みだ。 オーケー，チビちゃん。
9. 解釈，分析，診断をする―他人に彼らの動機が何なのかを伝える，あるいはなぜ彼らが何かをしたり言ったりしているのかを分析する。自分がわからせてあげた，あるいは原因を突き止めさせてあげたのだと相手に伝える。	お前はジニーを妬んでいるだけだ。 君は私をいらつかせるためにそれを言ってるんだ。 本当のところ君はそのことを全く信じていないんだ。 お前は学校の出来が悪いからそのように感じるんだ。
10. 安心させる，同情する，慰める，支持する―他人を気分良くさせようとする，感情を使わないよう説得する，相手の感情を打ち消そうとする，相手の感情の力を否定する。	明日になれば気分が変わっているさ。 これはどの子もいつかくぐり抜けることさ。 心配しないで，すべてうまくいくさ。 君の持っている可能性で，君は優秀な生徒になれるよ。

	自分も昔はそのように考えたよ。
	そうだね，時には学校はとてもつまらないこともあり得るよ。
	いつもは他の子達とうまくやっているだろう。
11. 精査する，質問する，尋問する—理由，動機，原因を見つけようとする，相手の問題解決を手伝おうと，さらに情報を探す。	いつこのように感じ始めたの？
	なぜ自分が学校を嫌いだと思うの？
	君と一緒に遊びたくないとその子たちは君に言ったことがあるの？
	他の何人の子ども達とみんながしなければいけない作業について話したことがあるの？
	誰がそんな考えを君に吹き込んだんだい？
	大学へ行かないとしたら，どうするの？
12. 引き下がる，注意を逸らす，皮肉，機嫌を取る，かわす，回りくどさ—相手を問題から遠ざけようとする，自分自身の問題から逃げる，相手の気をそらす，からかいながら一笑に付す，問題を脇に置いておく。	忘れてしまいなさい，そんなことは。
	食事の時にはその話はやめておこう。
	ねえ，もっと楽しい他のことを話しましょうよ。
	バスケットボールの調子はどうだ？
	学校の校舎が焼け落ちるようにしてみたら？
	もうこのことは解決済みのはずだ。

出典：L. E. Losoncy との私信による。

表 A10.4　希望のワークシート #2-2

分離の感情	家訓，あるいは聖書からのアファメーション
例：将来に全く見通しが立たない。	暗闇の後には，光がある。「しかし主を待ち望む者は新たなる力を得，わしのように翼をはって，のぼることができる。走っても疲れることなく，歩いても弱ることはない。」（イザヤ書／40章31節　新国際版）

以下には聖書からのアファメーションを多く掲載しており，それらを複製，拡大し，インデックス・カードに貼って，人生の困難に際して体験する分離の感情を中和するのに使えるだろう。これらの言葉は「Q分類法[13]アクティビティ」の一つとし

13　個人の態度や価値観を測定する方法の一つ。態度や価値観を項目にしたカード（カード1枚につき1項目）を渡し，そこに書かれた内容について，最も重視するものから，最も重視しないものまで，それぞれを較べながら並びかえてもらうというもの。

て，テーマやカテゴリー毎に分類した上で使うこともできる。

「神が私たちに下さったのは，臆する霊ではなく，力と愛と慎みとの霊なのである。」（テモテへの第二の手紙／1章7節　ジェイムズ王訳）	「しかし，主に望みをおく人は新たな力を得，鷲のように翼を張って上る。走っても弱ることなく，歩いても疲れない。」（イザヤ書／40章31節　新国際版）
「神はあなたがたをかえりみていて下さるのであるから，自分の思いわずらいを，いっさい神にゆだねるがよい。」（ペテロの第一の手紙／5章7節）	「わたしを強くしてくださる方によって，何事でもすることができる。」（ピリピ人への手紙／4章13節 新ジェイムズ王訳）
「誰がキリストの愛からわたしたちを離れさせるのか。患難か，苦悩か，迫害か，飢えか，裸か，危難か，剣か…しかし，わたしたちを愛して下さったかたによって，わたしたちは，これらすべてのことにおいて勝ち得て余りがある。」（ローマ人への手紙／8章35，37節，新国際版）	「わたしは確信する。死も生も，天使も支配者も，現在のものも将来のものも，力あるものも，高いものも深いものも，その他どんな被造物も，わたしたちの主キリスト・イエスにおける神の愛から，わたしたちを引き離すことはできないのである。」（ローマ人への手紙／8章38-39節，新国際版）
「主なる神の霊がわたしに臨んだ。これは主がわたしに油を注いで，貧しい者に福音を宣べ伝えることをゆだね，わたしをつかわして心のいためる者をいやし，捕われ人に放免を告げ，縛られている者に解放を告げ…るためである。」（イザヤ書／61章1節　新国際版）	「それによって，わたしたちが心理から出たものであることがわかる。そして，神のみまえに心を安んじていよう。なぜなら，たといわたしたちの心に責められるようなことがあっても，神はわたしたちの心よりも大いなるかたであって，すべてをご存じだからである…もし心に責められるようなことがなければ，わたしたちは神に対して確信を持つことができる。そして願い求めるものは，なんでもいただけるのである。」（ヨハネの第一の手紙／3章19-22章　新国際版）
「盗人が来るのは，盗んだり，殺したり，滅ぼしたりするためにほかならない。わたしがきたのは，羊に命を得させ，豊かに得させるためである。」（ヨハネによる福音書／10章10節　新ジェイムズ王訳）	「身を慎み，目を覚ましていなさい。あなたがたの敵である悪魔が，ほえたけるししのように，食いつくべきものを求めて歩き回っている。この悪魔にむかい，信仰にかたく立って，抵抗しなさい。」（ペテロの第一の手紙／5章8-9節　新国際版）
「その打たれた傷によって，われわれはいやされたのだ。」（イザヤ書／53章5節　新国際版）	「万軍の主は仰せられる，これは権勢によらず，能力によらず，わたしの霊によるのである。」（ゼカリヤ書／4章6節　新国際版）

「恐れてはならない，わたしはあなたと共にいる。驚いてはならない，わたしはあなたの神である。わたしはあなたを強くし，あなたを助け，わが勝利の右手をもって，あなたをささえる。」（イザヤ書／41章10節　新国際版）	「すべてあなたを攻めるために造られる武器は，その目的を達しない。すべてあなたに逆らい立って，争いを訴える舌は，あなたに説き破られる。これが主のしもべらの受ける嗣業であり…」（イザヤ書／54章17節　新国際版）
「しかし主を待ち望む者は新たなる力を得，わしのように翼をはって，のぼることができる。走っても疲れることなく，歩いても弱ることはない。」（イザヤ書／40章31節　新国際版）	「ある者は戦車を誇り，ある者は馬を誇る。しかしわれらは，われらの神，主のみ名を誇る。彼らはかがみ，また倒れる。しかしわれらは起きて，まっすぐに立つ。」（詩篇／20章7-8節　新国際版）

注：希望のワークシート #2-2 の聖書からのアファメーション部分は，以下の出典による。Sori, C. & McKinney, L.（2005）Free at last! Using scriptural affirmation to replace self-defeating thoughts. In K.B. Helmeke & C.F. Sori（Eds.）, *The therapist's notebook for integrating spirituality in counseling: Homework, handouts, and activities for use in psychotherapy*（PP.223-234）. New York: Haworth Press.

結　　び

いためられた葦を折ることがなく，煙っている燈心を消すこともない…
　　　　　　　　　　　　　　　　　—マタイによる福音書 12 章 20 節[1]

　このハンドブックを上梓するという考えは，三年前のある雪の日の朝，突然ジュリアに閃いたものだった。問題が山積し，打ちひしがれるような世界に生きている，そんな我々に必要なものが勇気なのだ，と。

　本書を書き終わろうとしている頃，我々は米国史に残る変革の瞬間を目撃することになった。アメリカは初めての黒人大統領を選出したのである。本人の慎ましい生い立ち，この国の人種差別的な傾向，そして抑圧の歴史を考えると，到底大統領に選ばれそうもない候補だった。地球規模の疑念と恐怖の時代にあって，アメリカ国民は想像力を働かせ，信じ，そして変化する勇気を示したのだった。バラク・オバマ大統領は就任演説で，「民主主義，自由，機会，そして屈することのない希望といった，我々の理想の揺るぎない力」を源とするアメリカの真の強さを，今一度謳った。長く困難な道のりを前にし，彼は我々一人一人がさらに努力し，自分たち自身だけでなく，お互いを大切にするよう呼びかけた。Yes, we can！そう，我々はできるのだ，と。

　そのような共同体感覚と「イエス」の態度は，まさに無気力と敵意に対する解決策である。我々の所属は，全体の一部でありたいという我々の願いから生み出される。勇気は，行動によって実現する我々の存在と願いである。我々が自身そして他者の利益のため，生きることが要求するすべてに真正面から向かいあおうと励む時，勇気はそれと結びつく力の数々を人生にもたらしてくれる。良い人生，あるいは幸せ，というものは我々がもともと持っているものではない。それは，物事をそのままに受け入れ，今自分のしていることが状況を良くするかのように動くことによって参加を果たすための勇気を基として，我々の最も深奥な願いが満たされる場合の健全な状態を指すのだ。

　我々が現代の諸問題と対峙する上で，個人心理学—勇気の心理学—が文化の

枠を超えた古からの知恵を手にする助けとなることに，改めて驚きの念を持つ。実際面から言えば，個人心理学は，そのコモンセンス（共通感覚）的なアプローチによって，家庭，学校，職場，そして共同体における真の精神的健康を実現するための実行可能な方法を提供してくれる。

　その業績が我々の人生に影響を与えてきたアルフレッド・アドラーを，読者に紹介する機会を得たことを嬉しく思っている。世界がどのようなものか，そしてそこで我々がどのようにあるべきかを考える上で，意味と理解をアドラーは我々に与えてくれた。読者が自身をさらに高めつつ，他人を思いやるという目的に向けた独自の道のりを行くにあたって，このハンドブックが役立ち，そしていつまでも色褪せないものであるよう願っている。

注　釈

まえがき

1．Adler（1931/2003）

2．Dreikurs（1971/1994, p. xii）

3．コミュニティの価値が失われたことは，アメリカにおける個人主義が曖昧に，そして両価性を持つようになったことと直接結びついている。Bellah, Madsen, Sullivan, Swider, and Tipton（1985）参照。

4．May（1977, p7）

5．Adler in Stein（n.d.）

6．「アドラー曰く，我々は『共同体感覚』の育成を励ますことにより，互いに和して共存するような集団生活を送るための教育に力を入れる社会を作らねばならない。」「優越性と共同体感覚」（Adler, 1979, p.15）の編集者によるこの引用は，アドラーが提唱したプラスの心の健康についての理論がますます評価されていることを踏まえたものである。

7．グラッサー（Glasser, 2005）は，アドラーのカウンセリングモデルは，教育の役割と心の健康の向上を強調する公衆精神衛生モデルに一致するとした。伝統的な精神衛生モデルは威信と誤診という点で難があり，病理学に基づいている[1]。グラッサーは精神衛生の専門家（例えば，精神科医，臨床心理士，ソーシャルワーカー，そしてカウンセラー）が医療モデルの代わりに公衆精神衛生モデルを採用することを支持した。

　　アドラーによる心の健康の基準は，共同体感覚である。マズローは共同体感覚を，「自己を実現しつつある人間が人類へ向けて表出する感情を漂わす」精神的な健康を唯一説明できる言葉とした。「彼らは折に触れ生じる怒り，焦り，あるいは嫌悪感にもかかわらず，人類全般に向けた深い一体感，共感そして愛情を持つ。…彼らは人類を助けたいという純粋な欲求を持っているのだ。まるで彼らが全員一つの家族の構成員であるかのように。」前掲6，p.15 参照。

1　病理学は生物学的な因子など，客観的な根拠を基に病気の経路や因果関係を研究する学問だが，精神衛生の場合，心を可視化できる因子はなく，環境やパーソナリティなど複雑な要因も関係するため，病理学的な視点や基準を持ち込み，客観的な因果関係に基づく問題解決や治療を目指すのは本来適切ではないということ。

8. Blagen（2008）。第7章「共同体感覚の実例：回復の勇気」の項についても参照のこと。

9. アドラーはセックスを元々，お互いに異なる性を持つ二人の人間の間にある親密さと呼んでいた。第5章の同性とトランスジェンダーの愛についての考察を参照。

10. これらの体験談と回想は主に，我々が2年にわたってアメリカの内外で行い，録音し，そして書き起こしたインタビューから得られた。これらのインタビューでは基本的にソクラテス式質問と早期回想を使い，個人の仕事，愛，友人，そして家族生活に対する見方を探った。

第1章

1. Phillips（2004）より，一般的に定義されている勇気の2つの例。

2. 数十年前に哲学者ハーバート・ガーディナー・ロードは，「勇気の心理学」に似たタイトルの本を書いた（Herbert Gardiner Lord, 1918）。彼の本は，兵士に勇気を持たせる訓練に特別な焦点を置いている。ポジティブ心理学の潮流が勇気を美徳の一つとして関心を向けるようになり，実証的，科学的な手法を通じて勇気の理解に貢献しようとし始めたのはつい最近のことである。Evans and White（1981）と Putnam（1997）参照。

3. W. I. Miller（2000）

4. R. May（1975, p.3）

5. Moran（1987）。戦時中の経験に基づいて，モーラン―ウィンストン・チャーチルの医者であった―は，彼の著書，「勇気の解剖学」で，恐怖は勇気の誕生や兵士が勇気を使うのに先立つものであることを述べている。

6. Becker（1997）

7. 編集者のアンスバッハーとアンスバッハーは，実存心理学と個人心理学の類似点を特筆した（Adler, 1979, p.8）。彼らは，サティア，マズロー，メイ，そしてフランクルといった実存主義や人文主義的な心理理論家たちで明らかにアドラーの系譜に連なる人々に対し，アドラーの影響を認めた。二人は実存心理学が「人間を独特の存在として捉え，その存在意義と実存的な問題を解決する考えや計画に本質的な関心を持つ」という点で，アドラー心理学の体系と受け止められていると記した。

R. メイ（May, 1977）は不安をアドラーの概念である劣等感と同一視した。「感情」という言葉は，ある人がとる弱点への主観的な態度を意味する。「アドラーは問う。不安を具体的に考えると，それは何の目的に役に立つだろうか？　心配性

な人自身にとっては，不安は更なる活動を妨げるという目的があり，以前の安全
な状態へ逃げるためのきっかけである。それゆえに，不安は決定や責任を逃れる
動機として役に立つ。しかし，アドラーがより頻繁に強調したのは，不安が攻撃
のための武器，他者を支配する方法，として機能することだ。」(p.155)。メイは
不安についての哲学的解釈において，「不安は本質的には主観的な問題，つまりそ
の人の精神状態や態度の問題である」(p.27) と言ったスピノザ (1632-1677) に
遡った。

8. Adler (2006a, p.38)

9. Dixon and Strano (2006) の劣等性，劣等感，そして劣等コンプレックスの相違
点に関する注釈。

10. Milliren, Clemmer, Wingett and Testerment (2006, p.357) による定義。

　　個人心理学の重要な概念として，私的な哲学，信念，そして人生への特性的ア
プローチの複雑な組み合わせ，そしてパーソナリティの統合的な特徴，がある。ラ
イフスタイルは，個人の早期体験への創造的な反応を表し，一方で，自らと世界
についてのあらゆる認識，したがって自身の感情，動機，そして行動にも影響を
及ぼす (Adler, 1931, p.239)。

　　Adler (1979, p.69) は，我々が社会生活における経験をどのように創造的に使
用するかのパターンを観察し，我々がこれらの課題に取り組む上で用いる異なる
スタイルについて議論した。彼は楽観主義，悲観主義，攻撃的な性格，そして防
御的な人などの基本的な態度について論じた (Adler, 1927/1992)。また，彼は
「楽天的，短気，憂鬱，粘着質」の4種類の気質についても書いた。後にこれらは，
共同体感覚の四種類の活動「社会的に有用，支配的，懇願的，回避的」に変わる
こととなった (Adler, 1956)。しかし，アドラーは人々にレッテルを張ることに
反対だったので，多様なライフスタイルを教える方法として様々な類型を示した
だけだった。そのため，現代のアドラー派は，以来一層多くのライフスタイルの
あり方を仮定するようになった。

11. Carlson, Watts and Maniacci (2006, p.44)

12. Adler (1979, p.52)

13. Wolfe (1932/1957, p.110)

14. Adler (1956, p.159)

15. Dreikurs (1989, p.29)

16. Yearley (1990)。勇気はそれ自体では決して美徳にはならない。例えば，儒教や
プラトンの教えにも共通するように，勇気の前にまず知恵や情熱があり，その結

果これら3つが美徳として個人の魂に対する調和だけでなく，共同体の利益に対しても公正さをもたらす（第7章参照）。孔子の教えにある3つの美徳（理性，情熱，そして勇気）は，プラトンが「国家」で論じる基本的な考えと全く呼応している。すなわち，調和とは，国家の内にある三つの市民階級に相当する三つの魂—理知（知恵，思考），気概（意志，勇気），そして欲望（情緒，節度）—を持つ各人が協力する勇気によって達成されるものである。さらに調べていくと，孔子の美徳，プラトンの美徳，そして「オズの魔法使い」のキャラクター（すなわち，かかしは思考，臆病なライオンは勇気，そしてブリキ男は感情）の間に関係が見つかるかもしれない。

17. 前掲14，p.305参照。

18. 孔子（BC 551-479）による論語17.23

19. Adler（1979, p.275）

20. Way（1962）。アドラー派は度々アドラーを孔子に例えた（McGee, Huber, & Carter, 1983, p.238）。メアレットは1929年のアドラーの著書『個人心理学講義』に寄せた紹介文で，アドラーを西洋の孔子とみなしている。

21. Peterson and Seligman（2004, p.29）。奇妙なことに，東洋の伝統である儒教，道教，そして仏教には，勇気［の概念］が欠落していることが明確に，あるいはテーマとして謳われていると指摘するポジティブ心理学の論者がいる（Dahlsgaard, Peterson, & Seligman, 2005, p.205）。そうではなく，第7，8，そして9章でみたように，勇気には異なる意味があり，これらの伝統の不可欠な一面として表れている。第2章についての注釈7も参照のこと。

22. 前掲14参照。「自尊心の増幅を導きの虚構とみるわれわれの見解は，ニーチェの言う『力への意志』や『見せかけの意志』にも表れている」（p.111）。アドラーにとって，この力への意志は，完全へと向かう努力，我々が劣等感を克服しようとする生来の補償的な力と同義である。力あるいは完全性の表現の背景にある概念は「克服」（p.114）である。力への意志は［自尊心を守ろうと挑戦を避けようとする］我々の予防保護傾向に根ざす導きの虚構である。しかしながら，我々が自分への執着（Ichgebundenheit）を埋め合わせることができるのは，他者に貢献したいという欲求によってのみなのだ。第9章では力への意志の概念を，その精神的—実存的な根源，すなわち，「さらなる生への意志」という点から再検討する。第9章についての注釈13も参照のこと。

23. 前掲12，p.60参照。

24. 前掲3参照。

25. 前掲 16 参照。

26. Lin（1937/1966, 1959），Erick and Cooke（2005）

27. アドラー同様，バザーノ（Bazzano, 2006）は，道徳原理において我々はポストモダン的な視点へと向かっていると主張する。コモンセンスは，仏教の禅にも通じる形而上の英知を補うのに申し分ないものである。「それとともにあるだけでは十分ではない。それのためにあらねばならないのだ」（p.8）。道教の教えは，アドラーの思想「あるがままであること」（What is, is）が内包する実存主義的な勇気を照らし出す。

28. 前掲 12，p.275 参照。アドラーの心理学的な推論と，スピリチュアリティに関する有神論的見解は，根本から異なるため相入れるものではない。アドラーにとって，神とは人間の考えたものである。キリスト教徒にとって，神は顕れるものである。「アドラーにとって，人生の意味とは同胞意識を持つこととそれへの勇気である…。さらに言えば，キリスト教では勇気を全面的に称揚するものの　人生への勇気は神への信仰なくしてありえないものとされる」（Jahn in Adler, 1979, p.273）。

　　　それでも，両者は世界との関わりにある人間についての理解に関心を寄せていることでは一致するという点で，相互に反目し合う必要はない。アドラーによれば，恩寵が信仰のコミュニティに与えられる救済であるのと同様，共同体感覚は人のコミュニティが受けるそれである。個人心理学は，共同体に向けて努力する個人を世界の中心に置く。共同体の目標は「弱い者を力づけ，よろめく者を支え，過ちを犯す者を癒す」ことにある。アドラーは兄弟愛と公共の福利相互の結びつき，つまり人間—地球の関係に関心を寄せていた。

　　　「アドラーが強烈に目指したものは，彼の考えるところの人間の兄弟愛である。有神論者にとっては，地球は神によって創られ，人は神の創造物である。この観点からは，人間の兄弟愛とは人類のあり方についての永遠の理想型である。」

29. Milliren, Evans, and Newbauer（2006, p.109）

第 2 章

1．Adler（1964, p.79）

2．Adler（1956, p.134）

3．Adler（1979, p.40）。適性と能力としての共同体感覚は，人生の新しいスキルを身につけた時に我々が示す態度に最もよく表れる。アドラーは訓練の価値を次のように説明する。「泳ぎ方を覚えようとする時最初に何をしますか？　ミスをするでしょう？　それから何が起こりますか？　また別のミスをするでしょう。そして

溺れることなく可能な限りのあらゆるミスをした時—その中には何度も繰り返すものもあるでしょう—何がわかるでしょう？　あなたが泳げるということですよね？　そう，人生とは泳ぎ方を覚えることと全く同じなのです！　ミスを犯すことを恐れてはいけません。なぜなら，生き方を学ぶのにより良い方法はないからです！」（http://thinkexist.com/quotes/alfred_adler/）

4．Dreikurs（1989, p.8）。ドレイカースはこのジレンマについてさらに深く説明している。「アルフレッド・アドラーは矛盾を抱えた社会的要求というこの込み入った問題に対し，一つには既存の条件という点から，もう一つは十分に発達した共同体感覚を備えた個人が思い描く理想的な人間社会という点から，解答を示している。アドラーはそれぞれの問題を *sub speci aeternitatis*（永遠の相の下に），つまり永続性という観点から眺めるよう提案する。そうすることによって，人は圧倒されるような要求，そして置かれている状況や自らの恐怖，不安，歪んだ取り組み方や目標によって自身に強いている誤った視点から離れ，社会生活の基本原則をわきまえることができるようになる。共同体感覚の理想的な表現とは，現在要求されていることに対し，他者との協力に向け取り組みつつ，人の所属する組織が社会生活の完全な形へと近づけるよう力を添える能力のことを指す。このことは不必要な敵対心—進歩を促すよりも妨げかねない，そして実際妨げるもの—を生むことなく前進することを意味している。

5．前掲3，p.135 および p.256 を参照。

6．前掲3，p.136 を参照。

7．Adler（1979）によると，「…社会的な協力の備えができている人間だけが，人生が投げかける社会的な問題を解決することが出来る。このことは，人の動きを決める規範には，接触—協力に向けた努力—の感覚がある程度含まれるであろうことを意味している。そうした感覚がないところで，我々は失敗に面してしまう。すでに見たように，こうした協力と社会的達成に向けた気持ちは，自信を欠いている子ども達の中に適切に育ってはこない。自信のない子ども達は共同体感覚に欠けたライフスタイルを作り上げる。というのも，共同体感覚のない人間は，常に他人よりも自分のことを考えているからである。自分自身から離れることができないのだ。」（p.90。「まえがき」の注釈7も参照。）

　この引用にあるような，共同体感覚に関連する正常な発達についてのアドラーの見解は，精神的概念のアガペと，本書で扱った儒教の実践的概念の共同体の利益たる「仁」とに我々は相互に結びついているという，深遠な愛を指し示すものである。「まえがき」の地球規模の人間愛に関する考察，および第1章についての

注釈21 および 28 を参照。

8．前掲4，p.6を参照。ドレイカースによれば，「協力への用意ができていること―
理想の仲間を定義する要素の一つ―は，困難な状況において最も厳しく試される。
大抵の人は全てが自分の好みに合っている限り，非の打ち所なく協力の意欲を示
す。自分の好みに合わない状況では，理想の仲間のままでいることは一層難しく
なる。ある人のグループへの結びつきが弱い場合，何か自分の好まないことが起
こるとすぐに，その人はたやすく離れていってしまうだろう。メンバーとしての
意識が強ければ強いほど，たとえ自分の望みを通せなくても，より確実にその人
はグループに対し忠実でいるだろう。友人，家族，恋愛，あるいは仕事を問わず
どのような人間関係においても，自分の望みと完全に合ったものは決して見つけ
られない。したがって，遅かれ早かれ，由々しい事態へと巻き込まれていくこと
は確実であり，その時の振る舞いのあり方に，我々の社会意識の強弱が表れるの
である。」

9．Adler（1931/2003, p.20）

10．他者のために貢献する，あるいは「兄弟に対して責任を負う者」となる能力は，心
理的およびスピリチュアルな場面での所属の勇気に関し，第8章と9章で詳述し
ている宇宙と波長を合わせる人生のタスク，および家族保持（Sonstegard and
Bitter, 2004, p.79 参照）のタスクに関連している。

11．前掲4，p.9を参照。アドラーは共同体感覚の基礎的な要素として協力と貢献の能
力を強調し，「各人が互いに相反する二つの社会的なレベルに合わせる必要がある。
我々に立ちはだかる人生のタスクを全うすることは，我々が周囲の集団の要求に
よって生じる重大な義務を果たしているだけでなく，進歩と社会の発展への要求
を満たしていることを意味する」（Dreikurs, 1989, p.8）。

12．前掲4，p.8を参照。ドレイカースは，個人が二つの異なる社会的レベルにおいて
調整を図る必要性をこう説明する。「ある人が社会秩序や周囲の人々から求められ
ることを完全に満たせたとしても―とはいえ様々な人や集団の要求は互いに矛盾
するので，そもそもそれ自体不可能なことなのだが―もし向上への必要性をおろ
そかにしているとしたら，依然その人は社会的に適合できないだろう。あらゆる
実用的な目的において社会に適応し，効率よく仕事をこなし，良き夫であり父で
あり，地域の社会活動にも参加するような人であっても，変化，進歩，向上に背
を向けているとしたら，その人物は依然社会的な義務を果たしているとは言えな
い。一方，必要な変化だけに関心を向け，それゆえに自分の状況で直ちに求めら
れていることを顧みず侮っている人は，やはり社会的に不適合である。」

13. Andreas and Andreas（1989, p.38）

14. 前掲 2，p.138 を参照。「共同体」（*gemeinschaft*）への感覚は，「社会」（society）という言葉以上に広い意味を持つ。それは関わりという感覚を含むものであり，人の作るコミュニティとだけでなく，生命の総体と関わることでもある。したがってそれはアドラーの概念である，統一体の最も高い次元の表現様式である。人が持つ自己という感覚は，存在の統合の一部であり，一個の有機体として宇宙の中で他と隔絶し孤立して存在することの恐怖とは対照をなす。こうしたすべての存在との関わりという感覚の例は，偉大な芸術家の作品，たとえばベートーベンのそれのように，彼の作品を始めとする音楽が頻繁に表現するような一体性の認識，さらに生命との結びつきへの愛着，共感，そして欲求に，時折見ることができる。（Way, 1962, pp.201-202）

15. 前掲 2，p.156 参照

16. 前掲 3，p.305 参照

17. Adler（1979, pp.14-16）において，アンスバッハーとアンスバッハーは，アドラーの理論をプラスの心の健康についての理論，そして共同体感覚を，後のヒューマニスティック心理学やマズローの考察による自己実現の概念の発展に影響を与えた，心の健康の基準として説明している。

第 3 章

1. Adler in Stein（n.d.）

2. Adler in Brett（1931/2003, pp.18-19）

3. Dreikurs（1989, p.5）

4. Way（1962, pp.206-207）。ウェイが言うように，時として人は自分自身の問題となりうる。「それゆえに，外部に対して合わせようとしてもそれ自体が基準とはなりえない。外から見て成功しているように見えるとしても，自分自身の目には落伍者と映っているかもしれない。逆に，周囲からは落伍者に見られても，本人は十分自分に満足している場合もある」（p.207）。したがって，「個人がこれらの線に沿った調整をしなくてもよいような社会を想像するのは難しいだろう。しかし，特性と求められる適応の度合いは，当然ながら各世代，そして社会構造の変化のあり方によって異なるものである」（p.206）。

5. ドレイカースとモザク（Mosak 1977b，c，および d）は人生のタスクにさらに二つを加え，生きることが人に要求するものをより的確に説明しようとした。彼らが主張する 4 番目のタスクとは，どのように自分自身と折り合い，かつ対処する

かを学ぶ必要性のことである。5番目の人生のタスクは，宇宙との関係において
人が自身を確立する問題と関わるものである。

6．Sonstegard and Bitter（2004）
7．Mosak（1977a, p.108）
8．前掲6を参照。
9．Wolfe（1932/1957）
10．前掲4，pp.206-207を参照。
11．第1章の注釈13，および補償，過剰な補償，そして過少な補償について関連する
　　考察を参照。
12．Adler（1931/2003, pp.18-19）

第4章

1．Wolfe（1932/1957, p.203）
2．S. Osipow（1987，私信）に一部基づく。
3．ある職業分野への *drop in* の表現を使ったのは，2005年6月12日にスティーブ・
　　ジョブズがスタンフォード大学の卒業式で行ったスピーチに発想を得た。ジョブ
　　ズはアップル社のCEOであり，ピクサー・スタジオの前CEOである。
　　　「もし私が退学していなかったら，私はこのカリグラフィーの講義に潜り込む
　　（drop in）ことはなかったでしょうし，パソコンが現在のような素晴らしいフォ
　　ントを備えることはなかったかもしれません。もちろん大学にいた当時は先々を
　　見越して点と点を繋ぐということもできませんでした。しかし10年後に振り返っ
　　てみて，大変，大変はっきりしたのです。…繰り返しますが，将来を予見して点
　　と点を繋ぎ合わせることなどできません。振り返ってみて初めてそうできるので
　　す。だから，皆さんが現在していることは将来何らかの形で繋がるのだと信じて
　　ください。自分の根性，運命，人生，カルマ，何にせよ，何かを信じましょう。こ
　　の方法で私は後悔したことはなく，そして自分の人生に大きな違いをもたらして
　　くれたのです。」
4．Adler（1979）
5．Palmer（1999）
6．Yang（1992）のインタビューより。
7．Suprina and Lingle（2008, p.201）
8．Hall（1976, p.201）。プロティアン・キャリア志向については，以下も参照のこと。
　　Hall（1986, 2002），Hall and Mirvis（1996），Hall and Moss（1998）。

9. 「プロテウス的人間」とは，リフトンの分析によると，絶え間なくアイデンティティを変化させる現代的な人格を指す。ギリシャ神話のプロテウスは，捉えて鎖でつないでおかない限りその変身を止めることができなかった。彼は変化への内なる欲求に従い，周囲の環境を映し出さずにいられなかったのである。「自分がどこに属していたのか，自分が誰なのかがわからない」（May, 1977）プロテウス的人間は，絶えず変化する世界に生きる我々が持つ現代的な不安を最も端的に表している。メイによれば，こうした不安に対し人は麻痺のプロセスで臨むという。つまり，他に手立てがない人は，自身の感受性を鈍らせ，脅威に対する意識を断ち切ることにより，情緒的に引きこもってしまうのである。

10. Hall and Mirvis（1996, p.21）

11. Stolz（2006）

12. 「成功の方程式」としての性格特性，ライフテーマ，職業的パーソナリティ，そしてキャリア適合性といった概念は，サヴィカス（Savickas, 2005）のキャリア構築理論の主要な部分である。ダイアログボックス4.5にあるソクラテス式問答は，彼が早期回想のテクニックに独創的な修正を加えたもので，個人のキャリア物語に焦点を当てることにより，キャリア構築のためのカウンセリングで使えるようになっている。

13. Losoncy（2004）。励ましは我々の信念，情緒，そして行動の総体に等しい態度の一つである。簡単に言えば，励ましは勇気を与える技術に関することである（励ましについてのさらなる考察については，第10章を参照）。

14. ヤンとウォラー（Yang & Waller, 2005）によれば，このことが起こる条件として，好奇心，持続性，柔軟性，楽観性，そして冒険心の5つがある。これらのスキルは我々の思考，感情，そして行動への対処法を学ぶのに役立ち，その結果，仕事生活における困難や障害に直面した際，自分自身をより心地よく感じられるようになる。Mitchell, Levin, and Krumboltz（1999）も参照のこと。

15. Bloch and Richmond（2007）

16. M. Agenlian（私信，2005年4月）

17. クリントとルーシーのキャリア状況については，Sandberg and Yang（2006）に初出。

18. これらの質問のいくつかは，2007年にオハイオ州のコロンバスで開かれたカウンセリング教育指導学会（Association for Counseling Education and Supervision）の「女性のための避難所」（the women's retreat）部会で紹介された。

19. Gibran（1923, p.25）

第5章

1．ルイスは彼の著書「四つの愛」（The Four Loves, 1960/1988）で，友情についての自分の定義は単なる仲間付き合いよりもっと狭いものだとしている。彼の言う意味での友情とは，何か共通の関心のものがあるときに初めて存在するものである。ルイスはエロスを，彼がヴィーナス的愛と呼んだ性的関心とは一線を画するものとしつつも，セックスとその精神的な重要性についてそれなりの紙幅を割いている。彼はエロスを神格化することの危うさを警告する一方，それは最愛の人から得られるあらゆる快楽のことではなく，最愛の人に向けた公正な慈しみであると褒め称えている。

2．Beecher and Beecher（1966, p.91）

3．Wolfe（1932/1957）

4．前掲2，p.106 参照。

5．前掲3，p.324 参照。

6．前掲3，p.318 参照。

7．Beecher and Beecher（1966）と Wolfe（1932/1957）に基づく。

8．Dreikers（1971, p.123）

9．Adler（1931/2003, p.231）

10．Mansager（2008）

11．S. Dermer（私信，2008 年 9 月）

12．Suprina and Lingle（2008）

13．前掲3，p.324 参照。また，アドラーによると「愛と結婚は人間の協力に欠かせないものである。その協力は二人の幸福のためだけではなく，人類の幸福のための協力である」（p.219）。

14．Fromm（1959/2006）

15．The NIV Topical Study Bible, New International Version（1989）

16．Butler（2000）

17．前掲1，7 参照。

18．前掲7，p.198 参照

第6章

1．Adler（1931/2003, p.117）

2．Beecher and Beecher（1966, p.210）

3．Lewis（1960/1988）

4．Dreikurs（1971, p.65; 1989, p.6）

5．Grunwald and McAbee（1985, p.69）

6．Mosak（1977a, p.198）

7．Adler（2006a, p.37）

8．Dreikurs and Soltz（1964）と Dinkmeyer and Carlson（2001）より組み合わせた。

9．Adler（2006b, p.243）

10．Johansen（2006, p.239）

11．Adler（1956）

12．Ansbacher（2006, p.262）に基づく。注目喚起の目標は四つすべての象限に当て
はまる。また権力と復讐の目標は社会的に無用—積極的と社会的に無用—消極的
に合致する。図6.2 はこれら二つの次元がどのように相交わるのかを表すもので
ある。

13．G. Smith（私信，2007 年 12 月）

14．Nelson, Erwin, Brock, and Hughes（2002）

15．Wolfe（1932/1957, p.231）

第7章

1．Sonstegard and Bitter（2004, p.79）

2．Zeig（2009）

3．Chang（2004），Yang（1991）

4．Suprina and Lingle（2008）

5．ディラーによるジャック・ローソンとのインタビュー（Diller 1999, p.167）。

6．問題のある社会の力動は，大きく５つに分類される。よくある第一の問題は，他
者を対等に見られないということである。支配あるいは服従のいずれも，人との
関係において真の尊敬をもたらさない。というのも，分離の感情がある場面では，
それらは支配し，怒り，あるいは逃げたいと我々に思わせるのと同じ欠点と恐怖
を反映しているからである。第二に，階級制度の中で伝統的に男性，親，あるい
は権力者が自然に手にしてきた優越的立場が，個人による尊敬や内心の自由への
要求に直面していることである。第三に，階級，名声，そして富にまつわる社会
的な要求が我々に深く，しかし様々な形で影響を及ぼしている点である。こうし
た外面的に価値づけられた期待によって，我々は故意あるいは無意識に，自分が
重要だという感覚を得るために競い闘う。第四に，文化的な規範によって，我々
は善，あるいは正しくあらねばならないという思い違いをしている。倫理的や道

義的な論争は，他人を惨めにし，抑えつけ，あるいは無力感を味わわせることによって，お互いの理解や人間関係における敬意の念を妨げる。最後に，問題行動は関係の対立の原因ではなく，その結果だということに，我々はしばしば気づかないという点である。

7．Dreikurs（1971, p.177）

8．前掲 6，pp.9-11 参照。

9．前掲 6，p.10 参照。また，Dreikurs（1970）および Terner and Pew（1978）参照。

10．前掲 6，p.67 参照。

11．前掲 6，xiii 参照。

12．個人心理学の社会的平等に向けたアプローチは，ジョン・ロールズの「正義の理論」（A Theory of Justice, 2005）で一躍知られるようになった権利，義務，幸福，権力，そして資源の平等な分配を強調する社会的正義の考え方とはかなり異なっている。個人心理学では，平等は個人そして社会の問題と関わり，「平等主義的社会をめぐる争いは，社会的調和への人の欲求を表現するものである」（前掲 6, p.188 参照）。

13．Way（1962）

14．孔子「礼記　第 9 篇」（BC 551-479）

15．Cleary（1989），Yang and Milliren（2004）

16．前掲 7，p.35 参照。

17．Adler in Stein and Edwards（1998, p.285）

18．Palmer in W. R. Miller（1999）

19．Dreikurs（1971, p.222）

20．Blagen（2008）。ここでの文章は *The Best Kept Secret: Adler's Influence on A.A.* の原稿からとっている。

21．*Alcoholics Anonymous*（1976, p.17, p.60）。本書で使用している A.A. からの引用は，同出版物の原文から取った。記録資料によると，ビル・ウィルソンは，ロバート・ホルブルック博士をはじめ 100 名の元々の A.A. のメンバー達の助言を受けながら主要部分を執筆した。注目すべきは，A.A. の思想や表現が個人心理学の概念と非常に似通っていることである。ここでの引用は，中毒者に向けた共同体感覚の活力とその根源的な価値を表現している。

22．前掲 21 参照。12 のステップは，もし実行されれば飲酒への脅迫観念を取り去り，さらに重要なことに，恐らくは共同体感覚を求めその貢献への後押しをする一連の原則から成り立っている。12 の A.A. の言い伝えは，仲間意識のある生活その

ものに対応する。以下は，12 番目のステップと第一の伝統である。

　ステップ 12：これらのステップの結果としてスピリチュアルな覚醒を経験しな
がら，わたしたちはこのメッセージをアルコール中毒患者に届け，そしてわたし
たちの活動のすべてにおいてこれらの原則を実践しようとした。

　第一の言い伝え：アルコホーリック・アノニマスの一人一人のメンバーは，ま
さしく偉大な全体の小さな一部である。アルコホーリック・アノニマスは存続し
なければならず，さもなければわたしたちの殆どは死ぬしかない。だから，まず
はわたしたち共通の幸福が先に来るが，個々人の幸福はそのすぐ後に続かなけれ
ばならない。

23. Cheever（2004）。ビル・ウィルソンは，アメリカ文化における最も傑出した指導
　　者の一人となった後でも，常に母親による癒しを求めていた。ビルの母は彼が 11
　　歳の時に彼の元を去ったが，それでもお互い手紙を通じて緊密にやりとりをし，そ
　　れはビルが成人してからもずっと続いた。

24. 前掲 23，p.172 参照。

第 8 章

1．Yang（1998）より。

2．Sonstegard and Bitter（2004, p.8）

3．Adler（1927/1992, p.156）

4．Wolfe（1932/1957, p.198）

5．前掲 2，p.80，p.100 を参照。

6．前掲 3 を参照。

7．Suprina and Lingle（2008）

8．Yang（1992）

9．Mosak（1977c, pp.105-106）

10. Dreikurs in Messer（2001）

11. Milliren, Evans, and Newsbauer（2006, p.109）

12. Dreikurs（1971, p.52）

13. Dewey（1984, p.188）

14. 前掲 3 参照。

15. 前掲 12，p.29 参照。

16. Dreikurs（1989, p.67）。ロンバルド，メルコワール，マーフィー，ブリンカーホ
　　フによれば，神経症の様式は，その表現あるいは目的への動きにおいて誤ってい

るようなライフスタイルの定式化から直接派生するものである（Lombard, Melchoir, Murphy, and Brinkerhoff, 2006, p.209）。この見解は神経症を欠陥ではなく生き方の一つと見るアドラー派の立場を表している。「神経症の概念はもはや DSM-IV 分類法（アメリカ精神医療学会，American Psychiatric Association, APA, 1994）の診断カテゴリーに含むことはできない。このことは，神経症が個別の障害ではなく，より一般的な行動の問題だということを示唆している」。

17. ここでは Adler（前掲 3 参照），Wolfe（1932/1957），Dreikurs（1971）といったアドラー派の古典的文献が論じている行動例について短く取り上げている。

18. Wolfe（1932/1957, pp.259-260）

19. 前掲 18 参照。現実からの逃避が神経症的行動の基礎的な力動である点についてのウルフによる論考の概要は pp.272-280 を参照。

20. 第 9 章の「静謐の祈り」を参照。

21. May（1983, p.27）。勇気としての自己肯定は，我々の努力と克服にスピリチュアルな文脈を与える。第 9 章のノート 5 および 14 を参照。

22. May（1977, p.392）

23. Gomes（1952/2000, xxi）。第 9 章のノート 21 も参照。

24. Krakauer（1996, p.56）

25. 前掲 24，p.189 参照。大文字表記はクリス・マッキャンドレスによる。以下は，マッキャンドレスが死の数週間前に書き留めていたトルストイの「家庭の幸福」からの一節である（p.169）。「わたしは世の中をいろいろと見てきましたので，幸福のためには何が必要かということがわかったような気がします。この草深い片田舎に，世をはなれて，しずかな生活を営み，善を施すのがきわめて容易で，しかも善を施されることに慣れていない人々に，善を施す可能性をもつこと，それから労働―利益をもたらすはずの労働，それから休息，自然，書物，音楽，親しい人々への愛，―これが私の幸福です，…こうしたすべてのもののほかに，あなたのような心の友，家庭，これこそ人間が望みうるかぎりのすべてではないでしょうか」（工藤精一郎訳「新潮世界文学 16 トルストイ I：家庭の幸福」1972, p.550）

26. Walton（1996b）。

第 9 章

1．Mosak（1977d, pp.109-112）

2．アドラーは創造的な力をめぐる存在論については詳細に踏み込まなかったが，そうした力の使用を人生の第四の問題としてほのめかしている（Adler 2006a, p.36）。

彼は，創造的な力は克服に向けた人間の衝動であるという立場を取っているが，それは多くの様々なスピリチュアルな態度を生みだすものかもしれない。ストーンは，「アドラーが『創造的』（creative）という表現を使うとき，それは人が自身，世界，そしてどのように行動すべきかの主観的な見方を作り出す際に用いる建設的で独創的な手段を意味した」としている（Stone, 2006, p.103）。

3．カントとファイヒンガー両者の「であるかのような」の哲学は，アルフレッド・アドラーが仮想的目標を構想する上で彼の個人心理学に影響を与えた（Stone, 2008）。人の問題行動は，自己保存という目的だけに向けられた，歪んだ仮想的目標の結果もたらされる。一方で，健全な心（つまり，共同体感覚）をもって，求める成果が自身の行動によって未来から現在にもたらされるかのようにふるまう場合，人は希望を持つ。人が信念をもって「かのように」行動するとき，そこには信頼がある。前掲 22 も参照のこと。

4．Mansager（2003, p.65）

5．Adler（1979, p.32）。完全性，心理的な動き，人間の適応力，成長，そして進化それぞれの相互の関わり方について，アドラーはさらに以下のように論じている。「しかし，人生は成長であるという我々の見方に，もはや疑いのないことが確実となった。これにより，同時に動き［のあり方］─自己保存，生殖，周囲の世界との接触，生存競争を勝ち抜くための接触─が確定する。人生がどこに向かって動いていくかを理解したければ，この成長の道を出発点としなければならない。外の世界から求められるものに対して絶えず能動的に合わせていくという道を。」人間の努力についての考え方は，実存主義哲学に原点がある。

　　フルトミューラー（Furtmuller, 1979）は，スピノザやニーチェの現代における信奉者たちがアドラーの学派の中に存在し，アドラーの思想が倫理に関するスピノザの思想，努力や力への意志などの実存主義的思想とも深くつながっていると指摘した。スピノザは自己保存への努力，あるいは自己肯定そのものを「力」と呼び，自身を─少なくとも潜在的に─脅かす，あるいは否定するものを「超克すること」だと示唆している（Tillich, 2000, p.20）。第 1 章についての注釈 22，および第 8 章についての注釈 21 を参照。

6．前掲 4，p.66 参照。

7．McBrien, 2004, p.413。アドラーは「共同体感覚とは…*sub speice aeternitatis* 永遠の相の下に，全体に対してもつ感情のことである。」と書いた。

8．Yang and Drabik（2006）に基づく。フランクルによれば，実存主義的には，苦しみとは意味と目的を失うことである（Frankl, 1946/1984）。仏教徒は人生とは

苦しみだと捉える。苦しみは，生老病死が避けられないのと同じく，逃れられないものである。人が抱える問題を根こそぎ解決するには，無関心であればよい。しかし，唯一苦しみを消す方法は，正しく思考し，語り，行ない，暮らし，理解し，黙想の努力をし，今この瞬間の体験を意識し，集中するための真の道を歩むことによって，欲望や執着を捨て去ることなのだ。

　道教の信奉者にとって，満たされた人生を送ることとは，自身の本夾の性質と完全に調和しつつ，それに対して補完的な役割を果たしている正反対のものを併せ持つことである。そのような調和がない場合に，苦しみがある。苦しみを乗り越える最善の方法は，無為を通じた行動であり，そこには相互作用（reciprocating）の生命力によって自然と幸福が返ってくるのである。

9．Lewis（1940/1996）。キリスト教徒の視点からは，苦しみは神の恩寵と深い関わりがある。ルイスの説くところでは，人間にとって究極の善とは，神に対して意識的に自らをゆだねることであり，それは愛をもって，完全に自身を開き，全てをさらけ出し，信頼を寄せて神に向かうことへの徹底した献身を伴うものである。人生に苦しみが無い場合，人は神に対し完全な信頼をもって向かおうとせず，また恐らくそうできずに，私的な目標，欲求，そして世の中に対する不安だけを凝視してしまう。したがって，苦しみとは，人が自らのゆだねを通じて完全なものとなれるよう，神がその愛をもって人間に与えるものである。

10．Mosak, Brown, and Boldt（1994）

11．前掲 5，p.31 参照。

12．Adler（1931/2006, pp.57-58）

13．「力」を単純に自身の理想，優越，そして他者を打ち負かすといった目標とみてしまうのは誤りである。前掲 5，ティリッヒが書き留めている，努力と克服に関するスピノザの見解（Tillich, 1952/2000）を参照のこと。また，第 8 章の自己受容と両面感情〔アンビバレンス〕に関する考察，および第 1 章についての注釈 22 も参照。バザーノは，心理学上の倫理（ethics in psychology）についてのアドラーの貢献は，彼がカントの姿勢を起点としながらも，型にはまらずにニーチェの力への意志に同調した点にあるとする（Bazzano, 2006）。個人心理学の文脈においては，力への意志は，我々が生来持っている完全への欲求が内包する創造的な力と，その結果としての克服に関連している。

　とはいえ，アドラー派による力への意志の用い方は一貫しているわけではない。それは導きの虚構という，個人が持つ私的な力を指す場合もある。アドラーは力への意志という表現を神経症の特徴として使った。例えば，「我々は力への意志が

何をおいても優先されるという点を指摘しておきたい。それは導きの虚構であり，より強く現れ，より早期に大きくなればなるほど，時には急激に，器官劣等性を持つ子どもの劣等感をより強く前面に押し出すことになる」（Adler, 1956, p.111）。

14. Tillich（1952/2000, p.32）。また，本書第8章，前掲21参照。

15. Savage and Nicholl（2003, p.55）中に Weatherhead を引用。

16. Adler（1979, pp.305-306）。「個人心理学は仲間を養成したい。そのためには，過ちへの対処という点でその仲間意識が示されなければならない。唯一この精神によって，過ちを犯す人は協力という勝利を得られるのだ。唯一この方法によって，彼は自分の誤ったライフスタイルをはっきりと理解することができる。回復のプロセスは，誤った子どもを協力へと向かわせることから始まるのである。」

17. Lewis（1961/1976, pp.42-44）。夫と離婚，あるいは死別した女性たちの深い悲しみを目にし，ヤンはこう書いている。「悲痛や苦しみの中には，より深い理解や切望へとつながるものがあるように思える。私は再び完全になりたい，喪失感の下に隠れているのは，まさに全きことへの欲求である。私は思い始めた─死の悲しみとは，単に人生という鏡に映った私たちが求める姿の一つにすぎないのだろうか，と」（Yang, 2009）。

18. Gomes（1952/2000, xxi）

19. W. R. Miller（1999）は，受け入れる（accept）とは，中期英語の語源によれば，取る，掴む，またはつかまえるという意味であることを指摘した。

20. Beecher and Beecher（1966, p.125）

21. 前掲14, p.156参照。ティリッヒはこう述べる。「参与（participation）と個別化（individualization）の両極性が，存在の勇気の特定の性格を決定する…。その二つを受け入れ，乗り超えた場合に，存在そのものとの関係が信仰という性格を帯びる。」前掲5, および第8章についての注釈23も参照。

22. 前掲3参照。ポジティブ心理学の枠組みでは，希望は未来への肯定的な態度を象徴する［人に備わる］強さの一群に属するものとして，楽観や未来志向とともに説明されている（Seligman, 2002, pp.156-157）。その他の定義や構成概念の中には，希望は状況対処のひとつとして，絶望を前にして初めて存在しうる，希望は目標へ向けた個人の動きを可能とする，希望は目標志向を持つ思考や信念であり，望ましい目標へ向けた複数の経路を生み出し，それらの経路をたどろうとする動機を伴う，などと考える場合もある。希望は認識力であるとともに感情である。希望の感覚を持つことは情緒の領域だが，希望を遂行するには，動機と能動的に進められる計画が必要である（Blagen & Yang, 2008）。Snyder（1994, 2000），Snyder

and Lopez（2000），Godfrey（1987）も参照のこと。

23．Yang（2009）に引用された Lewis

24．Virginia Tech Convocation［Producer］.（2007, April 17）

25．Templeton（1999）。キリスト教における霊性を起源とするアガペは，世界中の多くの宗教に共通して見られる原理とされてきた。例えば，マタイ伝22章39節にある「汝の隣人を自身のごとく愛せよ」という一句は，儒教の教えの「汝の敵を愛せよ」，あるいは「見返りを思うことなく愛する」とも一致する。

26．Beecher and Beecher（1966, p.96）

27．Watts（1992, 1996, 2000）

28．コリント人への第一の手紙 13: 4-8。The NIV Topical Study Bible, New International Version（1989）

29．W. I. Miller（2000）

30．前掲 3，22，そして 29 参照。

31．アルコホーリック・アノニマスと 12 段階のプログラムに使用されたニーバーの祈り。

第 10 章

1．Cheever（2004, p.43）。ビル・ウィルソンが少年時代，そして生涯の親友マーク・ワーロンへ 1951 年に送った手紙からの一節。

2．本書はプロの進行役だけでなく，自己を高め他者に手を差し伸べることに関心を持つ人々を対象としているため，第3部ではそうした読者層を表すために「勇気の進行役」という表現を使っている。

3．Sonstegard and Bitter（2004）。自助の能力がある進行役は，社交的で自信に満ち，くつろぎながらも毅然とし責任感に富んでいる（Manaster & Corsini, 1982, p.154）。進行役は理想のアドレリアンとして以下の特性を備える（Sonstegard, Dreikurs, & Bitter, 1983 に基づく）。

- 情緒面―強い，温かい，友好的，思いやりのある，勇気のある，陽気な，前向き。
- 行動面―迅速，注意深い，適度なペース，有能。
- 認知面―博識，直感力，明快な思考力，鋭い。

4．前掲 3 を参照。著者たちは「大質問」が生まれた背景と後の進化を詳述している。「アドラーはクライアントに『もし元気になったらどのようになりたいですか？』とよく尋ねていた。ドレイカースはやがて『大質問』としてアドレリアンの仲間

たちの間で知られるようになった手法を以下のように取り入れた。『もしこうした症状や問題がなかったとしたら，どうしていたと思いますか？』，あるいは『もしこうした症状や問題がなかったとしたら，あなたの人生はどのようになっていたでしょうか？』」(p.70)

5．Milliren and Wingett（2004）

6．前掲3，p.78 参照。この質問はもともとパワーズとグリフィスが，カウンセリングの過程で私的な目標を引き出すために考案したものだった。

7．失意においては，勇気と共同体感覚に程遠い個人のライフスタイルが見られる。失意（あるいは勇気の欠如）は，完全性という内に秘めた目標のみを追い求める偽りの自尊心を守るため，多かれ少なかれ働くものである。人は創造力を駆使し，表に現れる症状，言い訳，攻撃，距離を置くこと，不安，あるいは排斥の傾向によって，人生が求めるものを避けようとする。ドレイカースは，失意にある子ども達とその行動に四つの目的があることを観察した。すなわち，注目喚起，権力闘争，傷つけられたという認識のもと傷つけ返す，そして失敗が予測されるようなタスクから逃げてしまうことである。

アドラーは言う（Stein & Edwards（n.d.）からの引用）：

神経症や精神病の病状は全て，挫折を表現する何らかの形態である。その改善はひとえに患者を励ますことによってもたらされる。どの医者も，そしてどの神経学の学派も，励ましをうまく与えられる限りにおいて役に立っていると言える。時として素人がこうした役割を果たすこともありうる。その意図的な修練は，個人心理学によってのみ可能なものである。

8．前掲3，pp.77-79 に基づく。仕事に関する質問と「であること（存在）」の最初の質問は，Losoncy（2004）による。「であること」の二番目の質問は Palmer（1999）より，スピリチュアルな所属についての質問は W. R. Miller（1999, p.189）からとった。

9．Lingg and Wilborn（1992, p.65）

10．Milliren, Evans, and Newbauer（2006, p.116）。同様に，勇気づけに関する文献を検証したカーンズとカーンズは，励ましは一連のスキル，［目指すものに］なるための条件，そして結果を促すプロセスとして定義できるとしている（Carns and Carns, 1998）。励ましは「ある面では人が行うことであり，またある面では人が行わないこと」（Azulay in Cheston, 2000, p.298 から引用）であるため，その定義は一筋縄ではいかない。またカールソン，ワッツ，マニアッチは，励ましは態度であるとともに，ライフスタイル形成の一部となる他者とのあり方の一つでもあ

るとしている（Carlson, Watts, and Maniacci, 2006）。

11. Dinkmeyer and Losoncy in Cheston（2000）。エクスタイン（Eckstein, 2006）は励ましについての考察でこう述べている。「多くの哲学者や心理学者たちが，人間の基本的な感情には二種類しかないと主張する。それらは愛と恐怖である。励ましは思いやりと他者に向かっての動き（愛）を伝える。それとは逆に，落胆は低まった自尊心や他者からの隔たりに通じることがある（恐怖）。」

　　勇気づけを「静かなる力」に関連づけるエクスタインのアプローチとロジャーズ派の「実現傾向」は，勇気づけが実存主義的概念の「力への意志」，そして道教の説く勇気の「女性的（陰）」側面と結びつく可能性を示している。勇気づけを「他者の中に神性の閃きを見出し，彼らの善性を映し返す鏡としての役割を演じる能力」と捉える考え方は，「勇気は美徳の一つであり，それが認識された場合，関係の中にある他の美徳や特性と相互に高め合うというスピリチュアル的な意味合いを勇気に与える」ものである。Dynkmeyer and Eckstein（1996）も参照のこと。

12. 社会的に有用および無用な態度を対立する概念のペアで表示するのは，Adler（1927/1992）や Beecher and Beecher（1966）など，アドラー派の文献によく見られる。

13. 前掲 3 参照。

14. 前掲 10 参照。

15. Miller（2000）。第 9 章，共同体感覚の一般的な基準，および変化を呼び入れる人間主義的な前提としてのアガペ愛に関する考察を参照のこと。

16. 前掲 3，p.69 および p.71 参照。

17. 人生のタスクの評価，早期回想，および家族布置については前掲 3 を参照。また夢については Adler（1931/2003）も参照のこと。

18. アドラーは，人は自分がどのように問題を見，あるいは解決したり，困難を乗り越えたりするか気づいていないため，個人の動きを知ることができるのは唯一想像することによってのみであるとした（Adler, 1956, p.329）。またアドラーはこの直感による「想像」を芸術家の賜物とも呼んでいる。「その思考であれ，語りであれ，あるいは行動であれ，どの人間も常に自分自身を独特な存在として表出している。そこには常に個人の微妙な色合いと差異がある。それは部分的には，相手を真に理解し適切に接触するために，話し手，読み手，そして聞き手が言葉と言葉の間に存在する間に気づかなければならないという，言語の抽象性と限界から来るものである。」（p.194）

19. Prochaska and DiClemente（1982）

20. アドレリアンによるカウンセリングと精神療法の技術に関する包括的な説明については，Carlson and Slavik（1997）を参照。

21. B＝｛S → R｝と B＝｛S → YOU → R｝の公式は Losoncy, L. E.（2004）に基づく。

22. Dreikurs, R., Grunwald, B.B., & Pepper, F.C.（1982）. *Maintaining sanity in the classroom*（2nd ed., pp.30-31）. New York: Harper & Row からの抜粋。

23. このアクティビティは Blagen, M. T., & Yang, J.（2009）に基づくマーク・ブラゲンの提供による。

結 び

1. The NIV Topical Study Bible, New International Version.（1989）

参考文献

Adler, A. (1956). *The Individual Psychology of Alfred Adler: A systematic presentation in selections from his writings* (H. L. Ansbacher & R. R. Ansbacher, Eds.). New York: Harper & Rowe.

Adler, A. (1964). *Social interest: A challenge to mankind.* New York: Capricorn Books.

Adler, A. (1979). *Superiority and social interest: A collection of later writings* (3rd rev. ed., H. L. Ansbacher & R. R. Ansbacher, Eds.). New York: Norton.

Adler, A. (1927/1992). *Understanding human nature.* Chatham, NY: Oneworld Publications. (Original work published 1927)

Adler, A. (2003). Critical Considerations on the meaning of life. In H. T. Stein (Ed.) & G. L. Liebenau (Trans.), *The collected clinical works of Alfred Adler* (Vol. 5, pp. 176). Bellingham, WA: Classical Adlerian Translation Project. (Original work published in 1924)

Adler, A. (2003). *The meaning of life.* In H. T. Stein (Ed.) & G. L. Liebenau (Trans.), *The collected clinical works of Alfred Adler*, Vol. 5, (p. 176). Bellingham, WA: Classical Adlerian Translation Project. (Original work published 1931)

Adler, A. (2006a). Fundamentals of individual psychology. In S. Slavik & J. Carlson (Eds.), *Readings in the theory of Individual Psychology* (pp. 33–43). New York: Routledge/Taylor & Francis Group.

Adler, A. (2006b). How the child selects his symptoms. In S. Slavik & J. Carlson (Eds.), *Readings in the theory of Individual Psychology* (pp. 243–255). New York: Routledge/Taylor & Francis Group.

Alcoholics Anonymous (3rd ed.). (1976). New York: Alcoholics Anonymous World Services.

Andreas, C., & Andreas, S. (1989). *Heart of the mind.* Boulder, CO: Real People Press.

Ansbacher, H. L. (2006). The relationship of Dreikurs' four goals of children's disturbing behavior to Adler's social interest–activity typology. In S. Slavik & J. Carlson (Eds.), *Readings in the theory of Individual Psychology* (pp. 257–264). New York: Routledge/Taylor & Francis Group.

Bass, M. L., Curlette, W. L., Kern, R. M., & McWilliams, A. E., Jr. (2006). Social interest: A meta-analysis of a multidimensional construct. In S. Slavik & J. Carlson (Eds.), *Readings in the theory of Individual Psychology* (pp. 123–150). New York: Routledge/Taylor & Francis Group.

Bazzano, M. (2006, May). *Who is the other? Social interest and interdependence in Adler and Zen Buddhism.* Paper presented at North American Society of Adlerian Psychology Conference, Chicago.

Becker, G. D. (1997). *The gift of fear and other survival signals that protects us from violence.* New York: Dell.

Beecher, W., & Beecher, M. (1966). *Beyond success and failure.* Marina del Rey, CA:

DeVoss & Company.

Beecher, W., & Beecher, M. (1981). *The sin of obedience*. Richardson, TX: The Beecher Foundation.

Beecher, W., & Beecher, M. (1983). *Parents on the run*. Marina del Rey, CA: DeVoss & Company.

Bellah, R., Madsen, R., Sullivan, W. M., Swider, A., & Tipton, S. M. (1985). *Habits of the heart: Individualism and commitment in American life*. Los Angeles: University of California Press.

Brendtro, L., Brokenleg, M., & Bockern S. V. (1992). *Reclaiming youth at risk: Our hope for the future*. Bloomington, IN: National Educational Service.

Bettner, B. L., & Lew, A. (1996). *Raising kids who can*. Newton Center, MA: Connections Press.

Blagen, M. (2008). *The best kept secret: Adler's influence on A.A.* Manuscript in preparation.

Blagen, M. T. and Yang, J. (2009, April 18). Courage and hope as factors for client change: Important cultural implications and spiritual considerations. Retrieved from American Counseling Association Website: http://counselingoutfitters.com/vistas/vistas08/Blagen.htm

Bloch, D. P., & Richmond, L. (2007). *Soul work: Finding the work you love, loving the work you have*. Palo Alto, CA: Davies-Black Publishing.

Blustein, D. L. (2006). *The psychology of working. A new perspective for career development, counseling, and public policy.* Mahwah, NJ: Lawrence Erlbaum Associates.

Butler, L. H. (2000). *A loving home caring for African American marriage and families*. Cleveland, OH: The Pilgrim Press.

Careles, R. A., Darby, L., & Cacciapaglia, H. M. (2007). Using motivational interviewing as a supplement to obesity treatment: A stepped-care approach. *Health Psychology, 26,* 369–374.

Carlson, J., Kurato, W. T., Ng, K., Ruiz, E., & Yang, J. (2004). A multicultural discussion about personality development. *The Family Journal, 12,* 111–121.

Carlson, J., & Slavik, S. (Eds.). (1997). *Techniques in Adlerian psychology*. New York: Taylor & Francis.

Carlson, J., Watts, R., & Maniacci, M. (2006). *Adlerian therapy: Theory and practice.* Washington, DC: American Psychological Association Books.

Carns, M. R., & Carns, A. W. (1998). A review of the professional literature concerning the consistency of the definition and application of Adlerian encouragement. *The Journal of Individual Psychology, 5,* 72–89.

Chang, I. (2004). *The Chinese in America: A narrative history*. New York: Penguin.

Cheever, S. (2004). *My name is Bill: Bill Wilson—His life and the creation of Alcoholic Anonymous*. New York: Simon & Schuster.

Cheston, S. E. (2000). Spirituality of encouragement. *The Journal of Individual Psychology, 56,* 296–304.

Cleary, T. (1989). *The book of balance and harmony*. San Francisco: North Point.

Dahlsgaard, K., Peterson, C., & Seligman, M. E .P. (2005). Sacred virtue: The convergence of valued human strengths across culture and history. *Review of General Psychology, 9,* 203–213.

Dewey, E. A. (1984). The use and misuse of emotions: Individual psychology. *Journal of Adlerian Theory, Research, and Practice, 40,* 184–195.

Diller, J. V. (1999). Cultural diversity. A primer for the human services. New York: Brooks/Cole.

Dinkmeyer, D., Jr., & Carlson, J. (2001). *Consultation: Creating school-based interventions* (2nd ed.). Philadelphia: Taylor & Francis.

Dinkmeyer, D., & Eckstein, D. (1996). *Leadership by encouragement* (Trade ed.). Boca Raton, FL: CRC Press.

Dixon, P. N., & Strano, D. A. (2006). The measurement of inferiority: A review and directions for scale development. In S. Slavik & J. Carlson (Eds.), *Readings in the theory of Individual Psychology* (pp. 365–373). New York: Routledge/Taylor & Francis Group.

Dreikurs, R. (1958). *The challenge of parenthood* (3rd ed.). New York: Duell, Sloan, & Pearce.

Dreikurs, R. (1970). The courage to be imperfect. In Alfred Adler Institute (Ed.), *Articles of supplementary reading for parents* (pp. 17–25). Chicago: Alfred Adler Institute.

Dreikurs, R. (1971). *Social equality: The challenge of today.* Chicago: Adler School of Professional Psychology.

* Dreikurs, R. (1989). *Fundamentals of Adlerian psychology.* New York: Greenberg.

Dreikurs, R., Grunwald, B. B., & Pepper, F. C. (1982). *Maintaining sanity in the classroom* (2nd ed.). New York: Harper & Row.

* Dreikurs, R., & Soltz, V. (1964). *Children: The challenge.* New York: Hawthorn.

Eckstein, D. (2006). *Four directions and the seven methods of encouragement.* Workshop delivered at Governors State University, University Park, Illinois.

Eckstein, D. (in press). *Relationship repair: Activities for counselors working with couples.* El Cajon, CA: National Science Press.

Eckstein, D., & Cooke, P. (2005). The seven methods of encouragement for couples. *The Family Journal: Counseling and Therapy for couples and Families, 13,* 320–350.

Eckstein, D., & Kern, R. (2002). *Psychological fingerprints: Lifestyle assessment and interventions* (5th ed.). Dubuque, IW: Kendall/Hunt.

Edgar, T. E. (2006). The creative self in Adlerian psychology. In S. Slavik & J. Carlson (Eds.), *Readings in the theory of Individual Psychology* (pp. 107–110). New York: Routledge/Taylor & Francis Group.

Erikson, E. H. (1964). *Insight and responsibility.* New York: W. W. Norton.

Evans, P. D., & White, D. G. (1981). Towards an empirical definition of courage. *Behaviour Research and Therapy, 19,* 419–424.

Evans, T. D., & Milliren, A. P. (1999). Open-forum family counseling. In R. E. Watts & J. Carlson (Eds.), *Interventions and strategies in counseling and psychotherapy* (pp. 135–160). Levittown, PA: Accelerated Development.

*Frankl, V. (1984). *Man's search for meaning.* New York: Washington Square Press. (Original work published 1946)

*Fromm, E. (2006). *The art of loving.* New York: HarperCollins. (Original work published 1956)

Furtmuller, C. (1979). Alfred Adler: A biological essay. In H. L. Ansbacher & R. Ansbacher (Eds.), *Superiority and social interest* (pp. 309–423). New York: Norton & Company.

Gardiner Lord, H. (1918). *The psychology of courage.* Boston: John W. Luce & Company.

*Gibran, K. (1923/2005). *The Prophet.* 2001. New York: Alfred A. Knopf.

Glasser, W. (2005). *Treating mental health as a public health problem. A new leadership role for the helping professions.* Chatsworth, CA: William Glasser, Inc.

Godfrey, J. J. (1987). *A philosophy of human hope.* Dordrecht, Germany: Martinus Nijhoff.

Gomes, P. J. (2000). Introduction. In P. Tillich, *The courage to be* (pp. xi–xxxiii). New Haven, CT: Yale University Press. (Original work published 1952)

Grunwald, B. B., & McAbee, H. V. (1985). *Guiding the family: Practical counseling techniques.* Muncie, IN: Accelerated Development Inc.

Hall, D. T. (1976). *Careers in organizations.* Glenview, IL: Scott Foresman.

Hall, D. T. (1986). Breaking career routines: Midcareer choice and identity development. In D. T. Hall & Associates (Eds.), *Career development in organizations* (pp. 120–159). San Francisco: Jossey-Bass.

Hall, D. T. (2002). *Careers in and out of organizations.* Thousand Oaks, CA: Sage Publications.

*Hall, D. T., & Mirvis, P. H. (1996). The new protean career: Psychological success and the path with a heart. In D. T. Hall (Ed.), *The career is dead—long live the career: A relational approach to careers* (pp. 15–45). San Francisco: Jossey-Bass.

Hall, D. T., & Moss, J. E. (1998). The new protean career contract: Helping organizations and employees adapt. *Organizational Dynamics, 26*(3), 22–37.

Jobs, S. (2005, June 12). Commencement address given at Stanford University, CA. Retrieved May 10, 2007, from *Stanford Report*, http://news-service.stanford.edu/news/2005/june15/jobs-061505.html

Johansen, T. M. (2006). The four goals of misbehavior: Clarification of concepts and suggestions for future research. In S. Slavik & J. Carlson (Eds.), *Readings in the theory of Individual Psychology* (pp. 231–242). New York: Routledge/Taylor & Francis Group.

Kortman, K., & Eckstein, D. (2004). Winnie-the-Pooh: A "honey-jar" for me and for you. *The Family Journal, 12*(1), 67–77.

*Krakauer, J. (1996). *Into the wild.* New York: Anchor Books.

* Lewis, C. S. (1976). *A grief observed.* New York: Bantam. (Original work published 1961)
* Lewis, C. S. (1988). *The four loves.* New York: Harcourt Brace & Company. (Original work published 1960)
* Lewis, C. S. (1996). *Problems of pain.* New York: HarperCollins. (Original work published 1940)
  Lin, Y. (1959). *From pagan to Christian.* Cleveland, OH: The World Publishing Company.
  Lin, Y. (1996). *The importance of living.* New York: William Morrow. (Original work published 1937)
  Lingg, M., & Wilborn, B. (1992). Adolescent discouragement: Development of an assessment instrument. *Individual Psychology, 48,* 65–78.
  Lombard, D. N., Melchior, E. J., Murphy, J. G., & Brinkerhoff, A. L. (2006). The ubiquity of life style. In S. Slavik & J. Carlson (Eds.), *Readings in the theory of Individual Psychology* (pp. 207–216). New York: Routledge/Taylor & Francis Group.
  Lopez, S. J., & Snyder, C. R. (Eds.). (2003). *Positive psychology assessment: A handbook of models and measures.* Washington, DC: American Psychological Association.
  Losoncy, L. E. (2000). *Turning people on: How to be an encouraging person.* Sanford, FL: InSync Communications LLC and InSync Press.
  Losoncy, L. E. (2004, June). *Building the encouraging school district, agency or corporation.* Preconference workshop presented at the North American Society of Adlerian Psychology 52nd Annual Conference, Myrtle Beach, SC.
  Manaster, G., & Corsini, R. J. (1982). *Individual psychology: Theory and practice.* Itasca, IL: F.E. Peacock.
  Mansager, E. (2003). Adlerian psychology and spirituality in critical collaboration. In A.M. Savage & S. W. Nicholl (Eds.), *Faith, hope and charity as character traits in Adler's individual psychology: With related essays in spirituality and phenomenology* (pp. 61–69). Lanham, MD: University Press of America.
  Mansager, E. (2008). Affirming lesbian, gay, bisexual, and transgender individuals. *The Journal of Individual Psychology, 64,* 123–136.
  May, G. G. (1988). *Addiction and grace: Love and spirituality in the healing of addictions.* San Francisco: Harper.
* May, R. (1969). *Love and will.* New York: W. W. Norton & Company.
* May, R. (1975). *The courage to create.* New York: W. W: Norton & Company.
* May, R. (1977). *The meaning of anxiety* (Rev. ed.). New York: W. W. Norton & Company.
* May, R. (1983). *The discovery of being.* New York: W. W. Norton & Company.
  McBrien, R. J. (2004). Expanding social interest through forgiveness. *Journal of Individual Psychology 60,* 408–419.
  McGee, R., Huber, J., & Carter, C. L. (1983). Similarities between Confucius and Adler. *Journal of Adlerian Theory, Research & Practice, 39,* 237–246.

Messer, M. (1995). *The components of our character.* Chicago: Anger Institute.

Messer, M. (2001). *Managing anger: A handbook of proven techniques.* Chicago: Anger Institute.

Miller, R. B. (2005). Suffering in psychology: The demoralization of psychotherapeutic practice. *Journal of Psychotherapy Integration, 15,* 299–336.

Miller, W. I. (2000). *The mystery of courage.* Cambridge, MA: Harvard University Press.

Miller, W. R. (1999). *Integrating spirituality into treatment: Resources for practitioners.* Washington, DC: American Psychological Association.

Miller, W. R. (2000). Rediscovering fire: Small interventions, large effects. *Psychology of Addictive Behaviors, 14,* 6–18.

Milliren, A. (in press). Relationships: Musings on the ups, downs, and the side-by-sides. In D. Eckstein (Ed.), *Relationship repair: Activities for counselors working with couples.* EI Cajon, CA: National Science Press.

Milliren, A. & Wingett, W. (2004). *Conversations in the style of Alfred Adler: RCI/TE.* Unpublished workshop handout. West Texas Institute for Adlerian Studies, Odessa, TX.

Milliren, A., & Clemmer, F. (2006). Introduction to Adlerian psychology: Basic principles and methodology. In S. Slavik & J. Carlson (Eds.), *Readings in the theory of Individual Psychology* (pp. 17–32). New York: Routledge/Taylor & Francis Group.

Milliren, A., Clemmer, F., Wingett, W., & Testerment, T. (2006). The movement from "felt minus" to "perceived plus": Understanding Adler's concept of inferiority. In S. Slavik & J. Carlson (Ed.), *Readings in the theory of Individual Psychology* (pp. 351–363). New York: Routledge/Taylor & Francis Group.

Milliren, A., Evans, T. D., & Newbauer, J. F. (2006). Adlerian counseling and psychotherapy. In D. Capuzzi & D. Gross (Eds.), *Counseling and psychotherapy* (pp. 91–132). Upper Saddle River, NJ: Pearson.

Milliren, A., & Harris, K. (2006). Work style assessment: A Socratic dialogue from the 100 Aker Wood. *Illinois Counseling Association Journal, 154*(1), 4–16.

Milliren, A., Messer, M. H., and Reeves, J. (n.d.). *"Reflections" on character.* Unpublished manuscript.

Milliren, A., & Wingett, W. (2004). *Conversations in the style of Alfred Adler: RCI/TE.* Unpublished workshop handout. West Texas Institute for Adlerian Studies, Odessa, TX.

Milliren, A., & Wingett, W. (2005, January). *Socratic questioning: The art of precision guess work.* Workshop presented at Chicago Adlerian Society, Chicago, IL.

Milliren, A., Yang, J., Wengett, W., & Boender, J. (2008). A place called home. *The Journal of Individual Psychology, 64*(1), 83–95.

Mitchell, K. E., Levin, A. S., & Krumboltz, J. D. (1999). Planned happenstance: Constructing unexpected career opportunities. *Journal of Counseling and Development, 77,* 115–124.

Moran, L. (1987). *The anatomy of courage.* Gordon City Park, NY: Avery Publishing

Group Inc.

Mosak, H. H. (1977a). Life style assessment: A demonstration focused on family constellation. In H. H. Mosak (Ed.), *On purpose* (pp. 198–215). Chicago: Adler School of Professional Psychology Chicago.

Mosak, H. H. (1977b). The tasks of life I. Adler's three tasks. In H. H. Mosak (Ed.), *On purpose* (pp. 93–99). Chicago: Adler School of Professional Psychology Chicago.

Mosak, H. H. (with Dreikurs, R.). (1977c). The tasks of life II. The fourth life task. In H. H. Mosak (Ed.), *On purpose* (pp. 100–107). Chicago: Adler School of Professional Psychology Chicago.

Mosak, H. H. (with Dreikurs, R.). (1977d). The tasks of life III. The fifth life task. In H. H. Mosak (Ed.), *On purpose* (pp. 108–117). Chicago: Adler School of Professional Psychology Chicago.

Mosak, H. H., Brown, P. R., & Boldt, R. M. (1994). Various purposes of suffering. *The Journal of Adlerian Theory, Research & Practice, 50*, 142–148.

Nelson, J., Erwin, C., Brock, M. L., & Hughes, M. L. (2002). *Positive discipline in the Christian home: Using the bible to develop character and strengthen moral values*. Roseville, CA: Prima Publishing.

Oswald, R. F. (2008). The invisibility of lesbian and gay parents and their children within Adlerian parenting materials. *The Journal of Individual Psychology, 64*, 246–251.

Palmer, P. J. (1997). *The courage to teach: Exploring the inner landscape of a teacher's life*. San Francisco: Jossey-Bass.

Palmer, P. J. (1999). *Let your life speak: Listening for the voice of vocation*. San Francisco: Jossey-Bass.

Peterson, C., & Seligman, M. (2004). *Character strengths and virtues: A handbook and classification*. Oxford: Oxford University Press.

Phillips, C. (2004). *Six questions of Socrates: A modern-day journey to discovery through world philosophy*. New York: W. W. Norton & Company.

Prochaska, J. O., & DiClemente, C. C. (1982). Transtheoretical therapy: Toward a more integrative model of change. *Psychotherapy: Theory, Research, and Practice, 19*, 276–288.

Putnam, D. (1997). *Psychological courage. Philosophy, Psychiatry, & Psychology, 4*, 1–11.

Rachman, S. J. (1990). *Fear and courage* (2nd ed.). New York: W. H. Freeman and Company.

Rawls, J. (2005). *A theory of justice: Original edition*. Cambridge, MA: Harvard University Press.

Rollnick, S., & Miller, W. R. (1995). What is motivational interviewing? *Behavioral and Cognitive Psychotherapy, 23*, 325–334.

Sandberg, D., & Yang, J. (2006). Spirituality at work: Usefulness of analogy and questions [Special issue]. *Illinois Counseling Association Journal, 154*, 17–28.

Savage, A. M., & Nicholl, S. W. (2003). *Faith, hope and charity as character traits in Adler's individual psychology: With related essays in spirituality and phenomenology.* Lanham, MD: University Press of America.

Savickas, M. (2005, April). *Career construction theory.* Paper presented at American Counseling Association Annual Convention, Atlanta, GA.

*Seligman, M. E. P. (2002). *Authentic happiness: Using the new positive psychology to realize your potential for lasting fulfillment.* New York: Free Press

Slagle, D. M., & Gary, M. J. (2007). The utility of motivational interviewing as an adjunct to exposure therapy in the treatment of anxiety disorders. *Professional Psychology: Research and Practice, 38*, 329–337.

Snyder, C. R. (1994). *The psychology of hope: You can get there from here.* New York: Free Press.

Snyder, C. R. (Ed.). (2000). *Handbook of hope: Theory, measurement, and applications.* San Diego, CA: Academic Press.

Snyder, C. R., & Lopez, S. J. (Eds.). (2000). Handbook *of positive psychology.* New York: Oxford University Press.

Sonstegard, M. A., & Bitter, J. R. (2004). *Adlerian group counseling and therapy: Step-by-step.* New York: Brunner-Routledge.

Sonstegard, M. A., Dreikurs, R., & Bitter, J. R. (1983). The teleoanalytic group counseling approach. In G. Gazda (Ed.), *Basic approaches to group psychotherapy and group counseling* (3rd ed., pp. 507–551). Springfield, IL: Charles Thomas.

Sori, C., & McKinney, L. (2005). Free at last! Using scriptural affirmation to replace self defeating thoughts. In K. B. Helmeke & C. F. Sori (Eds.), *The therapist's notebook for integrating spirituality in counseling: Homework, handouts, and activities for use in psychotherapy* (pp. 223–234). New York: Haworth Press.

Stein, H. T. (n.d.). *Classical Adlerian quotes: Overcoming difficulties.* Retrieved November 21, 2004, from Alfred Adler Institute of San Francisco, http://ourworld.compuserve.com/homepages/hstein/qu-over.htm

Stein, H. T. (1991). Adler and Socrates: Similarities and differences. *Individual Psychology, 47*(2), 241–246.

Stein, H. T., & Edwards, M. E. (n.d.). Classical Adlerian theory and practice. Retrieved November 21, 2004, from Alfred Adler Institute of San Francisco, http://ourworld.compuserve.com/homepages/hstein/theoprac.htm. (Reprinted from *Psychoanalytic Versions of the Human Condition: Philosophies of Life and Their Impact on Practice,* by P. Marcus & A. Rosenburg, Eds., 1998, New York University Press.)

Stoltz, K. (2006, March). *The work life task: Integrating Adlerian ideas into career development counseling.* Workshop presented at Illinois Career Development Association, Glen Ellyn, IL.

Stone, M. H. (2006). The creative self. In S. Slavik & J. Carlson (Eds.), *Readings in the theory of Individual Psychology* (pp. 93–105). New York: Routledge/Taylor & Francis Group.

Stone, M. H. (2008). Immanuel Kant's influence on the psychology of Alfred Adler. *The Journal or Individual Psychology, 64,* 21–36.

Suprina, J. S., & Lingle, J. A. (2008). Overcoming societal discouragement: Gay recovering alcoholics' perceptions of the Adlerian life tasks. *The Journal of Individual Psychology, 64*(2), 193–212.

Templeton, J. (1999). *Agape love: A tradition found in eight world religions.* West Conshohocken, PA: Templeton Foundation Press.

Terner, J. R., & Pew, W. L. (with Aird, R. A.). (1978). *The courage to be imperfect: The life and work of Rudolf Dreikurs.* New York: Hawthorn Books.

＊Tillich, P. (2000). *The courage to be.* New Haven, CT: Yale University Press. (Original work published 1952)

Virginia Tech Convocation [Producer]. (2007, April 17). [Video file]. Cassell Coliseum, Blacksburg, VA. Remarks partially transcribed by Yang, J. Video archived by the Virginia Tech Athletics Internet Services Web site: http://www.hokiesports.com/convocation.html

Walton, F. X. (1996a). *How to get along with oneself.* Paper presented at the annual meeting of the Florida Society of Adlerian Psychology.

Walton, F. X. (1996b). *An overview of a systematic approach to Adlerian family counseling.* Paper presented at University of Texas Permian Basin Spring Counseling Workshop, Odessa, TX.

Walton, F. X. (1996c). *Questions for brief life style analysis.* Paper presented at University of Texas Permian Basin Spring Counseling Workshop, Odessa, TX.

Walton, F. X. (1998). Use of the most memorable observation as a technique for understanding choice of parenting style. *The Journal of Individual Psychology,* 54(4), 487–494.

Watts, R. E. (1992). Biblical agape as a model of social interest. *Individual Psychology, 48,* 35–39.

Watts, R. E. (1996). Social interest and the core conditions: Could it be that Adler influenced Rogers? *Journal of Humanistic Education and Development, 34*(4), 165–170.

Watts, R. E. (2000). Biblically based Christian spirituality and Adlerian psychotherapy. *The Journal of Individual Psychology, 56,* 316–328.

Way, L. (1962). *Adler's place in psychology.* New York: Collier Books.

Wingett, W., & Milliren, A. (2004). Lost? Stuck? An Adlerian technique for understanding the individual's psychological movement. *Journal of Individual Psychology, 60,* 265–276.

Wolf, M. S. (2002). *Philosophical and spiritual implications of Adlerian psychology.* Retrieved November 21, 2004, from Alfred Adler Institute of San Francisco, http://ourworld.compuserve.com/homepages/hstein/theoprac.htm

＊Wolfe, W. B. (1957). *How to be happy though human.* London: Penguin Books. (Original work published 1932)

Yang, J. (1991). Career counseling of Chinese American women: Are they in limbo?

The Career Development Quarterly, 39, 350–359.

Yang, J. (1992). *Chilly campus climate: A qualitative study on white racial identity development attitudes.* (ERIC Document Reproduction Service No. ED352576).

Yang, J. (1998). *Understanding worldviews in the 21st century: Global and postmodern perspectives.* Paper presented at the 7th International Counseling Conference: Relating in a Global Community, Sydney, Australia.

Yang, J. (2006, July). *The color of courage: Unlearning oppression in the work place.* Workshop presented at National Career Development Association, Chicago.

Yang, J. (in press). Inconsolable secret. In D. Eckstein (Ed.), *Relationship repair: Activities for counselors working with couples.* EI Cajon, CA: National Science Press.

Yang, J., & Drabik, G. (2006, May). *The courage for harmony: On suffering and social interest.* Workshop presented at North American Society of Adlerian Psychology, Chicago.

Yang, J., & Milliren, A. P. (2004, October). *Yin, yang, and social interest: In search of laws of social living across cultures.* Paper presented at the North American Society of Adlerian Psychology 52nd Annual Conference, Myrtle Beach, SC.

Yang, J., & Waller, B. (2005). Transforming a work life into a life work [Special issue]. *Illinois Counseling Association Journal, 153,* 21–31.

Yearley, L. H. (1990). *Mencius and Aquinas: Theories of virtue and conceptions of courage.* Albany: State University of New York Press.

Zeig, L. B. (2009). For better and for worse or until the multicultural problems do us part: The challenges of multicultural adaptation to couples. In D. Eckstein (Ed.), *Relationship repair: Activities for counselors working with couples.* EI Cajon, CA: National Science Press.

＊邦訳文献のあるもの

ルドルフ・ドレイカース，ビッキ・ソルツ／早川麻百合訳『勇気づけて躾ける──子供を自立させる子育ての原理と方法』一光社　1993

ルドルフ・ドレイカース／宮野栄訳，野田俊作監訳『アドラー心理学の基礎』一光社　1996

ビクトール・フランクル／池田香代子訳『夜と霧（新版）』みすず書房　2002

エーリッヒ・フロム／鈴木晶訳『愛するということ（新版）』紀伊国屋書店　1991

カーリル・ジブラン／有枝春訳『預言者のことば』サンマーク出版　2008

ジョン・クラカワー／佐宗鈴夫訳『荒野へ』集英社文庫　2007

C.S. ルイス／西村徹訳『悲しみをみつめて』新教出版社　1994

C.S. ルイス／佐柳文男訳『四つの愛（新訳）』新教出版社　2011

C.S. ルイス／中村妙子訳『痛みの問題（改訂新版)』新教出版社　2004

ロロ・メイ／小野泰博訳『愛と意志』誠信書房　1972

ロロ・メイ／小野泰博訳『創造への勇気』誠信書房　1981

ロロ・メイ／小野泰博訳『不安の人間学』誠信書房　1963

ロロ・メイ／伊東博・伊東順子共訳『存在の発見』誠信書房　1986

マーティン・E.P. セリグマン／小林祐子訳『世界で一つだけの幸せ：ポジティブ心理
　学が教えてくれる満ち足りた人生』アスペクト　2004

ポール・ティリッヒ／大木英夫訳『生きる勇気』平凡社　1995

W. ベラン・ウルフ／前田啓子訳，岩井俊憲監訳『どうすれば幸福になれるか（上)』
　一光社　1994

W. ベラン・ウルフ／仁保真佐子訳，岩井俊憲監訳『どうすれば幸福になれるか（下)』
　一光社　1995

訳者あとがき

本書 *The Psychology of Courage: An Adlerian Handbook for Healthy Social Living* は，近年日本でも大きな注目を集めるアルフレッド・アドラーが創始した「個人心理学」に基づく心理療法理論とその実践を紹介するものである。アドラーの理論については，日本国内でも岩井俊憲氏，岸見一郎氏，野田俊作氏らによる数々の著作・翻訳を筆頭に関連書籍が多数出版され，その実践においても，日本アドラー心理学会の活動を中心として，研究者や専門家だけでなく，教師や一般家庭の主婦に至るまで，「アドレリアン」としての知識，技術，そして誇りを備えた人々が増えつつある。それは，アドラーの教えが「象牙の塔」の中にとどまらず，あくまでも現実社会に生きる人々との関わりに根ざしたものであり，彼らの心に直接訴える力を備えている表れだろう。アドラー本人や彼の理論の解説は，すでに多くの書籍に優れたものがあるので，そちらに譲ることとしたい。ここでは，大学で英語教育に携わり心理学やカウンセリングの分野ではいわば門外漢の私（今井）が，本書の翻訳という機会を授かり，アドラーの人間観・人生観を自分の中にも取り入れることになった経緯から述べることを，幾分私ごとになるがお許しいただきたい。

2016 年 7 月末，私は 2 年に一度開かれる「国際意味学会」（*International Meaning Conference*）に参加するため，カナダのトロントに降り立った。トロントは私が大学院留学先として 4 年間を過ごした街であり，約 10 年ぶりの再訪であったが，過ぎし日を振り返る懐かしさもなく，私の心は重く閉ざされていた。日本を発つ直前，幼少時から姉のように慕う叔母が悪性脳内リンパ腫を患い死の床についていた。発病から 1 ヶ月余りの間に急速に病状が悪化し，認知・行動障害が激しくなっていく叔母を目の当たりにしたショックと恐怖，打てる策がないと医師から告げられた時の絶望感，その後 ICU の病床で昏睡状態に落ちた叔母に懸命に寄り添い言葉をかける家族の悲痛な思い，それまでの日常が暗転する中，自分の専門として培ってきた語学教育の知見は，私の震える心の受け皿には決してならなかった。またそれまで大学で英語を教えながらも，日々

接する学生たちの中に英語以上の何かを求める声や眼差しを感じ，自分の専門である「語学」に半ば背信とも言える空虚感を覚えていた私は，公私の領域で自分が模索していた「意味」という単語を冠する畑違いの学会に興味をそそられ，直感的に参加を決意した。

　その学会で出会ったのが本書の著者の二人，ジュリア・ヤン，マーク・ブラゲン博士夫妻だった。明るく気さくでいながら抑制ある佇まいの二人に，程なくして私は打ち解け，初対面にもかかわらずいつしか心に重くのしかかっていた叔母のことまでも打ち明けるほどになっていた。二人は心からの同情を寄せてくれたが，同時に気休めの言葉一つなく，ありのままの現実を受け止める勇気を私に諭してくれた。そして学会の最終日，ジュリアが取り出して見せてくれたのが，本書 *The Psychology of Courage* であった。蓮の花をモチーフにしたその表紙に見覚えがあることに私は驚いた。以前そのタイトルに興味を惹かれ，電子版を蔵書としていた，まさにその本だったのである。すでに中国語と韓国語の翻訳が出ている同書だが，是非日本語版を出したい，その翻訳をしてみないかという二人からの申し出に，私は高揚する気持ちと同時に自分の能力に疑いと不安を持つ，まさに本書にいう両面感情を抱いた。私は即答を避け，しかし二人への感謝とともにトロントを後にした。

　成田空港到着直後の私に，日本時間の前日朝に叔母が息を引き取ったという報せが入った。出発直前に内心今生の別れとの覚悟で病床を見舞ってはいたものの，やはりこらえきれない涙が頬を伝った。

　その夏も終わり，私は担当する秋学期の英語コースのテーマとして，以前から関心を持っていた「感謝」を扱うことにした。近年ロバート・エモンズを始めとする心理学者によって提唱されている感謝の概念は，感謝が単に善人となるための道徳や倫理の話ではなく，自らの意識と意思によって自身，他者，そして世界を認識し直す（re-cognize）ことにより生まれる主体的，能動的な感情であること，したがって人生に対する態度と幸福の質は究極的には自らが定め，また変え得るものであることを示唆している。こうした視点を学生たちと共有していく中，私は叔母を無くした喪失感から，叔母が与えてくれた多くのことに対する感謝へと少しずつ意識を向けるようになり，その過程で本書翻訳の着手を次第に思うようにもなっていった。

　当時その講座を受講していた学生の一人が，本書共訳者の日野であった。心理学専攻ですでに英語に堪能な学部生でありながら，その才におごることなく知的好奇心に溢れ，将来は他人を包み込み支えられるような人間になりたいと語る彼女に，他の多くの学生には見られない力量と言葉には表現できない「原石の輝き」を直感した私は，翻訳計画への参加を打診し承諾を得ることができた。

　これらを背景に始まった翻訳作業は，著者の意図を訳出するだけでなく，訳者である我々自身がそこに書かれていることをいかに「生きるか」という，いわば「原理主義」的な姿勢を探りながら進められた。その過程で実感したことは，人には遺伝や環境のくびきから解かれ，自らの主体性を行使して自身の人生をかたどっていく自由と希望がある一方，その対価として，人生のあり方の全てが自らの姿勢と選択にあるという厳しさと責任をアドラーの教えが説いていることであった。著者の主張を自分たちの日々の些細な出来事や体験と突き合わせながら作業を進める中，人生を方向づける自らの選択に言い訳ができないという厳しさに向き合い，その責任を引き受ける勇気を持てるかどうかという不安，しかしその勇気を持てた時に初めて目の前に開ける輝かしい世界への憧憬，その間で常に揺れ動く我々がいた。

　昨今のいわゆるアドラー人気は，人間関係や環境からくる抑圧に対し毅然と「ノー」と言える「勇気」をアドラーが標榜するものとして，他人の視線や思惑に窮屈さを感じながらも沈黙してきた人々の共感を呼んだことも，その背景にあるように思われる。しかし忘れてはならないのは，アドラーの個人心理学，そしてその中核にある共同体感覚の概念は，対人関係を否定し他者を顧みることなく自己の利益を追求するという意味での個人主義とは全く異なることである。本書が考察する「勇気」とは，自分が望まないものに対して「ノー」という勇気を奮う以上に，むしろ「イエス」の態度で全てに向き合うための勇気を指している。時として我々は自身の劣等感のあまり，日常生活や人生の様々な局面で恐怖や不安を覚え，それらの感情を利那的に埋め合わせるために，本来は好ましくない「脇舞台」での役回りを最善の理想と錯覚し選びとってしまうことがある。そこでは人生が投げかけるものに対し，予め「ノー」というこわばりを持って対峙することもしばしばである。しかし，その同じ劣等感を生む要因

をむしろ自らの可能性として肯定する場合，劣等感は自身をさらなる高みへと引き上げてくれる原動力ともなりうる。自分自身や今まさに目の前にいる相手，周囲の人々，または置かれている境遇や環境，たとえそれらが今この瞬間に完全でなくとも（つまり，「…にもかかわらず」），そのすべてをいったん受け止め，まさに日野が語ったように「包み込む」勇気を持つ時に，我々は本来の自分が持つ能力や使命に気づき，真に自由な精神で，本来立つべき人生の「主要舞台」への花道を歩み出すことができるのだ。

　精神科医のM・スコット・ペックは言う。「いったん人生が困難なものであると知る—それを本当に理解して受け入れる—ならば，人生はもはや困難ではない。いったん受け入れられれば，人生が困難であるという事実は問題で無くなるのである。」[1] それは他者への迎合や服従，あるいは現実から目を背ける自己欺瞞や諦念，無力感，盲目的な信仰からくる思考停止とは異なる。自身と現状を的確に把握し，より適切な行動を選択するための，つまり自己の成長へと向けた重要なステップである。同じくペックは言う。「問題によってのみ，われわれは心理的，精神的に成長する…問題に直面して解決する際の苦しみによってこそ，われわれは学ぶ…賢明な人々は問題を恐れずに迎え入れ，それがもたらす苦しみをも歓迎することを学ぶ。」

　そのような苦しみや「ありのまま」を受け入れる勇気を得るには，自身の個人的能力や見識を頼みとするだけでは限界がある。自分という一個の存在はあくまでもより広大な枠組みの一部であるという宇宙的な視点，または一種の宗教的・スピリチュアルな感覚にまで意識を広げた時，人は初めて自身と世界を冷静に見つめる謙虚さをもって，ニーバーの祈りにある「変えられないもの」と「変えられるもの」を識別し，後者を変えるための一歩を踏み出すことができる。その延長に，我々は日頃口にし耳にする以上に深淵な意味を持つ，アガペとしての愛を見，経験することができる。その愛こそが，アドラーの説く共同体感覚，ひいては人間としての幸福である。当然ながら，真の愛の道は決して平坦ではない。それは「対立するもののあいだの動的バランスであり，安易な両極端の道ではなく，その中間にある不確実性の苦痛を伴う創造的緊張の道」

1　M. スコット・ペック（1978/2010）／氏原真・矢野隆子訳「愛すること，生きること」研究社，pp.14-15

であって「ほとんど神に近い共感を必要とする」[2]、それゆえに行く人の少ない
道─ *The road less traveled* ─でもある。我々訳者も本書の翻訳作業を通じ、真
の幸福へと至るその道の存在をようやく認識したところであり、それを選択し
歩み通す勇気を果たして持続できるかは、我々個々にとっても今後も引き続く
課題である。

　本書が他の一般的なアドラー本と一線を画しているのは、単に道教の陰と陽
の概念をはじめとした東洋思想をも踏まえようとするオリエンタリズムにある
のではなく、こうした実存的、宗教的、精神的な問題の考察にまでより深く踏
み込んでいる点である。そのため、必ずしも誰もが気軽に手にとり即座に理解
出来る内容とは言い難い面もあり、原書にある表現や言い回しに我々訳者も頭
を悩ませることが多々あった。しかし、その都度著者のジュリアに直接確認し、
また彼女も倦むことなく我々の質問に一つ一つ答えてくれるという僥倖に恵ま
れたことに、この場を借りて心から感謝したい。

　本書の謝辞で、ジュリアは、本書が「著者たち相互の特別な関係の中に現れ
る愛があったからこそ、実現可能となった」としている。本書の翻訳も、まさ
にその言葉の延長にあり、我々訳者それぞれを取り巻く人々の「愛」に導かれ、
支えられ現実のものとなったと確信している。とりわけその一角には、これも
偶然知己を得ることになったボクシング WBA 世界ミドル級チャンピオン（本
書翻訳時）、村田諒太選手と折に触れてアドラーやビクトール・フランクルの思
想について談じ交わした言葉からも、原書の理解と翻訳作業において啓発され
ること大であった。貴重なトレーニングの時間を割いてお相手いただいたこと、
ここに伏して感謝申し上げたい。また、日本におけるアドラー心理学の泰斗で
ある野田俊作、岩井俊憲の両先生からは、同心理学独特の言い回しの日本語表
記について、大変温かく貴重な御指導を賜った。改めて厚く御礼申し上げたい。

　最後に、本書の翻訳企画を快く引き受け、作業の進捗を辛抱強く、そして温
かく見守ってくださった川島書店の中村裕二社長、そして同編集部の松田博明
氏に、心からのお礼を申し上げる。お二人の存在無くして、この翻訳本が世に

2　M. スコット・ペック（1983/2011）／ 森英明訳「平気でウソをつく人々─虚偽と邪悪の心
　理学」草思社文庫、p.456-457

でることはなく，それ以上に我々自身がアドラーの教えを「生きる」という機会を得ることはなかった。

　そして，縁によって本書を手に取っていただいた全ての人々に，満腔の謝意をこめつつ。

　平成 30 年 10 月

今井　康博

日野　遼香

索　　引

さ　行

著者・訳者紹介

Julia Yang
米国ガバナーズ州立大学心理学・カウンセリング学部教授

Alan Milliren
米国ガバナーズ州立大学心理学・カウンセリング学部教授
アドラー心理学北米協会代表

Mark Blagen
米国イリノイ大学スプリングフィールド校ヒューマンサービス
学部准教授

今井康博（いまい・やすひろ）
上智大学言語教育研究センター准教授

日野遼香（ひの・はるか）
上智大学大学院・総合人間科学研究科・心理学専攻臨床心理学
コース博士前期課程

アドラー心理学を生きる

2019 年 4 月 10 日　第 1 刷発行

著 者	ジュリア・ヤン アラン・ミリレン マーク・ブラゲン
訳 者	今 井 康 博 日 野 遼 香
発行者	中 村 裕 二
発行所	㈲ 川 島 書 店

〒 165-0026
東京都中野区新井 2-16-7
電話 03-3388-5065
（営業・編集）　電話 048-286-9001
FAX 048-287-6070

Ⓒ 2019
Printed in Japan

印刷・製本　モリモト印刷株式会社

落丁・乱丁本はお取替いたします　　振替・00170-5-34102

＊定価はカバーに表示してあります

ISBN978-4-7610-0932-8　C3011

どんなことがあっても 自分をみじめにしないためには

A.エリス 國分康孝・石隈利紀・國分久子 訳

カウンセラーの所へ相談に行くほどの悩みではないが，いつも心にひっかかって，いまいち人生が楽しくないということがよくある。常にすっきりしないみじめな自分や，不幸な自分から脱却する自己変革法・自己説得法である論理療法の実際的なガイドブック。 ★四六・320 頁 本体 2,500 円

ISBN 978-4-7610-0569-6

喪失の悲しみを越えて 新装版

フランシス・マクナブ 著／福原眞知子（訳者代表）

身近な人との死別や離別，病気や事故による身体の欠損，財産の喪失などの心的外傷体験を克服し，悲しみから立直る心のしくみと援助の方法を，臨床体験をもとに述べる。セラピスト，カウンセラー，福祉相談に携わる実践家等，人間援助に関わる人への書。 ★A5・220 頁 本体 2,400 円

ISBN 978-4-7610-0933-5

メールカウンセリングの技法と実際

中村洸太 編著

オンラインカウンセリングの今を，11 の章＋8 つのコラムで学ぶ。技法だけではなく，インターネットという世界に人々の心がどのように投影されているのかを想像しながら読み進めることで，オンラインカウンセリングの現代の到達点を確認し今後を展望する。 ★A5・228 頁 本体 2,400 円

ISBN 978-4-7610-0915-1

はじめての ナラティブ／社会構成主義キャリア・カウンセリング

渡部昌平 著

本カウンセリングは，これまでの過去・現在に対する意味づけから未来を想像するというスタイルを脱構築し，クライエントのナラティブを引き出して，望ましい未来から現在・過去を再構築する，未来志向の新しいカウンセリング論。 ★A5・116 頁 本体 1,600 円

ISBN 978-4-7610-0910-6

森田療法に学ぶ

豊泉清浩 著

森田療法は，神経症克服のための技法として，わが国独自に発展をとげた精神療法であるが，本書は，著者自身の森田療法体験（日誌）を軸にして，森田療法から学ぶべき考え方と生活法が簡潔にかつ滋味豊かに述べられ，読者は生き方に役立つ指針を与えられよう。 ★四六・182 頁 本体 1,900 円

ISBN 978-4-7610-0832-1

川 島 書 店

http://kawashima-pb.kazekusa.co.jp/ （価格は税別 2018 年 12 月現在）